D1727203

New York
e>>guide

New York
e>>guide

Im Trend • Aktuell • Online

www.enewyork.dk.com

LONDON, NEW YORK,
MELBOURNE, MÜNCHEN UND DELHI
www.dk.com

Produktion *Blue Island Publishing*

Texte *Dahlia Devkota, Rachel F. Freeman, Jonathan Schultz*

Fotografien *Susan Sayler, Andrew Holigan*

Übersetzung Dr. Ulrike Kretschmer, München; Matthias Liesendahl, Berlin
Redaktionsleitung Dr. Jörg Theilacker, Dorling Kindersley Verlag
Redaktion Linde Wiesner, Pullach
Redaktionsassistenz Birgit Walter, Dorling Kindersley Verlag
Schlussredaktion Peter Botzler, München
Satz und Produktion Dorling Kindersley Verlag
Lithografie Colourscan, Singapur
Druck Tien Wah Press, Singapur

ISBN 3-8310-0703-9

1 2 3 4 5   09 08 07 06 05

Die Informationen in diesem e>>guide werden regelmäßig aktualisiert.
Außerdem wird der Stadtführer von einer eigenen Website begleitet, die Besuchern
die aktuellsten Informationen liefert (auf Seite 6–7 finden Sie die Internet-Adresse
und Ihr Passwort). Dennoch können sich Angaben kurzfristig ändern.
Der Verlag kann für fehlerhafte Angaben nicht haftbar gemacht werden.
Für Hinweise, Verbesserungsvorschläge und Korrekturen ist der Verlag dankbar.
Bitte richten Sie Ihr Schreiben an:

Dorling Kindersley Verlag GmbH
Redaktion Reiseführer
Gautinger Straße 6
D-82319 Starnberg

Inhalt

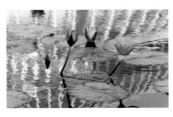

Der einzige Stadtführer, der immer up-to-date ist

Unsere Autoren kennen New York wie ihre Westentasche und verraten Ihnen alles über die spannendsten Seiten der Stadt. Top-Empfehlungen für alle Stadtteile und jede Menge Fotos geben Ihnen einen Vorgeschmack dessen, was Sie im »Big Apple« erwartet. Detaillierte Infos bei jedem Eintrag – mit Verweisen auf den Stadtplan hinten im Buch – führen Sie mitten ins Geschehen. Ob Sie in New York leben oder zu Besuch hier sind: Mit dem e>>guide New York sind Sie direkt am Puls der Stadt. Und nun auf zur Website ...

Favoriten

- Department Stores & Museen – zum Stöbern & Staunen

- Central Park & andere Oasen – ideal zum Relaxen

- Angesagte Boutiquen – Quellen neuer Styling-Ideen

- Performance-Kunst & innovative Kunst – aktuelle Events

- Klassische Sehenswürdigkeiten – mal ganz anders

- Bars für jede Stimmung – von laut bis gedämpft

- Restaurants – von der Pizzeria bis zum Sushi-Tempel

Empfehlungen

Auf einen Klick – was New York zu bieten hat

www.**enewyork.dk.com** informiert Sie umfassend und top-aktuell über alle Locations, die in diesem e>>guide aufgeführt sind. Dazu finden Sie Empfehlungen aus erster Hand, Event-Berichte und die neuesten Angebote von New Yorker Service-Unternehmen – von Info-Stellen bis zur Ticket-Agentur. Exklusiven Zugang zur Website erhalten nur Käufer des e>>guide New York über das unten angegebene Passwort. www.**enewyork.dk.com** wird ständig aktualisiert. So ist Ihr Stadtführer mit jedem Klick up-to-date!

- Brandheiße Tipps – wer will schon gerne Schlange stehen?

- Infos zu Flügen, öffentlichem Nahverkehr & Wetter

- Hotels für jeden Geschmack & jedes Budget

- Das laufende Programm der Clubs & Museen

- Aktuelle Events – Kritiken & Tickets online

- Tischreservierungen & Tipps für preiswerte Lokale

- Den Shopping-Trip online planen

 Ihr Passwort für die Website: **newyork59263**

Favoriten

Das vor Energie förmlich vibrierende New York mit seiner beeindruckenden Wolkenkratzer-Silhouette
ist immer am Puls der Zeit – eine
adrenalingepeitschte Stadt, die
nie zur Ruhe kommt. Hier treffen
die verschiedensten Kulturen aufeinander, die mit ihren Läden,
Bars, Restaurants und Clubs weltweit von sich reden machen. Der
e»guide führt Sie zu dem Besten,
was New York zu jeder Jahres- und
Tageszeit zu bieten hat.

FAVORITEN – *Durchs Jahr*

In New York ist zu jeder Jahreszeit etwas los. Der Frühling pumpt neue Lebensenergie durch die New Yorker, die ins Freie strömen, um ihre Stadt aufs Neue zu erkunden; im Botanic Garden in Brooklyn z.B. lockt die kurze, aber prächtige Kirschblüte. Den heißen und schwülen Sommer prägen unzählige Kultur-Events wie Openair-Konzerte, Paraden, Straßenfeste und das Museum Mile Festival. Der Herbst mit dem berühmten Marathonlauf durch die fünf New Yorker Stadtbezirke kündigt sich durch einen dramatischen Farbenwechsel im Central Park an, wenn sich das Laub in ein Meer von Gelb, Rot und Orange verwandelt. Und egal, ob sich der Winter von seiner harten, schneeverkrusteten oder seiner milden Seite zeigt – er bezaubert auf jeden Fall durch seine märchenhafte Weihnachtsstimmung.

FRÜHLING

Kirschblüte im Brooklyn Botanic Garden
www.bbg.org; 1. Wochenende im Mai
Ein Wochenende lang zeigen sich die 220 Kirschbäume neben dem Japanese Hill und dem Pond Garden in ihrer ganzen Blütenpracht. Dazu werden traditionelle japanische Tänze und Musikstücke aufgeführt, begleitet von Origami-Workshops, japanischen Zeichentrickfilmen (»anime«) und Samurai-Schwert-Action. **Mai**

Tribeca Film Festival
www.tribecafilmfestival.org; Ende Apr–Anfang Mai
Das Festival zieht seit 2002 die Cineasten an, die sich Filme aller Art ansehen und über sie diskutieren. Jedes Jahr erlangt das Festival mehr Aufmerksamkeit; wer Karten für die begehrtesten Premieren ergattern will, sollte sich rechtzeitig im Buchungsteil der Website informieren. Aufgeführt werden alle erdenklichen Filme, von *Star Wars* bis zu Zeichentrickkurzfilmen von Studenten der Filmhochschulen. Die Abendkasse findet man in der Harrison Street 20 (Karte 1 C1); die Veranstaltungsorte reichen vom Tribeca Film Center bis zum Prada-Laden in SoHo. **Apr–Mai**

SOMMER

Openair-Konzerte
www.summerstage.org; www.celebratebrooklyn.org/celebrate
Bei der bunt gemischten Konzertreihe SummerStage im Central Park kann man ebenso auf DJ Paul Van Dyke treffen wie auf die New Yorker Philharmoniker. Jenseits des East River im Prospect Park steigt derweil das Neighbourhood-Festival Celebrate Brooklyn mit Jazz, Indie-Pop und lateinamerikanischem Salsa. **Juni–Aug**

Museum Mile Festival
www.museummilefestival.org; 18–21 Uhr, 2. Di im Juni
An einem Abend im Juni wird die so genannte Museum Mile auf der Fifth Avenue (82nd–105th Street) für den Verkehr geschlossen und die dort ansässigen Museen verzichten auf den Eintritt. Da die drei Stunden für das Met oder das Guggenheim jedoch etwas knapp sind,

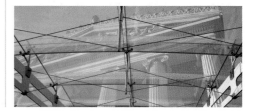

Weitere jährliche Events & Festivals auf ➤➤ www.enewyork.dk.com

empfiehlt es sich, stattdessen einfach das vibrierende Leben auf der Fifth Avenue zu genießen. Zu sehen sind Kunst-Workshops, Musiker, Tänzer und Jongleure. **Juni**

Paraden
Puerto Rican Day: 2. So im Juni;
Gay Pride (www.hopinc.org): letzter So im Juni
Die Parade am Puerto Rican Day findet auf der Fifth Avenue zwischen 44th und 86th Street statt und gehört mit ihren über 100 000 Mitwirkenden und drei Millionen Zuschauern zu den größten und festlichsten Umzügen der Stadt. Der Gay Pride March (aktuelle Route auf der Website) erinnert an den denkwürdigen Stonewall-Aufstand von 1969 im West Village. Die Partys und Clubnächte rund um die Parade sind legendär. **Juni**

HERBST

Feast of San Gennaro
www.sangennaro.org
Das größte Fest der italienisch-stämmigen New Yorker stimmt einen wunderbar auf Little Italy ein: Elf Tage lang wimmelt das geistige Zentrum der Gemeinde – die Mulberry Street zwischen Canal und East Houston Street – vor Würstchen-, Fruchteis- und Gebäckverkäufern. Bei Prozessionen werden Bilder des Heiligen durch die Straßen getragen. **Mitte Sep**

New York Marathon
www.ingnycmarathon.org;
1. So im November
35 000 Marathonläufer traben durch alle fünf Bezirke der Stadt, angefeuert von über zwei Millionen Zuschauern. Zu den Celebrities, die vor kurzem mitgelaufen sind, gehörte auch Hip-Hop-Papst Sean »P. Diddy« Combs – als Mohawk-Indianer verkleidet. Informationen zur Route finden sich auf der Website. Die meisten Zuschauer versammeln sich um den Central Park; weiter außerhalb hat man einen besseren Blick auf die Läufer. **Nov**

WINTER

Carnegie Hall & Lincoln Center Feiertagsaufführungen
www.carnegiehall.org; www.lincolncenter.org;
www.nycballet.com
Im Dezember widmet sich die Carnegie Hall den jahreszeitlichen Favoriten wie den Wiener Sängerknaben und der Musica Sacra. Die Aufführung des New York City Ballet von George Balanchines Inszenierung des *Nussknackers* im Lincoln Center gehört heute zu den heiligen Kühen der Weihnachtstradition. Abends und an den Wochenenden sind die Karten schnell vergriffen. **Dez/Jan**

Restaurant-Wochen
Welche Restaurants wann teilnehmen → www.nycvisit.com
Was als Versuch begann, die Leute aus der Nachbarschaft in bestimmte Restaurants zu locken, hat sich mittlerweile zu einem echten Event entwickelt. Einige ausgewählte Wochen lang im Winter (und auch im Sommer) bieten die renommiertesten Restaurants in Manhattan mittags und abends Drei-Gänge-Menüs an, die selten über 20 bzw. 30 $ kosten. **Nov–Jan**

Hot Chocolate Festival in der City Bakery
www.hot-chocolate-festival.com, im ganzen Feb
Als sei der Original-Kakao der City Bakery (→ S. 39) noch nicht Grund genug zum Feiern, gesellen sich im Februar noch über 20 Novitäten dazu, um der Stadt den Winterblues zu versüßen. Vor 11 Uhr macht der Espresso-Kakao die Besucher munter, bevor die Spezialität des Tages vorgestellt wird. Zu den gar außergewöhnlichen Kreationen gehören Chili-Kakao, Kakao mit Biergeschmack und diverse Bananenvariationen. **Feb**

Morgens wird die »Stadt, die niemals schläft« von einem Gefühl der Vorfreude durchströmt. Wer im Licht des frühen Morgens durch Manhattan wandert, kann Obstverkäufer in Midtown sehen, die ihre Ware für die Kunden arrangieren, ohne dabei auf die vorbeihastenden Leute auf dem Weg zur Arbeit zu achten; an der Upper East Side führen Hundesitter ihre Schützlinge im Central Park spazieren – meist vier reinrassige Vierbeiner an jeder Hand. Die U-Bahnen sind mit Pendlern überfüllt, die die ruhigere morgendliche Seite der Stadt vermutlich nie kennen gelernt haben: das einfache Vergnügen, z. B. Schachspielern in Chinatown zuzusehen oder sich am Union Square Farmer's Market mit frisch gebackenen Muffins einzudecken. Wie auch immer: Alles macht sich fertig für einen weiteren Tag im »Big Apple«.

Jogging oder Walking auf der Brooklyn Bridge

Für den energiegeladenen Frühaufsteher bedeutet der Morgen in New York gern mal einen Lauf über die Brooklyn Bridge. Am besten fährt man mit der Linie A zur High Street/Brooklyn Bridge und läuft dann oberhalb vom Pendlerverkehr in Richtung Lower Manhattan. Die Sonne taucht die Brückenbogen über dem East River in rosa Licht und erhellt nach und nach die Glas-, Stahl- und Steinlandschaft der Stadt.

Wall Street zu Beginn des Börsentages

Die New Yorker Börse – Amerikas Mekka des Geldmachens – wurde 1792 gegründet. Um 9:15 Uhr, kurz vor dem Eröffnungsgong in Haus Nr. 11 der Wall Street, kann man die Händler zwischen den Granitsäulen des Eingangs an der Broad Street hin und her eilen sehen; wer dabei Appetit bekommt, kann sich mit einem Gourmet-Muffin und einem Kaffee von Dean & DeLuca bei Borders (100 Broadway) stärken (→ S. 160).

Sonntagsmesse in der St. Patrick's Cathedral

50th Street und 5th Avenue (Karte 6 E1)

Auch wenn man die beeindruckenden gotischen Kathedralen Europas kennt, ist man von St. Patrick's nicht minder begeistert. Mit 123 Meter Länge und rund 100 Meter hohen Türmen ist sie die größte gotische Kathedrale des Landes. Zur sonntäglichen Messe kommen Hunderte von Gemeindemitgliedern und Besuchern. Wer nicht direkt am Gottesdienst teilnehmen will, sollte sich in der Nähe des Eingangs an der Fifth Avenue aufhalten.

Morgendlicher Bootsausflug zu Liberty Island

Fähre: www.statueoflibertyferry.com
Freiheitsstatue: www.statuereservations.com

Nachdem die Freiheitsstatue nach den Anschlägen vom 11. September fast drei Jahre lang unzugänglich war, können die Besucher heute wieder zu Füßen der Lady das atemberaubende Panorama des New Yorker Hafens genießen. Natürlich ist hier immer viel los, die größten Massenaufläufe vermeidet man jedoch, wenn man um 9 Uhr eine Fähre der Circle Line von Battery Parks Castle Clinton aus nimmt (Fahrkarten ab 8:30 Uhr).

Union Square Farmer's Market

East 17th Street & Broadway (Karte 3 D1), Mo, Mi, Fr, Sa 8–18 Uhr

An vier Tagen in der Woche füllt sich der an den Union Square West grenzende Platz mit Landwirten aus der Region. Auf dem Markt bekommt man nicht nur erstklassige Qualität, er ist auch Kontaktstelle zwischen Herstellern und Verbrauchern. Während man also köstlichen Most probiert, kann man mit dem Anbieter über die Plantage plaudern, aus der die Äpfel stammen.

Brunch im West Village

Paris Commune, 411 Bleecker Street (Karte 3 B3); Deborah, 43 Carmine Street (Karte 3 C4); Florent (→ S. 38)

Gegen 10 Uhr schießen fast überall im West Village Schiefertafeln aus dem Boden, auf denen »Brunch!« in pastellfarbener Kreide prangt. Auf die Tische der belieb-

testen Restaurants muss man zwar warten, doch das lohnt sich: Sekt mit Orangensaft, Säfte pur und Bloody Marys sind oft im Preis inbegriffen, und auch sonst lässt die Qualität nichts zu wünschen übrig. Tipps: French Toast im Paris Commune, herrlich luftige Gemüseomeletts im Deborah und das seit langem beliebte Florent.

Kleiderständer im Garment District

Im historischen »Kleiderviertel« bekommt man morgens den aufreibenden Rhythmus eines New Yorker Arbeitstages besonders deutlich zu spüren. Das Viertel liegt zwischen 34th Street (Norden), 40th Street (Süden), 9th Avenue (Osten) und 7th Avenue (Westen). Kaufen Sie sich einen Bagel und einen Kaffee und beobachten Sie, wie jüdische, indische, pakistanische, chinesische und indianische Händler Kleiderständer mit farbenfrohen Waren von den Lastwagen zu den Ladeneingängen rollen. Passen Sie auf Ihre Zehen auf!

Gebäck von Dean & DeLuca

560 Broadway (→ S. 65)

Der größte amerikanische Gourmet-Lebensmittellieferant hat seinen Stammsitz an der Ecke Broadway und Prince Street im Herzen von SoHo. Vormittags kann man bei Dean & DeLuca nicht nur verführerische Gebäck- und Kuchenkreationen bekommen, sondern auch erstklassigen Kaffee und Tee. Es gibt eine Auswahl an Muffins, Donuts, Scones und anderen Teilchen von New Yorks Spitzenbäckereien – der Kunde hat die Qual der Wahl zwischen dem Besten, was die Backöfen zu bieten haben. Die Kaffeetheke ist auf Pendler ausgerichtet: Man muss den Kaffee mitnehmen.

Spaziergang im Columbus Park

Mei Lai Wah Coffeeshop, 64 Bayard Street (Karte 2 E1)

Vor über 100 Jahren war der hübsche Park in Chinatown das Herz des kriminellen Viertels Little Five Points, das Martin Scorsese so eindrücklich in seinem Film *Gangs of New York* schilderte. Die Zeiten haben sich zwar geändert, doch auch heute noch erhitzen sich die Gemüter leicht – und sei es bei einem Schachspiel an einem der vielen öffentlichen Picknicktische. An den Toren des Parks betreiben Wahrsager und Schuster ihre Geschäfte. Am besten genießt man das Ambiente mit einem Schweinefleisch-Sandwich und einem Kaffee vom Mei Lai Wah Coffeeshop.

Dim Sum in Chinatown

Golden Unicorn (→ S. 25); HSF, 46 Bowery (Karte 2 E1)

Ein Fischhändler bindet Hummerscheren zu, eine Gemüsefrau wiegt einen Sack Lychees ... Chinatown ist immer ein Augenschmaus. Am späten Vormittag verkehren in den Dim-sum-Restaurants Wagen mit Schweinefleisch-Sandwiches, in Lotusblätter gehülltem Reis, Gemüsesprossen und cremigen Desserts zwischen den dicht besetzten Tischen. Am besten zeigt man auf das gewünschte Gericht, da das Personal oft wenig Englisch spricht. Zwei der besten Dim-sum-Restaurants sind Golden Unicorn und HSF.

FAVORITEN – *Nachmittags*

Am Nachmittag geht's in New York erst richtig zur Sache. Außer einigen Nachtclubs, Bars und Restaurants haben jetzt alle Etablissements geöffnet, und in den Einkaufsstraßen herrscht reges Treiben. Wer sich zwischendurch vom Kommerz erholen will, kann dies an einem sonnigen Tag nirgends besser als im malerischen Bryant Park in Midtown, wo man sich ganz dem Genuss des Sehens und Gesehenwerdens hingeben kann. Wer noch Energie hat, kann nach dem Mittagessen im Central Park spazieren gehen oder Rad fahren, durch Chelseas zahlreiche Kunstgalerien schlendern oder in den eleganten Boutiquen von SoHo shoppen gehen. Nachmittags gibt in New York jeder selbst das Tempo vor – auch wenn man nur Espresso schlürfen und gemütlich lesen will.

Boutiquenbummel in SoHo

Moss (→ S. 64); Chanel, 139 Spring St. (Karte 3 B5); Helmut Lang (→ S. 62); Dolce & Gabbana, 434 West Broadway (Karte 1 C2)
Shopping-Fans werden abseits der großen Warenhäuser am SoHo-Broadway in den ruhigeren Nebenstraßen mit einer Unmenge an Designer-Boutiquen belohnt. Wer modernistische Möbel mag, sollte bei Moss Halt machen; wer auf europäische Mode steht, ist bei Chanel, Helmut Lang und Dolce & Gabbana genau richtig.

Galerie-Hopping in Chelsea

Pace Wildenstein, 34 W. 25th St.; Mary Boone Gallery, 541 W. 24th St.; Gagosian Chelsea, 555 W. 24th St. (alle Karte 5 D5)
In Chelsea finden sich einige der prestigeträchtigsten kommerziellen Kunstgalerien der Welt, z. B. Pace Wildenstein und Mary Boone, die ihren Erfolg den Künstlern Julian Schnabel und Jean-Michel Basquiat verdanken. Larry Gagosian zählt zu den größten internationalen Händlern, mit Galerien an der Upper East Side, in Beverly Hills und London. Seine Ausstellungen in Chelsea gehören zu den begehrtesten der Stadt. (→ S. 96)

Openair-Schwimmen

Astoria, 19th Street & 23rd Drive, Queens; Hamilton Fish Pool, 128 Pitt Street, Manhattan (Karte 4 G4); www.nycgovparks.org
Selbst viele New Yorker wissen nicht, dass es mitten in ihrer Stadt über 20 Swimmingpools gibt, geschweige denn, dass man dafür noch nicht einmal Eintritt bezahlen muss. Den schönsten Pool hat zweifellos das Astoria in Queens (U-Bahn-Haltestelle Astoria Boulevard, Linie N oder W). In dem riesigen Schwimmbecken fand sogar schon die Vorausscheidung des US-Teams für die Olympiade 1936 statt. Der Pool ist in verschiedene Bereiche – für Bahnschwimmer und zum allgemeinen Plantschen – unterteilt. In Manhattan sollte man sich den Hamilton Fish Pond in Alphabet City mit seinen schattigen Ecken um den Pool keinesfalls entgehen lassen. Ohne angemessene Badekleidung kommt man allerdings nicht rein (und Vorhängeschloss für das Schließfach mitbringen).

Vitalisierende Massage

Graceful Services, 2. Stock, 1047 2nd Avenue (Karte 8 G5), 212 593 9904, www.gracefulservices.com
Für alle, die vom Sightseeing und Tütenschleppen verspannte Schultern haben, hält Graceful Services eine Massage zur Tiefenentspannung nach den uralten Techniken des Fernen Ostens bereit. Rosenblütenblätter, Duftkerzen und anderes frivoles Spa-Accessoire findet man hier erfreulicherweise nicht, dafür haben die Räumlichkeiten bei Graceful Services etwas Klinisch-Steriles. Doch wenn Blockaden gelöst und die Lebensenergie Qi durch geübte Hände wieder zum Fließen gebracht werden, vermisst man all den Schnickschnack sicherlich nicht. Reservieren empfiehlt sich.

Rad & Boot fahren im Central Park
Loeb Boat House, zwischen 74th & 75th Street (Karte 8 E2),
212 517 2233; tägl. 10–17:30 Uhr; Straße für den Verkehr
gesperrt: Mo–Fr 10–15 Uhr, Sa & So 19–22 Uhr
Die einzigartige und riesige Stadtoase Central Park –
340 Hektar mit Teichen, Wiesen, Hügeln und Wäldern –
kann man mit knappem Zeitlimit kaum bewältigen. Doch
zum Glück gibt es das Loeb Boat House, wo man sich
stundenweise Fahrrad und Helm ausleihen kann. Die Eti-
kette verlangt es, dass Freizeitradler die Radsportteams
vorbeilassen. Wer's lieber feucht mag, kann sich auch
ein Ruderboot ausleihen.

Picknick im Bryant Park
42nd Street (Karte 6 E2), www.bryantpark.org
Bei den ersten Anzeichen von schönem Wetter verwandelt sich der wunderschön gepflegte Bryant Park in die

Openair-Kantine Hunderter von
Menschen, die in Midtown
arbeiten. Sitzmöglichkeiten
gibt es zuhauf, und die öffentlichen Toiletten sind ungewöhnlich sauber. Es gibt sogar einen
»Leseraum« mit den aktuellen
Zeitschriften, auf dem Rasen
finden Musik- und Tanz-Perfor-
mances statt. Am meisten
Spaß macht es hier, Leute zu
beobachten. Kaufen Sie sich
bei Pret a Manger (11 W. 42nd
Street) ein Sandwich und suchen Sie sich ein Plätzchen.

Schmökern
Housing Works Used Book Café, 126 Crosby Street (Karte 3 D5),
212 334 3324, www.housingworksubc.com
Blättern, am Cappuccino nippen, Kekse knabbern – und
das für einen guten Zweck. Housing Works bietet Aus-
bildung, Gesundheitsversorgung und Wohnungsvermitt-
lung für HIV-positive Obdachlose der Stadt an; die Orga-
nisation finanziert sich über den Verkauf von Second-
hand-Büchern und Kaffee. Das Buchladen-Café liegt in
einem alten Warenhaus mit hohen Decken, Mahagoni-
Täfelung und Wendeltreppen. Machen Sie Ihren Einkauf,
fläzen Sie sich in einen Sessel und schmökern Sie in
dem vielleicht längst vergriffenen Klassiker.

Märkte & Shops in East Harlem
East 116th Street zwischen Park & 3rd Avenue (Karte 12 F5)
In Spanish Harlem wohnten bis in die 1980er Jahre
hinein fast ausschließlich puertoricanische New Yorker,
heute gibt es hier auch viele Mexikaner und Chinesen.
In der East 116th Street verzückt der Duft aus einer
mexikanischen Bäckerei ebenso wie die Kerzen in einer
haitianischen *Santería* oder der ältere Herr aus der
Dominikanischen Republik, der seinen Eiswagen vor
sich herschiebt und die tropisch-fruchtigen Sorten auf
Spanisch ausruft. Authentisch mexikanische Süßigkeiten
und *Horchata*-Drinks gibt's in der Don Paco López
Panadería (2129 3rd Ave.).

Penn-Station-Tour
4. Mo im Monat; Treffpunkt: Informations-Kiosk 34th Street,
Penn Station Rotunda (Karte 5 D4), 212 719 3434
Ein wahres Juwel an Eleganz ging verloren, als der neo-
klassizistische Bahnhof 1964 gedankenlosen Stadtpla-
nern zum Opfer fiel. Heute existieren nur noch Spuren
des Originalbaus von 1910, die man mit sachkundigen
Führern besichtigen kann.

FAVORITEN – *Abends*

Der Abend mag zwar das Ende des Arbeitstages bedeuten, doch die Vorstellung, nach der Arbeit direkt nach Hause zu gehen, ist vielen New Yorkern fremd. Bei den vielen Happy-Hour-Specials in den unzähligen Bars der Stadt, den vielfältigen Restaurants, den kostenlosen Kultur-Events und den erstklassigen Sportveranstaltungen wundert das kaum. Da fällt selbst den Einheimischen die Auswahl schwer. Wer sich gar nicht entscheiden kann, konzentriert sich am besten auf das Gebiet südlich der 14th Street – dort ist die Dichte der Restaurants und Bars in Manhattan am größten. Vorher anzurufen und einen Tisch fürs Dinner zu reservieren, kann nie schaden, vor allem an den Wochenenden. Abgesehen von den exklusivsten Restaurants (→ S. 22 und S. 38) kriegt man für denselben Abend meistens einen Platz.

»Boshafte« Cocktails im Algonquin

59 W. 44th Street (Karte 6 E2), www.algonquinhotel.com
In den 1920er Jahren traf sich die scharfzüngige Schriftstellerin Dorothy Parker, die damals für *Vanity Fair* schrieb, mit ihren Kollegen (u.a. F. Scott Fitzgerald) auf einen Cocktail und etwas Klatsch und Tratsch im Algonquin Hotel. Ihr Kreis war als »Vicious (boshafter) Circle« bekannt, und kein Promi entkam ihrer beißenden Kritik. Die Blue Bar des Hotels führt die Tradition ungebrochen fort: Dort zieren die spöttelnden Karikaturen des *New Yorker*-Veteranen Al Hirschfeld die Wände.

Museumsangebote

Cooper-Hewitt (→ S. 105); Jewish Museum (→ S. 105); Guggenheim (→ S. 104); Whitney (→ S. 101); BMA (→ S. 108)
Abends bieten einige Museen einen »Zahlen Sie, was Sie wollen«-Deal an: das Cooper-Hewitt (Di 17–21 Uhr),

das Jewish Museum (Do 17–21 Uhr), das Guggenheim (Fr 18–20 Uhr) und das Whitney (Fr 18–21 Uhr). Im Brooklyn Museum of Art (bis 23 Uhr) muss man am ersten Samstag im Monat gar keinen Eintritt zahlen; dann machen Bands, Tanztruppen und eine Bar Party-Stimmung.

Lateinamerikanisches und jiddisches Theater

El Repertorio Español, 138 E. 27th St. (Karte 6 F4), www.repertorio.org; Folksbiene Yiddish Theater im Manhattan JCC, 334 Amsterdam Avenue (Karte 7 B1), www.folksbiene.org
Im El Repertorio Español werden spanische und zeitgenössische lateinamerikanische Stücke aufgeführt. Die Produktionen sind auf Spanisch, mit Simultanübersetzung über Kopfhörer. Das Repertoire der Folksbiene erinnert an das New York zu Beginn des 20. Jahrhunderts. Die Gesangs- und Slapstick-Produktionen sind auf Jiddisch mit englischen Untertiteln.

Sonnenuntergang bei Staten Island

Whitehall Ferry Terminal (Karte 2 E5), www.siferry.com
Ein Sonnenuntergang macht die ohnehin schon stimmungsvolle, 25-minütige Fahrt über den Hudson River noch schöner. Dabei hat man einen Blick auf die Wolkenkratzer und Brücken von Lower Manhattan inklusive Liberty, Ellis und Governor's Island. Fähren (kostenlos) gehen zwischen 17 und 20 Uhr alle 15 bis 20 Minuten.

Poolbillard

SoHo Billiards, 289 Mulberry Street (Karte 4 E4); Fat Cat Billiards, 75 Christopher Street (Karte 3 B3)
Die Poolhalle von SoHo Billiards ist was für echte Pool-Spieler: Dort verzichtet man auf Messingarmaturen und

sonstige Hochglanz-Ausstattung. Dafür gibt es 20 Pool-Tische und vernünftige Preise (stundenweise). Leider gibt es keine Bar – wer ein Bier zum Spiel möchte, ist in der unterirdischen Welt von Fat Cat besser aufgehoben.

Happy Hour im McSorley's
15 East 7th Street (→ S. 142)
An Werktagen versammeln sich in der alten Bar gegen 17 Uhr Intellektuelle und hartgesottene Gewohnheitstrinker, um ein paar Bierchen zum Sonderpreis zu kippen. Zur Happy Hour unter der Woche geht's gemütlicher zu als an den Wochenenden; manchmal erzählt der Barkeeper die obskure Geschichte des McSorley's.

Die Knicks im Madison Square Garden
2 Pennsylvania Plaza (Karte 6 E5), 212 465 5867, www.nba.com
Obwohl die Knicks eines der beliebtesten Basketball-Teams von New York sind, kommt man im Madison Square Garden fast immer problemlos an Karten ran – selbst wenn das Spiel offiziell ausverkauft ist. Wer also spontan Lust bekommt, sich mit 20 000 anderen Zuschauern die Lunge aus dem Leib zu schreien, sollte die Hotline anrufen oder gleich zur Abendkasse gehen. Auf der Website des Teams finden sich gelegentlich auch Sonderangebote.

Lyrik-Sessions im East Village
Nuyorican Poets Café, 236 East 3rd Street (→ S. 119)
Das Café wurde 1973 mit der expliziten Zielsetzung gegründet, New Yorks puerto-ricanischen Schriftstellern ein Forum zu bieten – zu diesen zählte auch der preisgekrönte Lyriker und Dramatiker Miguel Piñero. Die gemütliche Location ist heute vor allem für ihre zwanglosen Lyrik-Sessions – im Jargon »Slams«– und für Co-Projek-

te von Musikern und Sängern bekannt. Die Performances sind meist zwischen Hip-Hop-Lyrik und Rezitationen angesiedelt. Die Hip-Hop-Berühmtheiten Mos Def, Company Flow und Rahzel kommen manchmal überraschend auf eine spontane Session vorbei.

Openair-Kino im Bryant Park
Karte 6 E2, www.bryantpark.org
Der Bryant Park ist zwar zu jeder Tageszeit schön (→ S. 15), doch an warmen Sommerabenden herrscht dort geradezu Volksfeststimmung. An den Montagabenden im Juli und August kann man auf dem Rasen im Park kostenlos Filmklassiker sehen; die Vorführungen beginnen bei Sonnenuntergang. Kommen Sie früh, und bringen Sie ein Picknick mit. In der Nähe der Terrasse finden im Sommer auch kostenlose Jazzkonzerte mit groovy lateinamerikanischem Flair statt.

Aussicht aus dem Top of the Tower
Top of the Tower im Beekman Tower Hotel (→ S. 172)
Das Restaurant hat einige der besten Plätze in New York zu bieten, wenn man beobachten will, wie sich die spektakuläre Skyline abends allmählich mit Lichtern füllt. Wer diese Verwandlung der Stadt miterleben möchte, sollte einen Tisch an der Fensterterrasse reservieren (abseits des Hauptsaals) und natürlich zur Dämmerung da sein. Nach Ende der »Show« kann man sich ganz auf die gut gemixten Cocktails und die US-Küche konzentrieren.

Barkeeper haben oft gute Restaurantempfehlungen. Trinkgeld nicht vergessen!

17

An den Wochenenden ist auf den Straßen in Chelsea, im East und im West Village sowie in den angrenzenden Vierteln um 2 Uhr nachts genauso viel los wie um 20 Uhr abends. In dieser Hinsicht ist New York den europäischen Kulturhauptstädten ähnlicher als jede andere US-Stadt. Die New Yorker Nachtclubs ziehen die besten DJs der Welt an, die sich in der Stadt, die nicht nur den Jazz, sondern auch den Hip-Hop und den Rap hervorgebracht hat, instinktiv wohl fühlen. Die Stadt ist auch berühmt für ihre geistreichen Comedy-Stars, die in den vielen Clubs nachts die Leute unterhalten. Wer ruhigere Zerstreuung sucht, kann die nächtliche Skyline von New Yorks prominentestem Platz, der Aussichtsterrasse des Empire State Building, aus bewundern oder sich mit Freunden auf ein Glas Wein im Rhône treffen.

Sternenhimmel in der Hayden Sphere

Rose Center for Earth and Space, American Museum of Natural History (Karte 7 C1), 212 769 5200, www.amnh.org/rose

Die ganz mit Glas verkleidete, nachts beleuchtete Hayden Sphere ist mit ihren 27 Metern Durchmesser das größte Planetarium der Welt. Ihre auffällige Form ist den New Yorkern seit der Eröffnung des Rose Center im Jahr 2000 ans Herz gewachsen. Freitags kann man die faszinierende Reise durchs All bis 20:45 Uhr unternehmen.

Comedy im Upright Citizens Brigade Theatre

307 W. 26th St. (Karte 5 B5), www.ucbtheatre.com

Auf dieser Bühne in Chelsea geben sich die respektlosesten Komiker von New York die Klinke in die Hand. Improvisierte Comedy-Shows und Stand-up-Comedians sind hier jeden Abend zu sehen. In der »Harold Night« am Dienstag treten die besten Improvisationskomiker der Stadt gegeneinander an.

Über den Dächern von New York

Empire State Building Observatory (Karte 6 E3), 212 736 3100, www.esbnyc.com; letzter Aufzug um 23:15 Uhr

In klaren Nächten ist die Aussicht vom 86. Stock des Empire State Building einfach atemberaubend. Im Süden sieht man das Flatiron Building, das den Verkehr in Downtown in zwei hell erleuchtete Hauptadern teilt:

Die eine führt zur Fifth Avenue, die andere zum Broadway. Ringsum sieht man die glitzernden Ikonen der Artdéco-Ära (→ S. 99): das Chrysler Building, das Chanin Building und das General Electric Building. Ein Muss für jeden New-York-Besucher.

Bar-Hopping im East Village

Lust auf eine gepflegte kleine Wein-Bar, ein authentisches Irish Pub, eine Hard-Rock-Höhle oder alles in einem? Dann ab ins East Village. Die 2nd Avenue, die Hauptschlagader des Nachtlebens, hat die größte Dichte an Bars zu bieten, hier gibt es erstklassige Drinks und andere Unterhaltung zuhauf. Die Gegend rund um den St. Mark's Place ist besonders kurzweilig, kann aber nach Mitternacht etwas ungemütlich werden. In der Swift Hibernian Lounge (→ S. 142) herrscht traditionell gute irische Stimmung bei fachkundig gezapften Pints. In der Bar Veloce (→ S. 144) gibt's italienische Weine zu vernünftigen Preisen. Billiges Bier, lauten Rock und kitschige 1970er-Jahre-Deko finden Sie im Welcome to the Johnson's (→ S. 140).

Weintrinken im Rhône

63 Gansevoort Street (→ S. 148)
Nach einem langen Tag im Büro zieht es die Schickeria
von New York in diese höhlenartige Wein-Bar im Meatpacking District. Das Rhône mit seiner hohen Decke,
den sorgfältig arrangierten modernen Möbeln und den
riesigen Fenstern ist geldig, chic und trendy. Die fach-
kundigen Barkeeper helfen einem bei der Auswahl unter
30 Rotweinen, die offen verkauft werden.

Mitternachtsfilm im Sunshine Cinema

143 East Houston Street (Karte 4 E4), 212 330 8182,
www.landmarktheatres.com
In dem Vaudeville-Theater aus dem 19. Jahrhundert läuft
jedes Wochenende um Mitternacht ein anderer Kultfilm.
Zu den Favoriten zählen Mel Brooks' *Blazing Saddles*
(*Der wilde, wilde Westen*; 1974) und Steven Spielbergs
The Goonies (*Die Goonies*; 1985), der bei 1980er-Jahres-
süchtigen Studenten der NYU beliebt ist. Die Filme entwickeln sich immer mehr zum Event; einige Besucher
kommen kostümiert und sprechen die Dialoge mit.

Musik auf dem Fluss

Barge Music, Fulton Ferry Landing, Brooklyn (→ S. 130)
Die Schiffe auf dem East River sorgen mit ihren Bariton-
Nebelhörnern für maritime Atmosphäre. Doch kann man
sich dazu noch die wohlklingenden Harmonien von Kammermusik vorstellen? Barge Music, am östlichen Ende
der Brooklyn Bridge, kann: Der großartig renovierte
Frachtkahn bildet die Kulisse für das ungewöhnlichste
klassische Musik-Event der Stadt. Hinter dem Auditorium mit seinen 125 Sitzen kann man sogar noch das
ganze glitzernde nächtliche Manhattan sehen.

Club-Hopping in Chelsea

Eleganz ist alles in Chelsea mit seinen Designerstudios,
Kunstgalerien und Architekturbüros. Das gilt auch für die
Nachtclubszene. Das Avalon (→ S. 149), ein Weltklasse-
Dance-Club in einer ehemaligen Kirche, ist ein Erlebnis.
Das Spirit (→ S. 150) ist unablässig auf der Jagd nach
neuen Stimulationen der Sinne: Unzählige Räume bieten ein Spektrum der verschiedensten Klänge, Light
Shows und Performances. Das in einem exklusiven japanischen Hotel versteckte Hiro (→ S. 150) wirkt wie aus
der Prohibition übrig geblieben, und im Roxy (→ S. 149)
tummeln sich die buntesten Vögel der Szene.

Jazz im Village Vanguard

Village Vanguard, 178 7th Avenue South (→ S. 116)
Das Vanguard erlebt eine beinahe religiöse Verehrung;
ein Blick auf die Stargalerie seit seiner Gründung 1935
verrät auch, warum: Miles Davis, John Coltrane, Dizzy
Gillespie und Wynton Marsalis – sie alle sind in dieser
lauschigen Location aufgetreten. Montags spielt das
preisgekrönte Vanguard Jazz Orchestra; auch der Saxo-
fon-Gott Joe Lovano und die Jazz-Rock-Band The Bad
Plus sind regelmäßig hier zu hören.

Mitternachtssnack

New York stillt auch mitten in der Nacht den kleinen
Hunger. Wo viele Bars zu finden sind, gibt es immer
auch viele Imbisse, die bis spätnachts geöffnet sind: im
East Village die türkische Cafeteria Bereket (→ S. 27),
das preiswerte Yaffa Cafe (→ S. 30) und das historische
ukrainische Café Vaselka (→ S. 223); die Nachteulen vom
West Village kriegen bei Joe's Pizza (→ S. 222) eine der
besten Pizzen ganz Manhattans.

Restaurants

Essen zu gehen ist in New York ein Vergnügen – sei es im Nobelrestaurant oder einfach, schnell und gut in einem Café oder bei einem Straßenverkäufer. Es wird in jedem nur vorstellbaren Stil gekocht; die Gerichte werden nicht nur auf Papptellern oder feinstem Porzellan, sondern z. B. auch auf Bananenblättern serviert. Im Folgenden finden Sie einen Überblick über die lukullische Szene der Stadt.

HOT TABLES	ROMANTIK PUR	INTERNATIONAL

Babbo
110 Waverly Place
Eines der ersten Restaurants des italienischen Starkochs Mario Batali; Tischreservierungen zwei Wochen im Voraus. (→ *S. 34*)

Aquavit
13 West 54th Street
Heringe, Meeresfrüchteeintopf und andere skandinavische Köstlichkeiten werden in einem Atrium mit Wasserfall serviert. (→ *S. 45*)

66
241 Church Street
Im 66 – chinesische Küche, elegante Einrichtung, umwerfende Cocktails – geht die Schickeria von Tribeca essen. (→ *S. 24*)

Tomoe Sushi
172 Thompson Street
Für das megafrische und zarte Sushi des einfachen, kleinen Restaurants stellen sich die New Yorker sogar an. (→ *S. 33*)

Atlantic Grill
1341 3rd Avenue
Das Seafood-Restaurant ist vor allem bei anspruchsvollen Upper East Sidern beliebt. Unbedingt im Voraus reservieren! (→ *S. 48*)

New Leaf Café
Fort Tryon Park
Das Café liegt direkt am Fort Tryon Park – in dem man vorher spazieren gehen sollte. (→ *S. 51*)

Tamarind
41–43 East 22nd Street
Die Gewürze und Aromen Indiens einmal anders – z. B. in der Spezialität des Hauses: Tandoori-Jakobsmuscheln. (→ *S. 41*)

》》 *Unter www.iseatz.com können Reservierungen per Kreditkarte online vorgenommen werden.*

Sobaya
229 East 9th Street
Nudelsuppe satt gibt's in diesem noblen japanischen Restaurant im East Village. Auch große Auswahl an Sake. (→ *S. 32*)

i Trulli
122 East 27th Street
Ausgezeichnete italienische Küche und erstklassiger Chianti. Im Winter lockt ein Kaminfeuer, im Sommer der Garten. (→ *S. 42*)

The River Café
1 Water Street
Ultimative Mischung aus erstklassiger Küche und atemberaubendem Blick auf Manhattan und den East River. (→ *S. 52*)

SÜSSE VERFÜHRUNG

Mezzaluna
1295 3rd Avenue
Pasta und Pizza in dem italienischen Laden an der Upper East Side sind köstlich – das Tiramisu aber ist schlicht göttlich. (→ *S. 47*)

Ouest
2315 Broadway
Nach Hackbraten oder geschmorter Lammkeule sollte man sich die himmlische Panna Cotta keinesfalls entgehen lassen. (→ *S. 49*)

Balthazar
80 Spring Street
In der ganzen Stadt für Brunch und Gebäck berühmt. Die köstlichen Donuts dippt man am besten in etwas Kaffee. (→ *S. 25*)

 Trinkgeld zwischen 15 und 20 Prozent ist in New York absolut unerlässlich – unabhängig davon, ob der Service gut war oder nicht.

Tartine
253 West 11th Street
Das schmucke Bistro im West Village bietet verführerische Obsttorten und Mousse. Nicht versäumen: die Crème brûlée. (→ *S. 38*)

DINERS

Paul's Palace
131 2nd Avenue
Monströse Hamburger, Pommes und Milchshakes passen gut zum schroffen Personal, das einem trotzdem ans Herz wächst. (→ *S. 31*)

Relish
225 Wythe Avenue, Brooklyn
In diesem Diner in Williamsburg wird robuste und innovative amerikanische Bistro-Küche in klassischer Umgebung serviert. (→ *S. 55*)

2nd Avenue Deli
156 2nd Avenue
In den Sandwiches, Eintöpfen, dem Fisch und anderen Klassikern der jüdischen Küche stecken über 50 Jahre Tradition. (→ *S. 33*)

PREISWERTE SNACKS

NY Dosas
West 4th Street & Sullivan Street
Der fliegende Händler am Washington Square ist berühmt für seine feinen südindischen Crêpes mit würziger Gemüsefüllung. (→ *S. 37*)

Daily Chow
2 East 2nd Street
Zu den kreativen asiatischen Snacks gehören marinierte Hähnchenspieße, mongolische Grilltöpfe und exotische Fruchtsäfte. (→ *S. 30*)

Joya
215 Court Street, Brooklyn
Das ultramoderne Interieur steht in krassem Gegensatz zu den preisgünstigen, aber köstlichen thailändischen Standardgerichten. (→ *S. 52*)

Sandwich Planet
534 9th Avenue
Der winzige Laden hat eine fast unbegrenzte Auswahl an frischem Brot mit leckeren Belägen. (→ *S. 43*)

» *Brunch im West Village* → *S. 13*

Restaurants

66 *Chinese mit dem gewissen Etwas* `1 D1`
241 Church Street • 212 925 0202
➤➤ www.jean-georges.com
Tägl. Lunch & Dinner (Mo–Do bis 24 Uhr,
Fr & Sa bis 1 Uhr, So bis 22:30 Uhr)

Das Restaurant gehört zum Herrschaftsbereich des ambitiösen Kochs Jean-Georges Vongerichten und verfügt über ein elegantes, minimalistisches Interieur in Weiß, Silbergrau und Schwarz. Über mehrere Aquarien hinweg kann man einen Blick in die Küche werfen; das 66 zieht Modesklaven und Gourmets gleichermaßen an. Zu den Spezialitäten gehören Peking-Ente, Sesamnudeln, süßsaure Shrimps, gedämpfter Kabeljau, ein vietnamesisches Sorbet mit Kaffeearoma und Vanilleeis mit fünf Gewürzen. Abends ist das 66 am vollsten; wer nicht reserviert hat, wird in der Wartezeit mit einem fantasievollen Cocktail verwöhnt. Mittags ist es etwas preiswerter, es gibt auch ein Tagesmenü. Die Rechnung wird mit luftigen Glückskeksen aus grünem Tee serviert. **$$$**

Montrachet *Essen & Wein de luxe* `1 C1`
239 West Broadway • 212 219 2777
Mo–Fr Lunch & Dinner, Sa nur Dinner

Die Rebensäfte des Montrachet lagern in einem der besten Weinkeller des Landes und passen perfekt zur Haute Cuisine des Restaurants. Ein Sommelier berät die Gäste fachkundig, aber ohne Herablassung. Der Speisebereich besteht aus drei Räumen; entspannte und komfortable Atmosphäre. **$$$**

Acappella *Gourmetfreuden & Grappa* `1 C2`
1 Hudson Street • 212 240 0163
➤➤ www.acappella-restaurant.com
Mo–Fr Lunch & Dinner, Sa nur Dinner

Das seit langem beliebte und gut besuchte Restaurant serviert köstliches norditalienisches Essen. Die Speisekarte variiert je nach Saison und hat neben prima Pasta und Pesto auch Lamm und Fisch zu bieten. Grappa gibt's umsonst. **$$$**

Peking Duck House *Perfektes Geflügel* `2 E1`
28 Mott Street • 212 227 1810
Tägl. ab 11:30 Uhr

An manchen Abenden schwappt das lebhafte Treiben
von Chinatown rüber in dieses Restaurant – und bei
der Peking-Ente wundert einen das kaum: knusprige
Haut, saftiges Fleisch, dazu Gurken, Schalotten und
scharf-süße Sauce; die anderen Gerichte sind Stan-
dard. Das Personal kann etwas schroff sein. **$$**

Golden Unicorn *Juwel in Chinatown* `2 F1`
18 East Broadway • 212 941 0911
Tägl. ab 9 Uhr; Dim Sum: 9–15:30 Uhr

Im Herzen von Chinatown findet man diesen kantone-
sischen Dim-Sum-Tempel. Am späten Sonntagvormit-
tag füllen sich die 1000 Plätze des Restaurants mit
Familien, die eifrig alle Köstlichkeiten – von Dim Sum
mit Shrimps über Schweinebraten-Sandwiches bis zu
süßem Eierpudding – probieren. **$**

Balthazar *Zeitlose Brasserie* `3 D5`
80 Spring Street • 212 965 1785
➤➤ www.balthazarny.com
Mo–Do 7:30–1, Fr & Sa 7:30–2, So 7:30–24 Uhr

Das pariserisch angehauchte Balthazar hat sich sei-
nen Ruf durch gleich bleibende Qualität der Bistro-
Gerichte bewahrt. Die Speisekarte wechselt vom Früh-
stück bis zum Mitternachtssnack. Die Desserts sind
himmlisch, der Brunch am Wochenende ein Hit. **$$**

Mercer Kitchen *Franko-amerikanisch* `3 D4`
99 Prince Street • 212 966 5454
➤➤ www.jean-georges.com
Tägl. Frühstück 7–11 Uhr; Lunch 12–14:45 Uhr; Dinner ab 18 Uhr

Im Mercer ist alles einfach und chic. Die Lage des fran-
zösisch-amerikanischen Restaurants in SoHo zieht
Trendsetter an, die Speisekarte Gourmets. Die Atmosphäre ist recht salopp, Tische, Bänke und Bar sind
um eine offene Küche herum angeordnet. **$$**

L'Ecole *Bezahlbare Gourmetküche* `3 D5`

462 Broadway • 212 219 3300
» www.frenchculinary.com/lecole
Mo–Fr Lunch & Dinner, Sa nur Dinner

Das Restaurant lässt nichts zu wünschen übrig: super Lage, helles Interieur mit riesigen Fenstern, ausgezeichnetes Essen – und das alles zu mehr als vernünftigen Preisen. L'Ecole ist tatsächlich eine Schule; die Studenten des French Culinary Institute »missbrauchen« die Gäste dort als willige Versuchskaninchen. Sie können in drei- bis fünfgängigen Menüs schwelgen, ohne dafür das Familiensilber verkaufen zu müssen, und die Studenten bekommen die Chance, ihre Kochkunst zu perfektionieren.

Die Gerichte sind zum einen der traditionellen französischen Küche verpflichtet, zum anderen nehmen sie aber auch zeitgenössische Trends auf. Kreationen wie pochierte Seezunge mit Shrimps und Miesmuscheln in Cidre-Sahne-Sauce, Auberginen-Paprika-Terrine und Tee-Flan mit Madeleines demonstrieren, wie ambitioniert die jungen Köche sind. Wer es etwas einfacher mag, kann auch Sachen wie Omelett mit Kartoffelstiften bekommen – und wird bestimmt nicht enttäuscht. Selbst das köstliche Brot ist hausgemacht. Die Speisekarte wechselt alle sechs Wochen.

Die Kombination aus heller und freundlicher Atmosphäre und erstklassiger Küche zu fabelhaften Preisen findet man in New York sonst kaum. **$–$$**

Jane *Kreative amerikanische Küche* `3 D4`

100 West Houston Street • 212 254 7000
» www.janerestaurant.com
Tägl. ab 11 Uhr

Im Jane erhalten Gerichte, die man gemeinhin kennt, einen besonderen Touch: Die Hauptzutaten werden leicht verändert, aber nicht entstellt. Fleisch- und Lachs-Burger stehen an oberster Stelle, aber auch die Fruchtpüree-Cocktails sind ihr Geld wert. **$$**

Cafe Gitane *Nordafrikanisch gewürzt* `4 E4`
242 Mott Street • 212 334 9552
Tägl. ab 9 Uhr

Französisch-nordafrikanische Gerichte wie duftendes Couscous und würzige Merguez-Würste ziehen die junge Modegemeinde der Umgebung an. Im Sommer sind die Tische auf der Straße begehrter als die Designer-Schuhe der umliegenden Boutiquen, aber auch der gemütliche Speiseraum ist nicht zu verachten. **$**

Cafe Habana *Kubanisch-mexikanisch* `4 E4`
229 Elizabeth Street • 212 625 2001
Tägl. ab 9 Uhr

Die Beautiful People von Nolita verehren die köstlichen Spezialitäten aus dem Café an der Ecke geradezu. Sehen und Gesehenwerden bei Schweinefleisch-Sandwiches, Huevos rancheros und Maiskolben am Spieß. Erstklassiger Durstlöscher: Chelada, ein mexikanisches Bier mit Limettensaft und Salz. **$**

Bereket *Türkische Mitternachtssnacks* `4 F4`
187 East Houston Street • 212 475 7700
24/7

Es gibt kaum jemanden, der in Downtown wohnt und nach einem anstrengenden Bar-Hopping in dieser Institution in East Houston nicht schon mal Lamm-Shawarma-Sandwich, Hummus oder gefüllte Weinblätter gekostet hätte. Für ein türkisches Fastfood-Restaurant überraschend authentisch. **$**

The Elephant *Französisch-thailändisch* `4 F4`
58 East 1st Street • 212 505 7739
» www.elephantrestaurant.com
Mo–Sa Lunch & Dinner, So nur Dinner

Rot und Gold dominieren den eigenwilligen Speiseraum, in dem Paare an üppigen Elephant Martinis – Wodka, Cassis und Ananas – nippen. Nicht entgehen lassen: Sticky Rice (Huhn und Schweinefleisch mit Reis und Gemüse, in ein Lotusblatt gewickelt). **$$**

'inoteca *Tolle »small plates«* `4 F4`
98 Rivington Street • 212 614 0473
Tägl. 12–3 Uhr

Die angesagte Weinbar ist ideal für ein paar Gläser Wein und Snacks, die die 'inoteca als *small plates* anbietet. Darauf finden sich Käse, großzügige Portionen Aufschnitt, Panini und Salate. Bei passendem Wetter kann man auch draußen sitzen und »Sehen und Gesehenwerden« spielen. **$$**

WD-50 *Abenteuerlich amerikanisch* `4 G4`
50 Clinton Street • 212 477 2900
▶▶ **www.wd-50.com** Tägl. Dinner

Wylie Dufresne verdankt seinen guten Ruf seiner risikofreudigen Küche; viele seiner abenteuerlichen, aber köstlichen Experimente serviert er in diesem einfachen, sauberen Restaurant. Darunter Kaninchenwürste mit Avocados, Snapper mit Wacholder und Lamm mit Hibiskus-Dattel-Püree. **$$$**

Cube 63 *Super Sushi & Stil* `4 G4`
63 Clinton Street • 212 228 6751
Mo–Fr Lunch & Dinner, Sa & So nur Dinner

Ken und Ben Lau haben schon in New Yorks besten Sushi-Küchen gearbeitet und führen ihr eigenes Restaurant nun mit unschätzbarer Fachkenntnis. Warmes Licht beleuchtet die Sushi-Theke, Kerzen werfen Schatten auf die junge Gästeschar. Unbedingt probieren: *Omakase*, eine fantasievolle Sushi-Platte. **$$**

Alias *Der Schein trügt: gute Küche!* `4 G4`
76 Clinton Street • 212 505 5011
Mo–Do 18–23, Fr & Sa 18–23:30, So 17–21 Uhr

Lassen Sie sich vom kitschigen Restaurantschild nicht abhalten – die Speisekarte ist super. Fantasievolle Gerichte, z. B. Lamm-Spareribs, gebeizte Ente und kandierte Avocado. Das Alias hat den Ruf der Lower East Side als Zentrum der Crossover-Cuisine mitbegründet. Besonders gut: das Tagesmenü am Sonntag. **$$**

Le Souk *Nordafrikanische Küche* `4 G3`
47 Avenue B • 212 777 5454
>> www.lesoukny.com Tägl. Dinner

Seit sich in Alphabet City in den letzten Jahren viele
trendige Restaurants, Boutiquen und Bars niederge-
lassen haben, ist das Prestige des Stadtteils beträcht-
lich gestiegen. Doch einige der besten Aktivposten
verbirgt die Gegend hinter einer eher groben städtischen Fassade, z. B. das Le Souk, das sich äußerlich
kaum von den Lebensmittelläden und Bars der Umgebung unterscheidet. Die unattraktive Schale birgt
allerdings einen kostbaren Kern an afrikanischen Stof-
fen, Klängen und Delikatessen. Die elegante Klientel
diniert auf Plüschbänken, die Bar daneben ist mit
niedrigen maurischen Tischen, Sitzkissen und schmiedeeisernen Laternen ausgestattet. Als Vorspeise gibt
es Meze-Platten, es folgen Tajines mit aromatischem
Couscous, herzhaften Merguez-Würsten und knob-
lauchumwehten Miesmuscheln. Nach 21 Uhr wirbeln
Bauchtänzerinnen zwischen den Tischen herum. **$$**

Bao *Modernes Design, vietnamesische Küche* `4 G3`
111 Avenue C • 212 254 7773
>> www.bao111.com Tägl. Dinner

Michael Huynh zaubert brillante vietnamesische Ge-
richte in diesem gepflegten Restaurant, das er selbst
entworfen hat. Die Gäste (viele Künstler und Models)
sitzen auf purpurrot gepolsterten Bänken und schlür-
fen aromatische Pho-Suppe oder stöbern in der Des-
sertkarte. Schwarzes Sesameis gefällig? **$**

Le Tableau *Französisch-mediterran* `4 F3`
511 East 5th Street • 212 260 1333
>> www.letableaunyc.com Tägl. Dinner

Tolles französisches Essen in einem nussschalengro-
ßen, angesagten Lokal. Die Speisekarte wechselt oft,
aber die Gerichte sind immer erstklassig: z. B. Schwei-
nelende mit Ahorn-Süßkartoffel-Püree und Gorgon-
zola, in Portwein abgelöscht. Super-Sparsame sollten
am frühen Abend das Drei-Gänge-Menü ordern. **$$**

>> *Die nordafrikanische Spezialität Merguez: Würste aus Rind- und Hammelfleisch mit verschiedenen Gewürzen*

Pylos *Taverne in Alphabet City* `4 F3`
128 East 7th Street • 212 473 0220
» www.pylosrestaurant.com Mo–Sa Dinner, Mi–So Brunch

Im Umkreis von acht Blocks um die U-Bahn-Station 2nd Avenue finden sich viele Welten: z. B. die jüdisch-orthodoxe Lower East Side, das ukrainische East Village oder Chinatown. Am meisten überrascht das Ägäis-Ambiente, das urplötzlich zwischen den Hardrock-Bars von Alphabet City zum Vorschein kommt. Das Pylos ist eine hübsche griechische Taverne mit Stuckwänden, blauen Fensterläden und Tonkrügen an den Deckenbalken. Die Gourmets der ganzen Stadt lieben die hier servierten *Dolmades* (gefüllten Weinblätter). Beliebt ist auch das *Arnaki yiuvetsi* – geschmortes Lamm mit Nelken, Oregano, Tomaten und Reis. Das fachkundige Personal hilft einem bei der Auswahl griechischer Weine. Platz sollte man lassen für *Galaktoboureko* – die cremegefüllten, mit warmem Honig überzogenen Blätterteigtaschen sind die himmlischste Versuchung des Pylos. **$$**

Yaffa Cafe *Pita-Bude* `4 F3`
97 St. Mark's Place • 212 505 7739
24/7

Die unkonventionelle Bude am St. Mark's Place ist immer gut besucht. Nachdem die Bars in der Umgebung geschlossen haben, füllt sich der Hinterhof des Yaffa mit hungrigen Nachtschwärmern, die ihrem drohenden Kater mit hausgemachter Pita, Hummus und anderen Köstlichkeiten beizukommen versuchen. **$**

Daily Chow *Saloppes asiatisches Restaurant* `4 E3`
2 East 2nd Street • 212 254 7887
Tägl. Dinner

Elegante Tische und riesige Fenster stellen sicher, dass man hier überall gut sitzt. Die Deko ist unterschwellig polynesisch, die Speisekarte reicht vom Pazifik bis zum asiatischen Kontinent. Leckere Hähnchenspieße mit Kokosspänen und sahniger thailändischer Eiskaffee eignen sich hervorragend als Vorspeisen. **$**

Paul's Palace *Giga-Hamburger* `4 E3`

131 2nd Avenue • 212 529 3033
24/7

Das amerikanische Hamburger-Erlebnis schlechthin:
charmant von der linoleumbeschichteten Theke und
den karierten Tischdecken bis zu den kessen Burger-
Beschreibungen über dem gut bestückten Grill. Nicht
verpassen darf man die 1/2-Pound-Burgers und extra-
cremigen Milkshakes. $

Mermaid Inn *Seafood à la Neuengland* `4 E3`

96 2nd Avenue • 212 674 5870
➤➤ www.themermaidnyc.com Tägl. Dinner

Mit seinen nautischen Tabellen, Kursdiagrammen,
Kabinenlampen und rustikalen Tischen scheint das
klassische Fischrestaurant eher an die Küste zu passen. Doch die moderne Rockmusik und die äußerst
stilbewusste lokale Klientel verankern das Mermaid
Inn fest in der städtischen Boheme. Als der Restau-
rant-Mogul Jimmy Bradley es 2003 an der 2nd Avenue
eröffnete, landete er einen spontanen Hit.

Das Restaurant ist extrem beliebt, an den Wochenenden muss man im Allgemeinen auf einen Tisch warten. Am besten vertreibt man sich die Wartezeit mit
Austernschlürfen in der Seafood-Bar. Wer einen Tisch
im Restaurant ergattert hat, kann mit gebratenen
Miesmuscheln oder federleichten frittierten Venus-
muscheln fortfahren. Danach gibt es je nach Saison
gegrillten Lachs, gebratene Rochenflügel oder Hum-
mersalat-Sandwiches. $$

Morgenkaffee und Nachmittagstee

In New Yorks zahlreichen »Coffee Shops« bekommt
man zwar preiswertes Essen, aber ironischerweise
keinen guten Kaffee. Echter »europäischer« Kaffee
wird nur in den besten Cafés der Stadt serviert.
Exzellenten Cappuccino gibt's im **Via Quadronno**
(→ S. 221), guten Espresso findet man beim mobi-
len **Mud Truck** (Union Square) oder im sesshaften
Mud Spot (9th St.). **Joe** (→ S. 220) im West Village
hat auch erstklassigen Kaffee.

Palm Court at the Plaza Hotel serviert formellen
Nachmittagstee. **Tea & Sympathy** ist gemütlicher
(selbst gemachte Scones und perfekter Tee). **Lady
Mendl's Tea Room** ist ziemlich etepetete, aber die
Scones sind himmlisch. *(Details zu den einzelnen
Cafés → S. 222.)* Schriller ist das **Teany** (→ S. 70).

Angelica Kitchen *Unglaubliches Gemüse*
300 East 12th Street • 212 228 2909
24/7

Das Angelica, seit 1976 Vorreiter in Sachen veganische Küche, erntet nur die besten Kritiken für die frischen, biologisch angebauten Zutaten. Das allein wäre schon Grund genug, umweltbewusste Gäste in das hübsche Restaurant im toskanischen Stil zu ziehen. Doch der größte Pluspunkt ist wahrscheinlich die Kunst des Küchenchefs, selbst den einfachsten Zutaten noch faszinierende Geschmacksnuancen zu entlocken. Da fällt es kaum auf, dass in der cremigen Walnusssuppe keine Sahne ist oder im Reuben-Sandwich statt des üblichen Corned Beef Tempeh (aus Sojamilch).

Veganische Annäherungen an amerikanische Klassiker stehen ebenso auf der Karte wie die exotischen japanischen Algen Hiziki und Kombu und das Wurzelgemüse Daikon. Das Personal ist freundlich und überhaupt nicht herablassend – selbst wenn man nicht weiß, was *Edame* (gesalzene Sojabohnen) sind. **$**

Sobaya *Nudelverführung auf Japanisch* `4 E2`
229 East 9th Street • 212 533 6966
>> www.ticakean.com/restaurant.html
Tägl. Lunch & Dinner

Die Speisekarte erklärt, dass Soba-Nudeln (aus Buchweizen) viele Vitamine und Proteine enthalten und vor allem nach dem Genuss von Alkohol Wunder wirken. Wahrscheinlich sind deswegen die vielen Gäste hier – oder wegen des authentisch japanischen Stils der Gerichte. Der Fokus liegt in erster Linie auf der leckeren Nudelsuppe, die mit Frühlingszwiebeln und vielen Extras – Gemüse, Ente, Tempura, Yamswurzel – serviert wird. Zu den Vorspeisen gehören gebratene Pilze mit Shrimps-Paste und Spinat-Sesam-Sauce sowie sushi-ähnliche Gerichte. Die umfangreiche Sake-Karte klärt über Alkoholgehalt und Geschmack der einzelnen Sorten auf. Die Deko ist typisch japanisch: einfach und ordentlich. Das freundliche Personal, hipper Nippon-Import, trägt blaue Samurai-Bänder um den Kopf. **$–$$**

2nd Avenue Deli *Koschere Delikatessen* `4 E2`
156 2nd Avenue • 212 677 0606
>> www.2ndavedeli.com Tägl. 7–24 Uhr

Der König der jüdischen Delis in Manhattan. Das 2nd Avenue füllt die New Yorker Bäuche schon seit 1954 mit turmhohen Pastrami-Sandwiches, Suppen mit Matzenbällchen und dazu passendem eingelegtem Gemüse. Hier ist es immer voll, aber die Bedienung arbeitet extrem schnell. **$$**

Blue Ribbon Sushi *Frischer Fisch* `3 C4`
119 Sullivan Street • 212 343 0404
Tägl. 12–2 Uhr

Wie sein Bruder im West Village (→ unten), legt auch die SoHo-Filiale des Blue Ribbon viel Wert auf frische Zutaten. Hauptzutat hier ist roher Fisch. An der Sushi-Theke muss man – im Gegensatz zum beliebteren Hinterzimmer – keine Ewigkeit aufs Essen warten. Nicht verpassen: die riesige Sake-Auswahl. **$$**

Blue Ribbon Bakery *Alte-Welt-Freuden* `3 C4`
33 Downing Street • 212 337 0404
Tägl. 12–2 Uhr (So bis 24 Uhr)

In der gemütlichen Bakery sitzt die Crème de la Crème des Village bei europäischen Köstlichkeiten wie Foie gras, Antipasti und knusprigem Brot. Wer kann, sollte einen Tisch unten in dem weinkellerähnlichen Raum nehmen, wo man beobachten kann, wie das Brot frisch aus dem Ofen kommt. **$$–$$$**

Tomoe Sushi *Japanische Köstlichkeiten* `3 C4`
172 Thompson Street • 212 777 9346 Mi–Sa durchgehend, Mo Dinner (nur Barzahlung oder American Express)

Im Tomoe bekommen die New Yorker mit den frischesten Fisch der Stadt. Aus diesem Grund stellen sich die Gäste manchmal über eine Stunde lang vor dem kleinen Sushi-Restaurant an, um einen Tisch zu bekommen – trotz der fehlenden Atmosphäre. Bei schönem Wetter lohnt das Warten. **$$**

Otto Enoteca & Pizzeria *Snacks* `3 D3`

1 5th Avenue • 212 995 9559
≫ www.ottopizzeria.com 24/7

Nächtens versammeln sich ganze Menschenmassen hier, um Starkoch Mario Batalis herzhafte italienische Snacks zu probieren. Die dünnen Pizzas werden auf dem Grill zubereitet und mit allem Möglichen belegt – von Fleischbällchen bis zu gebratenen Enteneiern. Platz lassen für die einzigartigen *gelati*! **$$**

La Palapa Rockola *Echt mexikanisch* `3 C3`

359 6th Avenue • 212 777 2537
≫ www.lapalapa.com 24/7

Das Palapa räumt mit dem Gerücht auf, dass es in New York keine authentisch mexikanische Küche gebe. Das Innere erinnert an Mexikos koloniales Hinterland und das Goldene Zeitalter des Films. Rustikale Gerichte. Zu den Fisch-Tacos passt am besten eiskaltes Negra-Modelo-Bier. **$$**

Babbo *Gehobene norditalienische Küche* `3 C3`

110 Waverly Place • 212 777 0303
≫ www.babbonyc.com Tägl. Dinner

Das Babbo verdankt seinen Ruf als eines der besten italienischen Restaurants der Stadt der Qualität seiner Gerichte, die von Mario Batali (→ *auch Otto, oben*) zubereitet werden. Wer hier essen will, muss früh reservieren oder auf Absagen in letzter Minute hoffen. Wenn's etwas teurer sein darf, sind die kulinarischen Abenteuer der traditionellen oder der Pasta-Probiermenüs genau das Richtige. Aber auch die Hauptgerichte wie z.B. Bries mit Fenchel sind durchaus gewagt und zu Recht gelobt. Die Weinkarte bespricht man am besten mit dem hauseigenen Sommelier. Die Auswahl an italienischen Weinen ist ausgezeichnet. Trotz der Preise muss man sich für die zweigeschossige ehemalige Kutschenstation mit Oberlicht und eleganten Blumenarrangements nicht in Schale werfen. Das einzige Muss sind eines der köstlichen Desserts und ein Digestif. **$$$**

John's of
Bleecker Street *Pizza pur*

`3 C3`

278 Bleecker Street • 212 243 1680
» www.johnsofbleeckerstreet.com
Tägl. bis 0:30 Uhr (nur Barzahlung)

In New York ist die Frage nach der besten Pizza oft Gegenstand von Diskussionen, die auch schon mal in einem hitzigen Streit enden können. Selbst Politiker wagen es nicht, ihre Meinung zu diesem Thema öffentlich kundzutun, um keine potenziellen Wähler zu vergrätzen. Ein Name taucht bei den Debatten jedoch immer wieder auf: John's of Bleecker Street.

Aus dem Gründungsjahr macht die Pizzeria keinen Hehl – »Est. 1929« steht groß und breit auf dem Firmenschild – und die Fenster sind mit hingerissenen Kritiken plakatiert. Für einige New Yorker sind gerade die unverhohlene Reklame und die Berühmtheit Gründe genug, John's von der Liste der besten Pizzerien zu streichen.

Doch abgesehen von diesen Debatten können sich die Gäste des John's auf eine richtig gute Mahlzeit freuen. Zum Lunch und Dinner am Wochenende reicht die Schlange der Wartenden bis zum Geschäft nebenan; sie wird allerdings schnell kürzer. Wer einen Tisch an einer der mitgenommenen Holzbänke ergattert hat, wird sofort mit olfaktorischen Genüssen (unverkennbar: Knoblauch und Käse) belohnt. Beruhigen Sie den knurrenden Magen mit frischen Antipasti und einem kühlen, echt italienischen Birra Peroni.

Puristen sollten dann mit der simplen Käse-Tomaten-Pizza, frisch aus dem Holzkohlenofen, fortfahren: eine dünne, leicht verbrannte Teigkruste, belegt mit Tomatensauce, cremigem Mozzarella und herzhaften Gewürzen. Alle anderen haben die Wahl zwischen Knoblauch-Fleischbällchen und anderen hausgemachten Toppings. Nach der Mahlzeit können Sie sich ebenfalls als Experte in die Pizza-Diskussion einklinken. **$**

Cones *Klasse Eis!*
272 Bleecker Street • 212 414 1795
So–Do 13–23, Fr & Sa 13–1 Uhr

Was bringt jemanden dazu, zwei Stunden von Upstate New York ins Village zu fahren, mit einer Kühltasche, die er bis an den Rand füllt, bevor er auf dem Absatz kehrt macht und wieder nach Hause fährt? Handverpackte Kartons mit dem besten Eis des Staates. Kein Witz.

Zunächst sieht man es dem Cones nicht an, welche Leidenschaft das Eiscafé wecken kann: ein aufgeräumter Raum mit ein paar Tischen und Fotos von eher langweiligen Eisbechern an der Wand. Das eigentlich Aufregende befindet sich im Tiefkühlschrank: 32 Stahlbehälter mit Eiscremes und Sorbets in allen Regenbogenfarben, vom köstlich cremigen Dulce de Leche und Mokka bis zu leichten Fruchtsorbets und anderem milchfreien Eis (gut gegen die Sommerhitze!). Unentschlossenen bieten die Brüder Raul und Oscar auch Kostproben ihrer Kunst an. **$**

BB Sandwich Bar *Perfektes Cheesesteak* `3 C3`
120 West 3rd Street • 212 473 7500
Tägl. 10–22 Uhr

Gary Thompson behauptet, das beste Cheesesteak der ganzen Stadt zu machen, und die lange Schlange, die sich mittags vor dieser kleinen Sandwich-Bar bildet, gibt ihm Recht. Ein dünn geschnittenes Steak auf einem Brötchen, mit eingelegten Zwiebeln, würziger Tomatensauce und weißem Käse belegt. **$**

Essen zum Mitnehmen
Viele Imbisse in Downtown haben sich an eine Klientel angepasst, die sich preiswert und mobil ernähren möchte. Unwiderstehliche Wantans bietet das **Fried Dumpling** an der Lower East Side. Die West Villager schwören auf Falafel und Hummus des **Mamoun's** und auf die italienischen Spezialitäten des **Pepe Rosso's**. Während man sie am Washington Square Park verzehrt, kann man wunderbar das Treiben um sich herum beobachten. Late-Night-Bar-Hopper können sich im **Crif Dogs** bei Chihuahua Hot Dogs stärken (mit Bacon, Avocado und Sour Cream). Neidische Blicke zieht man auf der 2nd Avenue mit einer Tüte von **Pommes Frites** und mit einer der 25 würzigen Saucen auf sich. Details zu den einzelnen Restaurants → S. 210f.

NY Dosas *Super Gemüse-Crêpes* `3 C3`
West 4th Street & Sullivan Street • 917 710 2092
Mo–Sa 11–17 Uhr

Selbst im Winter stehen die Studenten der NYU vor dem Wagen an der südwestlichen Ecke des Washington Square Schlange, um eins der himmlischen »Dosas« zu ergattern. Die südindischen Crêpes sind mit Gemüse und Gewürzen gefüllt. Viel zu lecker, um als »Straßen-Fastfood« abgetan zu werden. **$**

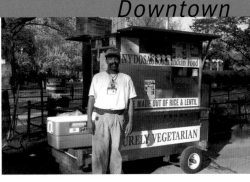

Mary's Fish Camp *Fischsuppenparadies* `3 B3`
64 Charles Street • 646 486 2185
» www.marysfishcamp.com
Mo–Sa Lunch & Dinner

Marys Fischsuppe mit Meeresfrüchten und Hummer-Muschel-Sandwiches können es zweifellos mit denen der besten Fischrestaurants an der neuenglischen Küste aufnehmen. Die Gäste stehen vor dem winzigen Laden mit rustikalem Charme Schlange. **$$**

Wallsé *Illustre österreichische Küche* `3 A3`
344 West 11th Street • 212 352 2300
» www.wallse.com Mo–Fr Lunch & Dinner,
Sa nur Dinner, So Brunch & Dinner

Das Wallsé wurde im Jahr 2000 von Küchenchef Kurt Gutenbrunner eröffnet únd hat mittlerweile eine treue Anhängerschaft. Das Zwei-Raum-Restaurant mit seinen weißen Leinentischdecken, den hellen Wänden und den sorgfältig ausgewählten Kunstwerken ist sehr gemütlich. Viele Gäste aus dem ruhigen West Village kommen regelmäßig hierher. Gutenbrunners Küche steht ganz im Zeichen der herzhaften österreichischen Tradition. Neben dem bewährten Wiener Schnitzel gibt es Rindergulasch mit Kräuterspätzle, Apfelstrudel und eine Variante der Schweizer Rösti (mit Hummer). Auch hartgesottene Raucher kommen gern hierher, da es zu den Bräuchen des Restaurants gehört, allen Rauchern wunderschön geschnittene rote Umhänge zu leihen, damit sie sich in der kühlen Abendluft vor der Tür nicht erkälten. **$$$**

» *Im Schwester-Café des Wallsé, dem Sabarsky (86th & 5th Avenue), gibt's ausgezeichneten Kaffee und Kuchen*

Restaurants

Florent *Diner auf Französisch* `3 A2`

69 Gansevoort Street • 212 989 5779
» www.restaurantflorent.com 24/7

Hier gibt's um 3 Uhr nachts die besten »Moules frites«
– frittierte Miesmuscheln –, selbst gemachte Suppen
und am Wochenende einen klasse Brunch. Die Gästeschar ist bunt gemischt: von ganz normalen Büro-
angestellten bis zu aufgedonnerten Club-Besuchern.
Witzige Sprüche über der Bar. $$

Sumile *Super Fisch – roh & gekocht* `3 C2`

154 West 13th Street • 212 989 7699
» www.sumile.com
Di–So Dinner

Nobel-Japaner. Küchenchef Josh DeChellis kreiert in-
novative Gerichte (z. B. teegeräucherter Aal, schwarze
Sesampaste mit Himbeeren). Die Cocktails sind fruch-
tig, die Speisekarte wechselt je nach Saison. Im gan-
zen Restaurant gibt es kein einziges Reiskorn! $$$

Tartine *Schmuckes Bistro* `3 B2`

253 West 11th Street • 212 229 2611 Di–Sa Lunch & Dinner,
So Dinner, Sa & So Brunch (nur Barzahlung)

In erstklassiger Lage bietet das Tartine köstliche und
leichte französische Küche. Die Croissants sind super-
buttrig, die Tartes einfach himmlisch – und der Brunch
am Wochenende einer der besten der ganzen Stadt.
BYOB (»Bring Your Own Bottle«) – Alkoholisches muss
man selber mitbringen. $$

Restaurant-Institutionen

Ob wegen des Essens, der Lage oder des Ambientes
– an einigen New Yorker Restaurants kommt man
einfach nicht vorbei. Im **Nobu** sieht man gelegent-
lich Promis; das Sushi dort ist köstlich. Im **Four
Seasons** wird seit 1959 europäische Küche für den
dickeren Geldbeutel serviert, das Restaurant wurde
von Mies van der Rohe und Philip Johnson entwor-
fen und mit Lichtenstein-Lithografien ausgestattet.
Im **Chanterelle** in Tribeca gibt's seit 1979 klassische
französische und innovative franko-amerikanische
Küche. Salopper geht's in der **Gramercy Tavern** zu:
neue amerikanische Küche in relaxter Atmosphäre.
In der **Tavern on the Green** schließlich bekommt
man einen ausgezeichneten Brunch. Details zu den
einzelnen Restaurants → S. 220–222.

City Bakery *Törtchen & Kakao* `3 C1`
3 West 18th Street • 212 366 1414
Mo–Fr 7–19:30, Sa 7–18:30, So 9–18 Uhr

In der City Bakery ist jeder Gast zufrieden. Sie hat die beste Salatbar in ganz New York und eine riesige Auswahl an Blätterteig-Frühstücksgebäck, Tartes und geradezu dekadenten Torten. Die heiße Schokolade ist der Hit: In der Milchkrone schwimmt ein großer, selbst gemachter Marshmallow. **$**

Union Square Café *New Yorker Favorit* `3 D1`
21 East 16th Street • 212 243 4020
Tägl. Lunch & Dinner

Auf der Liste der beliebtesten New Yorker Restaurants steht das Café schon seit einer Ewigkeit ganz oben: neue amerikanische Küche in entspannter Atmosphäre (frische Blumen und viel Platz). Hier ist immer was los – wer kann, sollte sich rechtzeitig einen Tisch oder einen Platz an der Bar reservieren. **$$$**

Red Cat *Kreative Küche in tollem Ambiente* `5 B5`
227 10th Avenue • 212 242 1122
>> www.theredcat.com
Tägl. Dinner

Unkonventionelle Deko, fabelhaftes Essen und tadelloser Service machen das Red Cat zum echten Hit nach dem Galerie-Hopping. Zu den kreativen Gerichten gehören Huhn mit süßer Zwiebel-Sauce und Risotto-Teigtaschen mit Blaubeerkompott. **$$**

Grand Sichuan `5 C5`
International *Grausige Deko, super Essen*
229 9th Avenue • 212 620 5200
24/7

Im Lifestyle-besessenen Chelsea zieht diese Rarität die Kundschaft allein aufgrund des Essens an. Die Deko ist mehr als gewöhnungsbedürftig, aber die Küche ist ausgezeichnet. Nicht verpassen: Schweinefleisch-Gemüse-Knödel (Achtung, Suchtgefahr!). **$**

Restaurants

Biltmore Room *Luxuriöses Ambiente* `5 C5`
290 8th Avenue • 212 807 0111
» www.thebiltmoreroom.com Tägl. Dinner

Schon der Eingang – mit dickem Samt verhängt –
verrät Exklusivität. Drinnen dann eine protzige Bar
und ein eleganter Speiseraum. Die Bar hat ihre eigene
Klientel; viele Leute kommen nur hierher, um einen
der eigenwilligen Cocktails zu schlürfen, z. B. den
Gin Blossom (mit Basilikum und Holunderblüten-
sirup). Im Speisebereich – einer Mischung aus Herren-
club und etwas weit Noblerem – hängen wunderbare
Lampenschirme, deren Licht von vielen Spiegeln
reflektiert wird. Beleuchtung, Orchideen als Farbtupfer
und angenehme Musik bestimmen die Atmosphäre.
Das aufmerksame Personal serviert von Asien und
dem Nahen Osten beeinflusste Gerichte: algerisches
Lamm, Kabeljau mit Miso und King-Prawns in Nudel-
kruste mit Avocado-Tomaten-Salat und Mango-Salsa.
Unbedingt probieren muss man den warmen Schoko-
ladenkuchen. **$$$**

Bolo *Paella & mehr* `6 E5`
23 East 22nd Street • 212 228 2200
» www.bolorestaurant.com Mo–Fr Lunch, tägl. Dinner

Im Bolo gibt's moderne Interpretationen traditioneller
spanischer Gerichte, z. B. einfallsreiche Tapas wie ein
Zwölf-Schichten-Kartoffelauflauf mit karamellisierten
Zwiebeln, Sepiatinten-Risotto und Eiertortilla mit Zie-
genkäse. Es gibt eine Bar, die Atmosphäre ist ent-
spannt. Günstige Mittagsangebote. **$$$**

Tabla *Inder mit Pfiff* `6 E5`
11 Madison Avenue • 212 889 0667
Mo–Sa den ganzen Tag

Das Tabla ist eine Fusion aus neuer amerikanischer
und indischer Küche; es gibt z. B. südindischen Krabbenkuchen und Tandoori-Brote mit ungewöhnlichen
Gewürzen. Eine tolle Treppe trennt den formelleren
Speiseraum oben von der salopperen und etwas
preisgünstigeren Bread Bar unten. **$$$**

Tamarind *Gaumenfreuden ohne Ende* `6 F5`
41–43 East 22nd Street • 212 674 7400
≫ **www.tamarinde22.com** Tägl. Lunch & Dinner

Große Fenster, modernes Interieur ohne Schnickschnack und Blumen auf den Tischen bestimmen das
Flair. Das Tamarind hat sich einige kulinarische Spo-
ren verdient; oft kann man die stolzen Besitzer sehen,
wie sie sich im Lob der Gäste sonnen. Die Küche ist
nur durch eine Glaswand vom Speiseraum abgeteilt,
sodass man jederzeit beobachten kann, wie die einzelnen Gerichte zubereitet werden. Zu den Spezialitäten gehören Tandoori-Jakobsmuscheln in einem
Netz aus Bratkartoffeln, *Bhagerey baignan* (Aubergi-
nen mit Kokosnuss-Sesam-Erdnuss-Sauce), die fürs
Tamarind charakteristischen Chutneys und selbst
gemachter Käse. Auch Lamm und Hummer tauchen an
prominenter Stelle auf der Speisekarte auf.
  Im Tearoom gibt's Sandwiches, eine riesige Auswahl
an Teesorten und Desserts in einer gemütlicheren und
salopperen Atmosphäre. **$$**

Dos Caminos *Trendy Mexikaner* `6 F5`
373 Park Avenue South • 212 294 1000
≫ **www.brguestrestaurants.com**
Mo–Fr Lunch & Dinner, Sa & So Brunch & Dinner

Das große Restaurant mit Bar ist vor allem bei einer
jungen Stammkundschaft beliebt, die sich Margaritas
und großartige mexikanische Gerichte gönnt. Die
berühmte Guacamole wird am Tisch zubereitet – man
kann also auf den Schärfegrad Einfluss nehmen. **$$**

Blue Smoke *Barbecue der feinen Art* `6 F4`
116 East 27th Street • 212 447 7733
≫ **www.bluesmoke.com** Tägl. Lunch & Dinner

Küchenchef Ken Callaghan grillt Spareribs, Steaks,
Bio-Hähnchen und Würstchen über Hickory- und
Apfelholz zu geschmacksintensiven und saftigen
Gerichten. Der hübsche, moderne Speiseraum füllt
sich jeden Abend mit einer ausgelassenen Manhatta-
ner Klientel. Große Bierauswahl und Live-Jazz. **$$**

≫ *Das Jazz-Angebot im Blue Smoke und Tickets für die Konzerte online buchen* → **www.bluesmoke.com**

Restaurants

i Trulli
Wein, Pasta & Gemütlichkeit

6 F4

122 East 27th Street • 212 481 7372
>> **www.itrulli.com** Mo–Fr Lunch & Dinner, Sa Dinner

Die Küche des i Trulli bleibt ihren Wurzeln im italienischen Apulien treu. Zu den Spezialitäten gehören die *Panelle* (frittierte Kichererbsen mit Ziegenkäse) und selbst gemachte Pasta. Unbedingt probieren: »*flight of wine*« (eine Kostprobe dreier Weine) und Käse-, Oliven- und Pökelfleisch-Häppchen. **$$**

Mandoo Bar
Koreanisch vom Feinsten

6 E4

2 West 32nd Street • 212 279 3075
>> **www.mandoobar.com** 24/7

Hinterm Fenster schwirren uniformierte Köchinnen umher, um die köstlichen *Mandoos* (Teigtaschen mit Gemüse, Fisch oder Fleisch) zuzubereiten. Die Salate und die Meeresfrüchte sind ebenfalls superb. Zur Mittagszeit unter der Woche ist das Restaurant allerdings übervoll mit Angestellten aus der Umgebung. **$**

Artisanal
Alles Käse

6 F4

2 Park Avenue (Eingang 32nd Street) • 212 725 8585
24/7 (Brunch Sa & So 11–15 Uhr)

In dem hohen Speiseraum des Käseladen-Bistros wird die Fondue-Tradition wiederbelebt – eine gesellige Angelegenheit. Die Fondues werden mit verschiedenen Käsesorten, Kräutern und Ölen zubereitet – einige traditionell, andere experimentell. Käse ist freilich auch die Hauptzutat der angebotenen Salate und Amuse-gueules (z. B. der Drei-Käse-Zwiebel-Suppe) und macht selbst vor den Desserts nicht Halt (Kuchen mit Cheddar-Kruste). Es gibt allerdings auch käsefreie Gerichte, z. B. *Cassoulet* (Bohneneintopf) oder gegrilltes Hähnchen.

Eine simple Käseplatte erlangt ganz neue Bedeutung – wenn man bei fachkundiger Beratung die Wahl zwischen 200 verschiedenen Sorten hat, sei es Ziegen-, Kuhmilch- oder Schafskäse, Blauschimmel oder Cheddar. An der Bar gibt es Käse- und Weinkostproben, im Laden kann man Käse kaufen. **$$**

Auf der Suche nach günstigem Essen? Suchen Sie unter >> **www.enewyork.dk.com**

Cho Dang Gol *Koreanische Kreationen* `6 E3`
55 West 35th Street • 212 695 8222
24/7 (rund um die Uhr sieben Tage die Woche)

Das Etablissement im Herzen von »Koreatown« ist bei Fleischessern, Vegetariern und Veganern gleichermaßen beliebt. Die authentischen, aber auf westliche Gaumen zugeschnittenen Gerichte bieten einen guten Einstieg in die koreanische Küche. *Gop dol bim bap* etwa ist eine angewärmte Steinschale voller Reis, Gemüse (oder Fleisch), Brühe, roter scharfer Paste und einem Ei. Man verrührt die Zutaten miteinander und lässt dabei etwas Reis am Boden der Schüssel. Köstlich sind auch die *ban chan* – kleine Vorspeisen mit *kim chi* (eingelegtem und gewürztem Kohl).

Das Cho Dang Gol ist berühmt für seine leckeren Lauchpfannkuchen und den zarten hausgemachten Tofu; auch das selbst gemachte alkoholische Getränk Makkuli ist einen Versuch wert. Die Gerichte sind unterschiedlich scharf – fragen Sie den Kellner. Empfehlenswert: die Mittagsangebote. **$$**

Sandwich Planet *Brot als Sensation* `5 C2`
534 9th Avenue • 212 273 9768
>> www.sandwichplanet.com Tägl. 10:30–20:30 Uhr

Nur so groß wie ein Kleiderschrank, aber unübertroffen in puncto Sandwich-Angebot. Falls Sie einen der fünf Tische ergattern, können Sie Kreationen wie das Armani – eine Foccacia mit dünn geschnittenem Schinken, Mozzarella, Artischockenherzen und Rucola – im Sitzen genießen. **$**

Mi Nidito *Erstaunlich guter Mexikaner* `5 C1`
852 8th Avenue • 212 265 0022
24/7

Bei dem quietschbunten Restaurantschild, das Dutzende von Margarita-Variationen anpreist, ist man ehrlich überrascht, drinnen so gute und authentische mexikanische Küche zu finden. Das knusprige, saftige Knoblauchhähnchen ist unwiderstehlich, und die Mango-Margaritas rechtfertigen die Werbung. **$$**

Churrascaria Plataforma *Brasilien-BBQ* `5 C1`
316 West 49th Street • 212 245 0505
>> www.churrascariaplataforma.com 24/7

Die Kundschaft der neuen, eleganten brasilianischen *Churrascaria* mit Fixpreis-Barbecue besteht hauptsächlich aus Theaterbesuchern. Am Anfang bekommt jeder Gast eine Scheibe, die auf der einen Seite rot, auf der anderen grün ist. Nach dem Gang zur Salatbar folgt dann eine wahre Fleischorgie: Zeigt man die grüne Seite der Scheibe, kommen die Kellner mit erstklassigem gegrilltem Fleisch – Filetsteaks, Würstchen, Hochrippe, Hähnchen, Lammkeulen – und verschiedenen Fischsorten wie z. B. Lachs. Ist der Teller nach Belieben gefüllt, dreht man die Scheibe wieder um. Der Vorgang wird so oft wiederholt, bis Vernunft oder Magen das Zeichen zum Aufhören geben.

Um anschließend der Verdauung auf die Sprünge zu helfen, gibt's im Plataforma eine perfekte Caipirinha: Cachaça-Rum und Zucker über Limettenstückchen und gecrushtem Eis. **$**

Genki Sushi *Sushi am laufenden Band* `6 E1`
9 East 46th Street • 212 983 5018
Mo–Fr 11:30–20:30, Sa 12–17 Uhr

Durch das bunte Lokal läuft ein Metallfließband mit dem frischesten Fisch von Midtown. Den Preis der Gerichte bestimmt die Farbe des Tellers; darauf befinden sich nach Lust und Laune angeordnete Sushi-Röllchen und saftiges Sashimi. Mittags ist es hier sehr voll, besser ist der frühe Abend. **$**

Ess-a-Bagel *Klassische Snacks* `6 F1`
831 3rd Avenue • 212 260 2252
>> www.ess-a-bagel.com Tägl. 6:30–21 Uhr (So bis 17 Uhr)

In diesem geräumigen Bagel-Shop in Midtown gibt's zweifellos die besten Exemplare der Frühstücksbrötchen mit Loch. Lassen Sie sich bei der Auswahl zwischen den 14 Sorten und dem Belag Zeit: preisverdächtiger Weißfischsalat, geräucherter Lachs, Auberginensalat oder klassischer Frischkäse. **$**

Acqua Pazza *Pasta, Seafood & Fisch* `8 E5`
36 West 52nd Street • 212 582 6900
>> www.acquapazzanyc.com
Mo–Fr Lunch & Dinner, Sa nur Dinner

Das »Verrückte Wasser« hat sich auf ernsthafte italienische Küche spezialisiert: Oktopus, Krabben, gebackener Fisch. Pasta mit Espresso klingt nicht nur ungewöhnlich und erinnert an die Zeit, als der kleine Schwarze noch zum Konservieren benutzt wurde. **$$$**

Aquavit *Schwedische Sensation* `8 E5`
13 West 54th Street • 212 307 7311
>> www.aquavit.org Mo–Fr Lunch & Dinner, So Brunch

Der schwedische Meisterkoch Marcus Samuelsson hat die skandinavische Küche in seinem Restaurant zu neuen gastronomischen Höhen geführt und 2003 den begehrten Titel »Best Chef in New York City« gewonnen. Ein Besuch im Aquavit ist nicht billig, aber jeden Cent wert, vor allem im Hauptspeiseraum, einem Atrium mit eigenem Wasserfall.

Benannt ist das Restaurant nach dem hochprozentigen skandinavischen Schnaps, dem bei der zweiten Destillation Aromen hinzugefügt werden. Der Schnaps wird denn auch zusammen mit Carlsberg-Bier zu den Spezialitäten des Hauses, z. B. Hering, serviert. Berühmt sind auch Meeresfrüchte-Eintopf mit Dillsauce, Lachs im Teigmantel, Koberindfleisch-Ravioli sowie der graved und der Tandoori-geräucherte Lachs.

Die »Aquavit Bites« – drei verführerische Probiermenüs, darunter auch ein vegetarisches – bieten sieben köstliche Gänge. Auf etwas preiswerterem Wege kommt man oben im Aquavit Café an die wunderbaren Delikatessen heran. Die beiden Küchen sind zwar getrennt, werden jedoch vom gleichen Küchenchef überwacht. Die schwedischen Fleischbällchen gibt es allerdings nur im Café.

Um dem Namen des Restaurants alle Ehre zu machen, sind mehrere selbst gebraute, ungewöhnliche Aquavits erhältlich: von schwarzem Pfeffer mit Vanille bis Birne mit Sumpfbrombeere. **$$$**

Restaurants

Town *Europäisch-amerikanisch nobel* `8 E5`
Chambers Hotel, 15 West 56th Street • 212 582 4445
>> www.townnyc.com
Tägl. Frühstück, Lunch & Dinner, So Brunch

In dem modischen Restaurant trifft das tolle Interieur auf angemessen kreative euro-amerikanische Küche. Je nach Saison stehen z. B. Spargel in einer Blutorangenreduktion (im Frühjahr) oder weichschalige Krabben (im Sommer) auf der Speisekarte. **$$$**

Norma's *Perfekter Start in den Tag* `7 D5`
Im Le Parker Meridien Hotel, 118 W. 57th Street • 212 708 7460
>> www.parkermeridien.com/normas
Tägl. Frühstück & Lunch

Im eleganten Norma's gibt es mit das luxuriöseste Frühstück der ganzen Stadt: frisch gepresste Obst- und Gemüsesäfte, Mangos und Papayas mit Zimtcrêpes, riesige Omeletts und dekadente französische Brioche-Toasts. **$$**

Geisha *Elegant japanisch-amerikanisch* `8 E4`
33 East 61st Street • 212 813 1112
Mo–Sa Lunch & Dinner, So Dinner

Auf einen Tisch wartet man hier wie die anderen Gäste im besten schwarzen Outfit und mit einem Cocktail in der Hand. Es gibt überwiegend Meeresfrüchte mit japanischem Akzent: z. B. Hummer mit Spargel und Pilz-Udon-Nudeln. Unten hip und laut, oben etwas gedämpfter. Es gibt auch eine Sushi-Bar. **$$$**

Kleines Diner-ABC

Diners heißen in New York »Coffee Shops« und gehören zum echten New-York-Erlebnis einfach dazu. Hier sitzt der arme Poet neben dem Wirtschaftsmagnaten an der Theke. Das Essen im Diner ist *»comfort food«* – Frühstück mit Eiern in jeder Variation, Burgers, Pommes und gegrillte Käsesandwiches. Von den Preisen kann man nicht auf die Qualität des Diners schließen, wohl aber von der Lage, der Langlebigkeit, der Speisekarte und dem Personal. Letzteres sollte freundlich, zu Stoßzeiten vielleicht etwas eilig sein. Der Kaffee ist selten stark, wird aber nie alle. Und ein bisschen Küchenjargon gehört auch dazu: Eier sind *»sunny-side up«* (Spiegelei) oder *»(easy) over«* (beidseitig gebraten), Roggentoast ist *»whiskey down«* (von Roggenwhiskey).

Serendipity 3 *Amerikas Standards* `8 F4`
225 East 60th Street • 212 838 3531
>> **www.serendipity3.com** Tägl. Lunch & Dinner

Das Serendipity 3 ist bei Familien der Upper East Side beliebt, weil es dort Mammutportionen an *»comfort food«* gibt: Hähnchenpasteten, saftige Burger, dicke Suppen und bunte Salate. Das Dessert sollte man sich jedoch auch auf keinen Fall entgehen lassen: »frozen hot chocolate« – die Nummer eins in New York. **$**

March *Eleganz & feines Essen* `8 G4`
405 East 58th Street • 212 754 6272
>> **www.marchrestaurant.com** Tägl. Dinner

Exzellent serviertes Essen in einem romantischen renovierten Stadthaus. Die Gourmetküche vereint viele Einflüsse, vorherrschend ist jedoch der asiatische Touch: roher Fisch, Soja, Sesam und Gerichte wie Shrimps-Wildpilz-Tempura. Zwischen Mai und Oktober kann man auch draußen essen. **$$$**

Mezzaluna *Himmlisches Tiramisu* `8 F2`
1295 3rd Avenue • 212 535 9600
Tägl. Lunch & Dinner (nur Barzahlung oder American Express)

Das lebhafte Mezzaluna hat sich auf norditalienische Küche spezialisiert: frisch gemachte Pasta, Fisch und Steinofenpizza. Das cremige und trotzdem leichte Tiramisu ist fast einzigartig in New York. Die Wände sind mit Halbmonden *(mezzaluna)* geschmückt. Das Personal ist sehr freundlich. **$$**

Annie's *Herzhafter Brunch* `8 F1`
1381 3rd Avenue • 212 327 4853
So–Do 8–23:30, Fr & Sa 8–24 Uhr

Der exzellente Sonntagsbrunch (bis 16 Uhr) zieht viele junge Familien in das klassische New Yorker Bistro. Hinterhältige Bloody Marys und große Portionen sind ein Muss; von einem Omelett werden auch zwei satt. Außerdem ist Annie's ein Pfannkuchenparadies: Vollkorn, Apfel, Banane, gemischte Beeren ... **$**

Restaurants

Atlantic Grill *Frischer Fisch & frisches Flair* 8 F1

1341 3rd Avenue • 212 988 9200
>> www.brguestrestaurants.com
Mo–Sa Lunch & Dinner, So Brunch & Dinner

Um die wählerischen Upper East Sider zufrieden zu stellen, sollten Essen, Service und Ambiente auf jeden Fall erstklassig sein. Das Atlantic Grill ist schon seit langem beliebt – was von seiner hohen kulinarischen Qualität zeugt. Besonders gut sind der superfrische Fisch, die exzellente Weinkarte und das kompetente, schnelle Personal.

Der großzügige Speisebereich erstreckt sich über zwei Räume und wirkt vornehm-informell. Bei schönem Wetter werden auch draußen Tische aufgestellt. Zu den Spezialitäten gehören Austern, Krabbenkuchen, frittierter Hummer mit Sesamkruste und gegrillter *Mahi Mahi* (ein besonders saftiger, leicht süßer Fisch). Es gibt auch Tagesangebote und kleine gemischte Platten an der Sushi-Bar. Im Voraus reservieren oder Schlange stehen – es lohnt sich. **$$**

Candle 79 *Nobel & vegetarisch* 8 F1

154 East 79th Street • 212 537 7179
>> www.candlecafe.com Tägl. Lunch & Dinner

Das Candle 79 ist ein gehobenes Restaurant mit wunderbarer vegetarischer und veganischer Küche – selbst eingeschworene Fleischesser werden von den Düften und Aromen begeistert sein. Zu den einfallsreichen Kreationen gehören Frucht-Wildpilz-Risotto und *Seitan* (Fleischersatz aus Weizenprotein) mit Steinpilzkruste, Knoblauchgemüse und Wildpilz-Rotwein-Sauce.

Neben biologisch angebautem Wein, Sake und Bier gibt es jede Menge alkoholfreie Säfte und Tonics. Der Holunderbeerenextrakt mit Apfel und Zitrone und der Orangensaft mit Kokosmilch und Banane sind einfach himmlisch. Das etwas weniger formelle Schwester-Etablissement, das Candle Café (1307 3rd Avenue; 212 472 0970), bietet ebenfalls kreative Gemüseküche (herzhafte Salate, Wraps und Suppen) und hat eine Saft-Bar im vorderen Teil des Ladens. **$$**

 Tische online reservieren kann man auf >> www.enewyork.dk.com

Sushi of Gari *Sushi kreativ* `8 G1`

402 East 78th Street • 212 517 5340
Di–So Dinner

Die verführerische Speisekarte zeigt, wie einfallsreich
Küchenchef Masatoshi Gari Sugio und sein Personal
mit Fischen und Meeresfrüchten umgehen. Man kann
auch à la carte essen, doch im Allgemeinen kommen
die Leute hierher, um sich von der Kochkunst Masa-
toshi Gari Sugios überraschen zu lassen. **$$$**

Ouest *New American der besten Art* `9 B5`

2315 Broadway • 212 580 8700
»» www.ouestny.com Tägl. Dinner, So Brunch

Das Ouest ist vorbildlich – in fast jeder Hinsicht.
Zunächst wird einem die Bar mit ihren holzgetäfelten
Wänden, den tiefen Rottönen und den altmodischen
Deckenventilatoren auffallen. Dahinter führt ein Gang
an einem Weinkeller vorbei in den Speisebereich.
Elegante runde Sitzecken in rotem Leder nehmen fast
den gesamten Raum ein, am Rand stehen eckige
Tische. Man kann auch auf einem der – leider oft
überfüllten – Balkons Platz nehmen. Die helle Küche
ist für alle einsehbar, im Hintergrund dudelt 1920er-
bis 1940er-Jahre-Jazz.

Der Besitzer und Küchenchef Tom Valenti hat für
Küche und Ambiente hier und in anderen New Yorker
Restaurants schon viel Lob geerntet. Aus seiner Küche
kommt nur gehobene Kost wie z. B. getrüffeltes Ome-
lett-Soufflé oder Hummerravioli mit Kräutersalat. Auch
gut abgehangenes Wild und anderes gebratenes
Fleisch gehören zu den Spezialitäten, ebenso wie
geschmorte Lammkeule (montags und dienstags) und
der legendäre Hackbraten (sonntags). Für die preis-
gekrönte Weinkarte sollte man sich viel Zeit nehmen –
am besten lässt man sich beraten. Im Gegensatz dazu
ist die Dessertauswahl klein und süß und umfasst
neben anderen Köstlichkeiten eine unschlagbare
Panna cotta.

Die Brunchkarte des Ouest ist ebenfalls berühmt:
Sie bietet gehobene Frühstückskost wie Rühreier mit
selbst geräuchertem Stör. **$$$**

»» *Die* New York Post *über das Ouest: »There are the rest – and there's Ouest«* `49`

Restauratnts

Picholine *Schon immer exzellent* 7 C3
35 West 64th Street • 212 724 8585
Sa Lunch, So–Fr Dinner

Die Namen gebenden grünen Oliven *(picholine)* zieren nicht nur die Teller, sondern auch Gerichte wie karamellisierte Rippchen mit Olivensauce. Das Picholine ist auch berühmt für seine unglaubliche Käseauswahl. Im Hauptspeisesaal herrscht Sakko-Pflicht, in der vorderen Bar geht es etwas salopper zu. **$$$**

Pasha *Erstklassiger Türke* 7 C2
70 West 71st Street • 212 579 8751
Tägl. Dinner

Luxuriöses Restaurant, das nicht einmal Sultane verschmähen würden: Im dunkelrot-gelb gehaltenen Speiseraum hängen Gobelins, die Kebabs, gefüllten Weinblätter und andere türkische Köstlichkeiten werden in Kupferschalen gereicht. Gute Angebote für Leute, die hinterher noch ins Theater wollen. **$$**

El Malecón II *Die Karibik mitten in NY* 9 B3
764 Amsterdam Avenue • 212 864 5648
Tägl. Dinner

In New York leben viele Menschen aus der Dominikanischen Republik. Da überrascht es wenig, dass man hier einige der besten dominikanischen Restaurants nördlich Miamis findet. Die Zutaten sind zwar die gleichen wie in der karibischen und auch mittelamerikanischen Küche, doch wenigen Restaurants gelingt die Mischung daraus so gut wie dem El Malecón II, dem jüngeren Bruder des Originals in Washington Heights.

Wer den Namensvetter des Restaurants kennt – die lebhafte Strandpromenade in Santo Domingo –, rümpft angesichts des bescheidenen Speisesaals vielleicht die Nase. Doch ein Blick auf die köstlichen gegrillten Hähnchen genügt, um Bedenken zu zerstreuen. Man schwelgt über *Mofongo* (Plantain-Bananen mit Schweinefleisch), *Asopao con longaniza* (Brühe mit Reis und einer scharfen spanischen Wurst) und Paella mit Meeresfrüchten. **$**

Aix *Französisch inspiriert* `9 B4`
2398 Broadway • 212 874 7400
>> www.aixnyc.com   Tägl. Dinner, So Brunch

Die Orange- und Himmelblautöne in diesem Restaurant erinnern an die Provence. Küchenchef Didier Virot zaubert aber nicht nur traditionelle provenzalische, sondern auch andere kreative französische Gerichte. Der Star: Heilbutt in Knoblauchsahne mit Haferflocken-Steinpilz-Kuchen und Walnusssauce. **$$$**

Symposium *Echt griechisch* `11 B5`
544 West 113th Street • 212 865 1011
24/7

Im Symposium bekommen die meist griechisch-stämmigen Stammgäste seit über 20 Jahren gefüllte Weinblätter und Moussaka. Hinter der gemütlichen Taverne und der Küche gibt es auch einen kleinen Garten. Für Unentschlossene: Der »Symposium Salad« bietet von fast allen Gerichten etwas. **$$**

New Leaf Café *Für einen guten Zweck*
Fort Tryon Park • 212 568 5323 • Ⓜ Linie A zur 190th Street
>> www.nyrp.org/newleaf
Di–Sa Lunch & Dinner, So Brunch & Dinner

Der Reingewinn dieses Cafés in einem umgebauten Gebäude im Fort Tryon Park fließt in Instandsetzung und Erhaltung des Parks. Auf der Speisekarte stehen biologisch angebauter Salat und Wildlachs. Donnerstag ist Jazz Night. **$$**

Noodle Pudding *Konsequent italienisch* `13 B3`
38 Henry Street, Brooklyn • 718 625 3737
Di–So Dinner (nur Barzahlung)

Der Name Noodle Pudding bezieht sich auf Pasta, nicht auf asiatische Küche. Zu den italienischen Spezialitäten gehören Osso buco, Penne arrabiata, echter Büffelmozzarella und eine himmlische Panna cotta. Das Noodle Pudding ist in der Umgebung sehr beliebt und jeden Abend brechend voll. **$$**

The River Café *Tolle Aussicht, super Essen* `13 A3`
1 Water Street • 718 522 5200
>> www.therivercafe.com Tägl. Dinner (formelle Kleidung erwünscht), Mo–Sa Lunch, So Brunch

Im River Café gibt's seit 1977 wunderbares Essen – und eine atemberaubende Aussicht. Es liegt direkt am Wasser, mit Blick auf Manhattan und die Brooklyn Bridge, und ist vermutlich eines der romantischsten Restaurants der Welt. Die Tische sind überwiegend so angeordnet, dass Paare die Aussicht gemeinsam genießen können.

Die viel gelobte Küche hat sich auf ungewöhnliche Fleischsorten und Meeresfrüchte spezialisiert. Foie gras, Kaninchen, Ferkel und Kaviar tauchen auf der Speisekarte ebenso auf wie ein Quoten-Gericht für Vegetarier. Nicht versäumen sollte man den Maine Lobster und die Chocolate Marquise Brooklyn Bridge.

Mittags ist es günstiger als am Abend. Wer lediglich die Atmosphäre genießen möchte, kann im Terrace Room auch nur Wein und Häppchen bestellen. **$$$**

The Grocery *Im Neighborhood ein Hit* `13 B4`
288 Smith Street • 718 596 3335
Mo–Sa Dinner

Das winzige Grocery bietet neue amerikanische Küche und ist in der Umgebung wegen der ultra-frischen Zutaten und des herzlichen Personals sehr beliebt. Die Gerichte sind meist einfach und erlauben es den Aromen, sich umso besser zu entfalten (z.B. bei dem saftigen gegrillten Lamm). **$$**

Joya *Thai-Gewürze* `13 B4`
215 Court Street • 718 222 3484
Tägl. Dinner

Mit seinem Industrie-Design, das einen Hauch von SoHo-Chic in die eher kuriose Umgebung von Boerum Hill / Carroll Gardens bringt, zieht das Joya zahlreiche Manhattaner an. Die Yuppies kommen wegen der Atmosphäre und der herzhaften Thaï-Gerichte, die selten über zehn Dollar kosten. **$**

Park Slope Chip Shop _Comfort food_

383 5th Avenue • 718 832 7701
»www.chipshopnyc.com 24/7

Eines der hübschesten Park-Slope-Restaurants verdankt seine Beliebtheit der Spezialisierung auf – ja, wirklich! – britische Küche: unübertroffene Pommes _(»chips«)_, gebratener Schellfisch, Chips _(»crisps«)_, Curries und Fischstäbchen. Und als krönender Abschluss: kandierte Schokoladenpralinen. **$**

Al Di La _Venezianische Trattoria_

248 5th Avenue • 718 783 4565
»www.aldilatrattoria.com Mi–Mo Dinner

Erstklassiges Essen (z. B. Polenta, Gnocchi in Salbeibutter, grillte Sardinen) in romantischer Candlelight-Atmosphäre – kein Wunder, dass das Al Di La so viele Fans hat. Reservierungen werden hier nicht vorgenommen, doch die Bars in der Umgebung versüßen die Wartezeit. **$$**

Convivium Osteria _Tolles Bistro_

68 5th Avenue • 718 857 1833
Di–So Dinner

Die gedämpfte Beleuchtung und die dunkle Einrichtung in diesem kleinen und (noch!) relativ unbekannten Bistro kontrastieren durchaus angenehm mit den kühnen mediterranen Aromen. Zu Artischockenherzen, Dorsch oder Lamm trinkt man am besten einen der vielen guten Weine. **$$**

LouLou _Ein Hauch Bretagne_

222 DeKalb Avenue • 718 246 0633
Mi–Mo Dinner, Sa & So Brunch

Das gemütliche LouLou bietet sich vor oder nach der Brooklyn Academy of Music _(→ S. 129)_ an. Fisch, Meeresfrüchte und leckere Crêpes sind die Hauptgerichte auf der überwiegend bretonischen Speisekarte. Wenn möglich, sollte man im Garten essen: Hier vergisst man die Großstadtumgebung. **$$**

Restaurants

i-Shebeen Madiba *Südafrikanisch* `13 C3`
195 DeKalb Avenue, Fort Greene • 718 855 9190
» www.madibaweb.com 24/7 (Fr & Sa bis 1 Uhr)

Teils Zulu-Schmuckladen, teils ländliches Bistro – im i-Shebeen Madiba versammelt sich die kosmopolitische Nachbarschaft, um authentisches *Bobotie* (eine Art Hackbraten) und *Potjie bredie* (aromatischer Eintopf) zu genießen. Bei schönem Wetter gibt es Tische im Freien und Live-Musik. **$$**

Butta'Cup Lounge *Südstaatenstil* `13 C3`
271 Adelphi Street • 718 522 1669
» www.buttacuplounge.com
24/7 (Fr & Sa bis 2 Uhr)

An der Bar gibt's den echten »Applejack Cocktail«, in den gemütlichen Sitzecken mit Polstern im Leoparden-Look werden klassische Grillhähnchen und Lachs à la Japonaise serviert. An den Wochenenden kann man in der Lounge oben Soul und Hip-Hop hören. **$$**

DiFara Pizzeria *Pizza wie in Napoli*
1424 Avenue J • 718 258 1367 • Ⓜ Linie Q bis Avenue J
24/7

Die echte, superdünne neapolitanische Pizza – New Yorks größter Importschlager der kulinarischen Art – wird in dieser winzigen Pizzeria im überwiegend jüdischen Midwood-Viertel zur Kunstform erhoben. Der Meister-Pizzabäcker Domenico DeMarco stellt hinter der abgearbeiteten Linoleum-Theke schon seit 1964 die hauchdünnen Teigböden her. Sein Geheimnis: ultrafrische Zutaten, jede davon in genau der richtigen Menge zu genau der richtigen Zeit. Fazit: Man muss etwas aufs Essen warten. Doch die Geduld wird schon beim ersten Bissen belohnt: knuspriger Teigrand, würzige Tomatensauce mit Basilikum, aromatisches Olivenöl und herzhafter Parmesan. Da fällt einem nur noch das Wort »perfekt« ein – und die nikotinfleckige Decke, die vergilbten Stadtansichten von Neapel und die insgesamt sechs unbequem arrangierten Tische fallen nicht weiter ins Gewicht. **$**

Relish *Klassisches Diner* `13 D2`
225 Wythe Avenue • 718 963 4546
24/7 (Fr & Sa bis 1 Uhr)

In echten Diners wie diesem hier gibt es normalerweise nur frittierte, fetttriefende Kost. Doch Josh Cohen serviert feine amerikanische Bistroküche der Saison zu vernünftigen Preisen: z. B. geräucherte Chili-Rippchen und Tomatensuppe mit Croûtons. Und das wissen die Stammgäste zu schätzen. **$$**

Planet Thailand *Günstige Spezialitäten* `13 C2`
133 North 7th Street • 718 599 5758
So–Do bis 1, Fr & Sa bis 2 Uhr

Der Speisesaal mit den riesigen Fenstern wirkt geradezu kathedralenhaft; an den grauen Wänden hängen ausladende Gemälde von Künstlern aus Williamsburg. Elegante Manhattaner und Brooklyner knabbern an thailändischem Papayasalat und japanischem Nigiri-Sushi und nippen an Eiskaffee oder warmem Sake. **$**

Peter Luger Steak House *Gebrutzeltes* `13 B2`
178 Broadway • 718 387 7400
» www.peterluger.com
So–Do bis 21:45, Fr & Sa bis 22:45 Uhr (nur Barzahlung)

Das Peter Luger gibt es schon seit 1887. Es gilt als eines der besten Fleischrestaurants im ganzen Land. Die Deko ist schlicht, die Speisekarte einfach und kurz. In erster Linie gibt es Steak – insbesondere Porterhouse Steak. **$$$**

Bamonte's *Italiener der alten Schule* `13 C1`
32 Withers Street • 718 384 8831
Mi–Mo bis 22:30 Uhr

Im Bamonte's dominieren seit über 100 Jahren Gerichte mit hausgemachter Pasta und sättigenden Saucen die Speisekarte. An die traditionsreiche Vergangenheit erinnern Fotos an den Wänden, und auch die Kellner sehen so aus, als hätten sie die Gründung des Restaurants noch miterlebt. **$$**

Shopping

New York ist die perfekte Stadt zum Shoppen. Die Auswahl fällt schwer: altehrwürdige Department Stores in Midtown, Designer-Boutiquen auf der Fifth Avenue oder das neueste kleine Laden-Juwel im lebhaften Williamsburg? Folgen Sie den New Yorkern und shoppen Sie dort, wo auch sie einkaufen gehen – in den großartigen Delis, den Buch- und Musikläden in Downtown und in den funky Boutiquen in Harlem und Brooklyn.

DEPARTMENT STORES	LEBENSMITTEL	DESIGNER FASHION
Bergdorf Goodman 754 5th Avenue In Sachen Deko ist Understatement angesagt. Hier gibt es Top-Mode und einen wunderbaren Spa-Bereich. (→ S. 81)	**Dean & DeLuca** 560 Broadway Ein Muss für Gourmets. Dean & DeLuca ist ein Delikatessenladen par excellence und hat die größte Auswahl in ganz NY. (→ S. 65)	**Miu Miu** 100 Prince Street Das Label wird vor allem von Girlies vergöttert: sinnliche Stoffe, wunderschön geschnittene Kleider und sexy Dessous. (→ S. 63)
》 Unter www. NYSale.com finden Sie aktuelle Infos zu Designer-Discount-Verkäufen.	**Dylan's Candy Bar** 1011 3rd Avenue Auf zwei Stockwerken gibt's Schokolade und Süßigkeiten satt. Auch die Verpackungen sind sehenswert. (→ S. 82)	**Marc by Marc Jacobs** 403–405 Bleecker Street Die Klamotten für Männer und Frauen gibt's Tür an Tür, also ideal zum Partner-Shopping. Lässiger, cooler Look. (→ S. 72)
Barney's New York 660 Madison Avenue Etwas bescheidener als die großen Kaufhäuser und ideal, um ungestört in Designerklamotten zu stöbern. (→ S. 82)	**Zabar's** 2245 Broadway New Yorker Institution in Familienhand. Hier gibt es köstlichen Käse, gepökeltes Fleisch und geräucherten Fisch. (→ S. 85)	**INA** 21 Prince Street Fundgrube für Mädels, die Top-Mode zu günstigen Preisen wollen. Im INA gibt's Secondhand-Designergewänder. (→ S. 67)
Century 21 22 Cortlandt Street Der Traum aller Schnäppchenjäger. Das Personal ist nicht immer gut drauf, aber die Designermode ist unschlagbar billig. (→ S. 60)	**Magnolia Bakery** 401 Bleecker Street Unwiderstehliche Kuchen, Muffins und anderes Gebäck, täglich frisch und hausgemacht. (→ S. 71)	**Costume National** 108 Wooster Street Dieser Laden führt die typisch klassische, zeitlos elegante italienische Mode für Damen und Herren. (→ S. 63)
Jeffrey 449 West 14th Street Den Löwenanteil des Angebots machen Schuhe aus – von Prada bis Puma. Die Klamotten sind erstklassig und teuer. (→ S. 74)		

VINTAGE & RETRO	SCHUHE & ACCESSOIRES	COOLE LÄDEN

Housing Works Thrift Shop
306 Columbus Avenue
Die Ware – preisgünstige Designer-
mode – wird von wohlhabenden
New Yorkern gespendet. Der Erlös
geht an eine AIDS-Stiftung. *(→ S. 85)*

Felissimo
10 West 56th Street
Das Felissimo stellt Haushaltswaren auf fünf Stockwerken
wie Kunstwerke aus. Kaufen
kann man sie auch. *(→ S. 80)*

Mini Minimarket
218 Bedford Avenue
Die Freizeitmode stammt aus den
1970ern und 1980ern und ist genau
das Richtige für modebewusste
Stadt-Girlies. *(→ S. 88)*

Rafe
1 Bleecker Street
Knallbunte Sandalen, Riemchen-
schuhe zum kleinen Schwarzen und
Wohlfühltreter – die Kollektion des
Rafe macht einfach Spaß. *(→ S. 68)*

Takashimaya
693 5th Avenue
In diesem verführerischen Laden ist
der asiatische Einfluss überall spür-
bar; Secondhand-Möbel und High-
tech-Geräte. *(→ S. 79)*

ALife Rivington Club
158 Rivington Street
Der Laden für Secondhand-Turn-
schuhe: Nike Air Wovens, Adidas
der alten Schule etc. etc. *(→ S. 69)*

Manolo Blahnik
31 West 54th Street
Wahnsinnig trendy und super sexy:
Die Designer-Schuhe von Manolo
Blahnik sind extrem begehrt – und
extrem teuer. *(→ S. 78)*

>> *Unter www.lazarshopping.com*
finden Sie Kurzprofile der besten Mode-
Designer New Yorks sowie Shopping-
Tipps und Infos (z. B. eine Liste der Ver-
kaufs-Events des Monats).

Christian Louboutin
941 Madison Avenue
Wunderschöner Laden im
Pariser Stil. Elegante Schuhe
für wohlhabende Upper East
Sider. *(→ S. 83)*

Flight 001
96 Greenwich Avenue
Der coole Fluggast hat ein eigenes
Reise-Necessaire und ein mobiles
Gewürzboard dabei, um das Essen
im Flieger aufzupeppen. *(→ S. 72)*

Blades Board & Skate
120 West 72nd Street
Schneller und cooler durch den
Central Park mit Inlineskates von
Blades Board & Skate. *(→ S. 84)*

Isa
88 North 6th Street, Brooklyn
Straßenmode zu schriller, DJ-ge-
mixter Musik. Im Isa hängt man so
rum, relaxt und kauft nebenher tolle
Klamotten. *(→ S. 89)*

Century 21 *Discount-Designer-Klamotten* `1 D3`
22 Cortlandt Street • 212 227 9092
>> www.c21stores.com
Mo–Fr 7:45–20 (Do bis 20:30), Sa 10–20, So 11–19 Uhr

Der Department Store ist eine wahre Goldmine, lassen Sie sich von den kampflustigen Massen bloß nicht abschrecken. Herabgesetzte Designer-Klamotten für Männer und Frauen, Schuhe, Make-up und Wäsche sind die gelegentlichen Ellbogen in den Rippen wert.

In der Damenschuhabteilung geht's am hektischsten und chaotischsten zu, was an den wöchentlichen Lieferungen von Costume National, Dolce & Gabbana, Marc Jacobs und anderen großen Namen liegt. Der oberste Stock ist der absolute Hit: Hier bekommt man die Kollektionen von Armani, Missoni und Ralph Lauren zu einem Bruchteil dessen, was man in den Hauptgeschäften auf der Madison Avenue bezahlen müsste. Einzige Nachteile: das schroffe Personal, lange Schlangen und Gemeinschaftskabinen, in denen man sich vor etwa 25 Leuten umziehen muss.

Kate Spade Travel *Accessoires mit Stil* `3 C5`
59 Thompson Street • 212 965 8654
>> www.katespade.com Di–Sa 11–19, So 12–18 Uhr

Luxus gepaart mit Spleen – das ist das Motto von Kate Spade Travel. Nylon- und Lederreisetaschen, persönliches Briefpapier und alte Reiseliteratur aus den 1960ern machen das Stöbern zum Erlebnis. (Wie das wunderschöne Gepäck das Einchecken am Flughafen überlebt, steht auf einem anderen Blatt.)

Hotel Venus by Patricia Field *Cirque du Soleil trifft S&M* `3 D5`
382 West Broadway • 212 966 4066
>> www.patriciafield.com Tägl. 11–20 Uhr (Sa bis 21 Uhr)

Patricia Field – Kostümdesignerin für die Kultserie *Sex and the City* – hat diesen Laden in SoHo entworfen und ihrer exzentrischen Fantasie dabei freien Lauf gelassen. Hippe Mädels, Transvestiten und Zirkuskünstler finden hier auf jeden Fall was.

Keiko *Bikinis & Badeanzüge* `3 D5`
62 Greene Street • 212 226 6051
>> www.keikonewyork.com
Mo–Fr 11–18, Sa 12–18, So 13–18 Uhr

Keine Angst vor Bademoden-Shopping: Im Keiko gibt's eine große Auswahl an Farben und Stilrichtungen, von Boxer-Shorts bis String-Tanga-Bikini. Das Personal ist sehr hilfsbereit und sorgt dafür, dass Sie am Strand demnächst *der* Hingucker sind.

Pearl River Mart *Schätze aus Fernost* `3 D5`
477 Broadway • 212 431 4770
>> www.pearlriver.com Tägl. 10–19:30 Uhr

Nie hat es mehr Spaß gemacht, in einem Geschäft die Orientierung zu verlieren. Die dreistöckige Hommage an alles Asiatische wirkt wie eine Kreuzung zwischen Flohmarkt (die Preise!) und exotischem Department Store. Die eleganten chinesischen Kleider, traditionellen Mandarin-Trachten, Schuhe, bestickten Taschen, einfachen Keramikgefäße und zarten japanischen Teetassen wären in einem herkömmlichen Laden dreimal so teuer.

In der Küchenabteilung gibt es alles für eine authentisch asiatische Mahlzeit: Tee, Gewürze und Saucen in unglaublichen Mengen. Die Badabteilung kann mit pflanzlichen Heilmitteln und Schönheitsanwendungen zuhauf aufwarten. Zu den geradezu verblüffenden Accessoires und Geschenken gehören auch chinesische Hochzeitsartikel. Es gibt auch süße Kinderklamotten, -schuhe und -spielzeuge.

In der Geschenkabteilung kann man lustige Wecker, Drachen und Windspiele kaufen. Außerdem sind faszinierende traditionelle Musikinstrumente im Angebot, ganz zu schweigen von Laternen, Büromaterial, Bettbezügen, Haushaltswaren und tausend anderen Kleinigkeiten – Shopping bis zum Schwindligwerden. Zu guter Letzt eine Warnung: Falls Sie wenig Zeit haben, sollten Sie früh am Morgen vor den Massen da sein und regelmäßig auf die Uhr gucken – im Pearl River Mart kann man leicht einen ganzen Tag verbummeln, ohne es zu merken.

>> *Auf der Pearl-River-Website gibt's sogar das persönliche chinesische Horoskop → www.pearlriver.com*

Shopping

Helmut Lang *Luxuriös & minimalistisch* `3 D5`
80 Greene Street • 212 925 7214
»www.helmutlang.com Mo–Sa 11–19, So 12–18 Uhr

Ein Outfit von Helmut Lang zu kaufen lohnt sich auf Jahre hinaus – die Kleider kommen nie aus der Mode. Lang verkörpert die globale Vorstellung vom New Yorker Chic: einfaches Schwarz / Weiß oder neutrale Farben, die Muster funktionieren auf einer Vernissage in SoHo ebenso wie in einem Club in Downtown.

Le Corset by Selima *Nobles für drunter* `3 C5`
80 Thompson Street • 212 334 4936
Mo–Fr 11–19, Sa 11–20, So 12–19 Uhr

In diesem kleiderschrankgroßen Laden wurde schon alles gesehen, was Rang und Namen hat – von Yoko Ono bis Sir Ben Kingsley. Unterwäsche von Roberto Cavalli und Kimonos (auch Secondhand) bringen die Verführerin in Ihnen zum Vorschein. Die wunderschönen Korsetts kann man auch drüber tragen.

Barney's CO-OP *Hippe Klamotten* `3 D4`
116 Wooster Street • 212 965 9964
Mo–Sa 11–19, So 12–18 Uhr

Wenn Sie einkaufen wollen, ohne groß nachzudenken, ist der Stiefbruder von Barney's New York *(→ S. 82)*, ein wahres Muster an Eleganz und gutem Geschmack, genau das Richtige für Sie. In der hipperen Variante gibt's trendige Klamotten für jüngere Kunden. Bei der Riesenauswahl an Jeans (von Seven bis Levi's) für Männer und Frauen findet jeder etwas. Auch andere Labels – z. B. Theory, Marc by Marc Jacobs und Prada Sport – sowie Sportklamotten im Stil der 1970er von Puma und Adidas gibt's zuhauf. Die handgefertigten Hüte, die schrillen Uhren, der Schmuck und die Schuhe sind so ungewöhnlich, dass es sich lohnt, einen zweiten (und dritten) Blick zu riskieren – hier kann man eigentlich nichts falsch machen. Außerdem erhöht ein Outfit von Barney's CO-OP die Wahrscheinlichkeit, in die angesagtesten New Yorker Clubs reingelassen zu werden.

Clio *Launige Wohn-Accessoires* `3 C4`

92 Thompson Street • 212 966 8991

>> www.clio-home.com Mo–Sa 11–19, So 12–18 Uhr

Im Clio gibt's statt der üblichen Massenware Haushaltsgegenstände von aufstrebenden Designern aus der ganzen Welt. Die Stücke sind meist einzigartig – z. B. eine Käseplatte aus Walnussholz mit Türkisintarsien. Nicht versäumen: die aufpolierte Secondhand-Kollektion der »Rehabilitated Dinnerware«.

Costume National *Eleganz pur* `3 D4`

108 Wooster Street • 212 431 1530

>> www.costumenational.com Mo–Sa 11–19, So 12–18 Uhr

Zu der tragbaren Kollektion des Italieners Ennio Capasa gehören Stücke, die Sie aufgrund ihres nie aus der Mode kommenden Stils bestimmt am liebsten für immer in Ihrem Kleiderschrank hätten: perfekt geschnittene Jacken, Röcke und Schuhe (von sexy, mit Absatz, bis zu flach und großstadtgeeignet).

Kirna Zabate *Tragbare Avantgarde* `3 D4`

96 Greene Street • 212 941 9656

>> www.kirnazabete.com Mo–Sa 11–19, So 12–18 Uhr

Hier scheint jedes Stück sein eigenes Modegeheimnis zu haben, und alles wirkt ausgesprochen »in«. In der zweistöckigen Boutique findet man Jean Paul Gaultier neben unabhängigen neuen Labels. Das aufregende und ungewöhnliche Angebot wird durch Accessoires für Babys und Hunde abgerundet.

Miu Miu *Unkonventioneller Chic* `3 D4`

100 Prince Street • 212 334 5156

>> www.miumiu.com Mo–Fr 11–19, Sa & So 12–18 Uhr

Im dynamischen und flippigen Hauptladen des Miu Miu macht Einkaufen richtig Spaß. An den Details erkennt man die fachkundige Muttergesellschaft – Prada –, doch alles in allem sind die Klamotten etwas salopper und spritziger. Sind sind zwar auch nicht gerade billig, machen dafür aber glücklich.

Moss *Museumswürdige Designs* `3 D4`
146 Greene Street • 212 204 7100
» www.mossonline.com Mo–Sa 11–19, So 12–18 Uhr

Das Moss ist etwas für hartgesottene Design-Fans und
für Leute, die einfach hübsche Dinge mögen: moderne
Möbel, Retro-Beleuchtung und Moser-Kristall. Vieles
ist haarsträubend teuer, andere Sachen, z. B. die
Lomo-Kameras und die Cartoon-Stofftiere, machen
nicht nur Spaß, sondern sind auch bezahlbar.

Marc Jacobs *Liebling der Modewelt* `3 D4`
163 Mercer Street • 212 343 1490
» www.marcjacobs.com Mo–Sa 11–19, So 12–18 Uhr

Da die Schriftstellerin und Regisseurin Sophia Coppo-
la Jacobs' Muse ist, überrascht es kaum, dass beinahe
alles in seinem Laden leicht und supercool wirkt. Von
den heißbegehrten Ledertaschen des Designers bis zu
den Kleidern, Jacken und Schuhen im Retro-Stil gibt es
hier eigentlich nichts, was nicht auf Anhieb gefällt.

Prada *Riesige Hauptfiliale* `3 D4`
575 Broadway • 212 334 8888
» www.prada.com Mo–Sa 11–19, So 12–18 Uhr

Der riesige Prada-Hauptladen im Herzen von SoHo ist
in den Medien zwar ungefähr so überstrapaziert wie
die bauchfreie Britney Spears, doch das heißt nicht,
dass man nicht immer wieder gerne hingeht. Der ele-
gant-futuristische Laden wurde von dem holländi-
schen Architekten Rem Koolhaas entworfen und hat
sein Kunst-Flair beibehalten (das Gebäude war einst
eine Nebenstelle des Guggenheim Museum). Koolhaas baute so viele technische Schikanen ein, dass
sogar Wissenschafts- und Technikmagazine von der
Eröffnung berichteten.

Die Kleider sind nach wie vor wunderschöne Bei-
spiele neu interpretierter Eleganz. In der Damenabtei-
lung hält man sich nicht sklavisch an vorherrschende
Moden, sondern setzt eigene Trends. Die Herrenschu-
he – die Prada-Sport-Modelle mit dem roten Streifen
auf der Sohle – verlieren ihre Popularität wohl nie.

Scoop *High Fashion* `3 D4`

532 Broadway • 212 925 2886

>> www.scoopnyc.com Mo–Sa 11–20, So 12–19 Uhr

Beim Anblick der Preisschilder muss man zwar fast unters Sauerstoffzelt, doch wer ein Stück von Scoop besitzt, hat in Sachen Mode ausgesorgt. Ein Laden für Fashion-Junkies, die sich nicht scheuen, beim Kauf eines Ponchos ihren Kreditrahmen zu sprengen, und für Leute, die sich auf dem Laufenden halten wollen.

Dean & DeLuca *Mekka der Gourmets* `3 D4`

560 Broadway • 212 226 6800

>> www.deandeluca.com Mo–Sa 9–20, So 10–19 Uhr

Falls es *die* perfekte Art gibt, Mangos und Passionsfrüchte aufeinander zu stapeln und Saftflaschen nach der Farblehre anzuordnen – Dean & DeLuca kennt sie. In diesem Gourmetladen gibt es nur Lebensmittel von höchster Qualität, seien es frische, konservierte, selbst hergestellte oder von fern eingeflogene. Alles sieht unglaublich gut, lecker und gesund aus; die Olivenölflaschen aus Italien sind fast zu schön zum Öffnen. Ein weiterer Pluspunkt: Man kann hier auch beinahe alles probieren.

Jede Abteilung quillt geradezu über vor Spezialitäten aus der ganzen Welt: Beim Käse gibt es eine große Auswahl an Goudas und Bries sowie exotischere Köstlichkeiten wie z. B. Brillo de Treviso (einen süßlichen italienischen Käse, den man in Wein tunkt). Auch amerikanische Sorten kommen nicht zu kurz, beispielsweise der cremige Ziegenkäse Humboldt Fog. Die Seafood-Abteilung protzt mit Thunfisch in Sushi-Qualität, und für das frisch gebackene portugiesische Maisbrot aus der Bäckerei hängt man seine »Low-Carb«-Diät für immer an den Nagel.

Im hinteren Teil des Ladens gibt es Küchenutensilien, die man schon immer gebraucht hat, von Sushi-Tabletts und Crème-brûlée-Schälchen bis zu Mixern, Topfhandschuhen aus Wildleder und Grillrosten aus Zedernholz (der Feuchtigkeit wegen). Und eine Kochbuchbibliothek verrät Ihnen, was Sie mit den eingekauften Lebensmitteln so alles anstellen können.

>> *Das Café im Dean & DeLuca verkauft sagenhaftes Gebäck und Kaffee zum Mitnehmen (→ S. 13)*

Kate's Paperie *Briefpapier & Co.* `3 D4`

561 Broadway • 212 941 9816
»» www.katespaperie.com Mo–Sa 10–20, So 11–19 Uhr

Für alle, die das haptische Vergnügen eines Stifts und eines Blatts Papier der Anonymität elektronischer Textverarbeitung vorziehen. Bei Kate's gibt es originelle Dankkarten, riesige ledergebundene Fotoalben, Füllfederhalter, Stempel und handschmeichelndes, von Hand geschöpftes Papier – bogenweise.

The Apartment *Traumhafte Einrichtung* `3 D4`

101 Crosby Street • 212 219 3066
»» www.theapt.com Mo–Fr, nur nach Vereinbarung

Wer dieses experimentelle Studio, das selbst wie ein Apartment aussieht, betritt, hat hinterher möglicherweise Schwierigkeiten mit seiner eigenen Wohnung. Jedes Detail von The Apartment wurde unter den Aspekten des Minimalismus und des sinnlichen Erlebens ausgewählt: vom bunten Küchenbesen über die Philippe-Starck-Armaturen im Badezimmer bis zu den Edith-Mezard-Bettbezügen. Und natürlich kann man alles, was man in The Apartment sieht, auch kaufen: die Kleider im Schrank, die Zahnpasta im Bad, selbst das Essen im Kühlschrank.

Was das soll? In einer realen, belebten Umgebung wird Design sofort viel zugänglicher. The Apartment ist nicht nur ein Laden; hier finden auch Happenings und Events statt, hier werden Marken entwickelt, und man kann das Personal auch anheuern, um sich die eigene Wohnung umgestalten zu lassen.

Rescue Nail Spa *Luxus-Nagelstudio* `4 E5`

21 Cleveland Place • 212 431 3805
Mo–Fr 11–20, Sa 10–18 Uhr

Ji Baek – die mega-elegante, in Gucci gewandete Besitzerin des Rescue – hat den hippsten Schönheitssalon New Yorks geschaffen. Neben Pedi- und Maniküre werden auch andere Anwendungen – Aromatherapie, Massage, Haarentfernung und Augenbrauenstyling –, Lotionen und Wässerchen angeboten.

SCO *Individuelle Hautpflege*   `4 E4`
230 Mulberry Street • 866 966 7268
»» www.scocare.com Di–Sa 12–19, So 12–18 Uhr

Am Eingang des winzigen, karg eingerichteten Ladens
für Hautpflegeprodukte stehen riesige Tuben mit Mit-
telchen zum Testen Wache. SCO steht für »Skin Care
Options«, die Produkte – Reiniger, Gesichtswasser,
Cremes, Lippenpflege, Peelings und vieles mehr –
werden für jeden Hauttyp individuell zusammengestellt. Man wird von einer Beraterin empfangen, die
einem zunächst einige Fragen zur Gesundheit stellt
und dann eine Mischung anfertigt, die speziell auf die
individuellen Bedürfnisse abgestimmt ist. Zu den
natürlichen Zutaten gehören hautstraffendes Koffein,
die Vitamine A, C und E (die Antioxidantien wirken
regenerierend), entzündungshemmende Weidenrinde
und Pilzextrakt (verfeinert das Hautbild). Die Produkte
kommen in eleganten Verpackungen daher, auf denen
der Name der Kundin steht. Die Rezepte werden archi-
viert, damit man jederzeit nachbestellen kann.

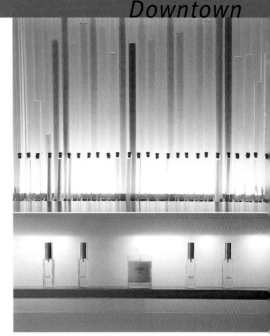

INA *Secondhand-Mode der Extraklasse*   `4 E4`
21 Prince Street • 212 334 2210
So–Do 12–19, Fr & Sa 12–20 Uhr

Sie sehnen sich nach Prada-Schühchen, können
sie sich aber nicht leisten? Kein Problem: In diesem
Laden gibt es Designer-Ware zu einem Bruchteil der
ursprünglichen Preise. Die meisten Klamotten sind
brandneu; man munkelt, dass viele Models ihre
Sachen vom Laufsteg direkt hierher bringen.

Calypso *Für hippe Strandmäuschen*   `4 E4`
280 Mott Street • 212 965 0990
Mo–Do 11–19, Fr & Sa 11–20, So 12–19 Uhr

Der berühmte feine Laden führt Strandkleidung für
Mädels, die die eine Hälfte des Jahres auf Ibiza und
die andere auf St. Barth in der Karibik verbringen. Hier
riecht alles nach teurem Strandluxus; luftige Röcke,
farbenfrohe Seidentops und Sandalen machen den
Sommer in der Stadt zum tropischen Erlebnis.

»» *Die SCO-Produkte gibt's auch bei Barney's New York* → S. 82

Shopping

Hable Construction — *Schöner wohnen* — 4 E4

230 Elizabeth Street • 212 343 8555
>> www.hableconstruction.com   Mo–Sa 11–19, So 12–17 Uhr

Die Hable-Schwestern haben ihr Geschäft nach dem Unternehmen ihres Großvaters benannt. Sie bauen allerdings keine Häuser, sondern entwerfen hübsche Einrichtungsgegenstände: Die Segeltuchkissen, bedruckten Schachteln, Strandtücher und Garten-Accessoires bringen Farbe und Spaß in jedes Zuhause.

Mayle — *Das muss man haben!* — 4 E4

242 Elizabeth Street • 212 625 0406
Mo–Sa 12–19, So 12–18 Uhr

Jane Mayles supersexy Kollektion im Vintage-Stil steht auf der Wunschliste jedes Hollywood-Starlets. Die Schauspielerin Kirsten Dunst *(Spiderman)* gehört zu den Fans der Kleider, Blusen und bequemen Hosen. Seit kurzem entwirft die Designerin auch Schuhe – und hat damit hingerissene Kritiken geerntet.

Rafe — *Hingucker-Handtaschen* — 4 E4

1 Bleecker Street • 800 486 9544
>> www.rafe.com
Di–Do 11–19, Fr 11–20, Sa 12–20, So 12–19 Uhr

Der Designer Ramon Felix kreiert glamouröse Handtaschen und Schuhe, die die Fantasie anregen. Die Korsika-Tasche aus Stroh und Leder hätte auch Audrey Hepburn tragen können, die St. Germain zum Unter-den-Arm-Klemmen ist purer Pariser Chic.

Bond 07 by Selima — *Für die neue Boheme* — 3 D3

7 Bond Street • 212 677 8487
>> www.selimaoptique.com   Mo–Sa 11–19, So 12–19 Uhr

Hinter dieser »NoHo«-Boutique steckt Selima Salaun, berühmt für ihre auffälligen Brillen; sie entwirft Kleider für Frauen mit ungewöhnlichem Geschmack. Den anspruchsvollen Kundinnen steht eine bunte Auswahl an Schuhen, Handtaschen, Hüten, Dessous, Kleidern und – natürlich – Brillen zur Verfügung.

LAFCO *Beauty-Produkte de luxe* `4 E3`

285 Lafayette Street • 212 925 0001
>> www.lafcony.com
Mo–Sa 11–19, Do 11–20, So 12–18 Uhr (im Sommer So geschl.)

Im LAFCO gibt's eine Auswahl exklusiver Pflegeprodukte, u. a. auch Cremes und Gesichtswasser von Lorenzo Villoresi. Außerdem bekommt man hier die begehrte italienische Pflegeserie Santa Maria Novella, die es sonst nur in Los Angeles und Florenz gibt.

TG-170 *Cooler Downtown-Chic* `4 F4`

170 Ludlow Street • 212 995 8660
>> www.tg170.com Tägl. 12–20 Uhr

Falls Sie sich je gefragt haben, was die Kids auf hippen Lower-East-Side-Partys tragen – gehen Sie ins TG-170. Das Angebot umfasst ausgewählte Klamotten und Accessoires, die modisch immer ins Schwarze treffen. Die Besitzerin Terri Gillis berät ihre Kundinnen in Stilfragen gerne selbst.

ALife Rivington Club *Turnschuhzentrale* `4 F4`

158 Rivington Street • 212 375 8128
>> http://rivingtonclub.com Di–Sa 12–19 Uhr

Sie suchen ein Paar Turnschuhe im Retro-Stil? Dann müssen Sie auch ein paar Schwierigkeiten in Kauf nehmen – etwa, ALife überhaupt zu finden. Es gibt kein Ladenschild, und man muss klingeln, um reingelassen zu werden – eine Diskretion, die auf einen Club »nur für Mitglieder« schließen lässt, was tatsächlich auch so auf den Visitenkarten steht. Doch das gehört zur Show dazu, und wenn Sie erst einmal in dem holzgetäfelten Laden stehen, ist aller Ärger schnell vergessen.

Jedes Paar Schuhe ist einzeln in einem beleuchteten Mahagonifach ausgestellt, wie die wertvollen, raren Exponate in einem Museum. Und das ist auch gar nicht so falsch, denn die Schuhe findet man kaum anderswo. Vintage Air Jordans, Nike Air Wovens und alte Adidas sind nur einige der Schätze, mit denen Sie auf den Straßen in NY mächtig Eindruck schinden.

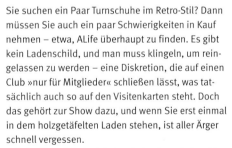

Shop *Fantastisches für Frauen* `4 F4`
105 Stanton Street • 212 375 0304
Tägl. 12–19 Uhr

Bei den sexy Kleidern, luftigen Strandtüchern und
Cashmere-Pullovern (es gibt allerdings auch ganz nor-
male Jeans) kommt man sich ein bisschen wie im
Umkleideraum einer Studentinnenvereinigung vor.
Das Personal ist ausgesprochen freundlich und be-
handelt die Kundinnen auch wie Kommilitoninnen.

Teany *Mobys Teeladen* `4 F4`
90 Rivington Street • 212 475 9190
»» www.teany.com Tägl. 9–24 Uhr

Musikpapst Moby hat das Teany nach seiner Vorstellung von einem Teeladen eingerichtet – und heraus-
gekommen ist in der Tat etwas Teenyhaftes. Das
gemütliche Innere ist in minimalistischem Weiß gehalten, im Hintergrund läuft leise Clubmusik – eine
futuristische, zen-artige Atmosphäre.
Es gibt 93 verschiedene Teesorten, von exotisch bis
hochexotisch: z. B. Silver Needle (weißer Tee mit vielen Antioxidantien), Golden Nepal (wegen des coolen
Namens) und Earl Grey Creme (der unangefochtene
Bestseller). Neben Kanistern voller Teeblätter wird in
dem winzigen Laden alles verkauft, was man für den
perfekten Aufguss braucht: Teekannen – mit Teany-
Logo – Tassen, Gläser und Milchkännchen. Wenn Sie
schon einmal hier sind, sollten Sie unbedingt was
vom vegetarischen und veganischen Speiseangebot
probieren: Muffins, Sandwiches oder Tofu-Pfanne.

Ladenketten

In New York gibt es neben Designer-Läden auch
viele Ketten, in denen man günstig einkaufen kann.
Ein **Gap** (T-Shirts und Jeans) z. B. steht an praktisch
jeder Ecke. Ebenso überall zu finden ist der anspruchsvollere Schwesterladen **Banana Republic**.
Er ist besonders bei Wall-Street-Yuppies beliebt und
bietet geradlinige Mode. Die Preise sind zwar recht
gesalzen, es gibt allerdings oft Sonderangebote.
Die saloppere Mode von **J. Crew** ist bei allen Alters-
gruppen beliebt und findet sich sogar hier und da
an Fashion-Sklaven. Pseudo-Punkflair gibt's bei
Urban Outfitters; dort findet man auch aktuelle
Trends wie Puma-Zip-ups und originelle Einrichtungsgegenstände für Bad und Küche. Adressen
einzelner Läden → *S. 223f.*

Subterranean Records *Vinylschätze* `3 C3`
5 Cornelia Street • 212 463 8900
>> www.recordsnyc.com Tägl. 12–20 Uhr

Im Herzen des West Village gibt es einen Plattenladen, an dem selbst ein hartgesottener Rocker nichts auszusetzen hätte. Er hat sich auf NYC-Punk aus den 1970ern und Rock aus den 1960ern spezialisiert und steckt voller Singles und LPs. Es gibt aber auch Soul, Jazz und Blues und eine große CD-Auswahl.

Fat Beats *Hip-Hop & Coolness* `3 C2`
406 6th Avenue • 212 673 3883
>> www.fatbeats.com Mo–Sa 12–21, So 12–18 Uhr

Fat Beats versorgt DJs und Sammler mit Hip-Hop-Platten. Falls Sie sich mit Underground-Hip-Hop richtig gut auskennen, steht Fat Beats wahrscheinlich ohnehin ganz oben auf Ihrer Liste. Doch der Laden ist auf jeden Fall einen Besuch wert – schon allein wegen des obercoolen Personals.

Fresh *Alles fürs Bad – in Luxusausführung* `3 B3`
388 Bleecker Street • 917 408 1850
>> www.fresh.com Mo–Fr 12–20, Sa 11–20, So 12– 18 Uhr

Die Namen der Cremes und Lotionen klingen eher nach Küche als nach Bad: Zucker-Peeling, Sake-Badegel, Milchseife, Reis-Gesichtsreiniger und Soja-Handcreme beispielsweise gehören zu den exotischeren Kreationen. Alles ist wunderschön verpackt und damit ideal als Mitbringsel.

Magnolia Bakery *Klassische Törtchen* `3 B3`
401 Bleecker Street • 212 462 2572
Mo–Do 12–23:30, Fr 9–00:30, Sa 10–00:30, So 10–23:30 Uhr

Das Magnolia, eine echte Institution im Village, erkennt man sofort an der langen Warteschlange vor dem Laden. Berühmt ist es vor allem für seine wunderschön verzierten köstlichen Törtchen. Sie können nach dem Bezahlen ruhig sofort eines essen – das tut hier jeder.

Marc by Marc Jacobs *Cool & kultig* `3 D4`

403–405 Bleecker Street • 212 343 1490
>> www.marcjacobs.com Mo–Sa 11–19, So 12–18 Uhr

Ein Laden für Leute, die aussehen wollen wie Models:
salopp-chic und dennoch so, als wären sie gerade
erst aus dem Bett gekrochen. Hier gibt's auch Cord-
hosen aus den 1970ern und Blousons – die ewigen
Lieblinge des Designers. Die Läden für Frauen und
Männer liegen direkt nebeneinander.

Flight 001 *Schrille Accessoires für Jetsetter* `3 B2`

96 Greenwich Avenue • 212 691 1001
>> www.flight001.com Mo–Sa 11–20, So 12– 19 Uhr

Sie wollten schon immer ein Pass-Etui in Blütenrosa?
Wenn Sie aus diesem Juwel im West Village kommen,
halten Sie sich garantiert für cooler ausgestattet als
007 höchstpersönlich. Mit einem mobilen Gewürzboard fürs Flugzeug beispielsweise, einem sturm-
sicheren Feuerzeug oder verehrungswürdigen Wä-
schesäcken. Für den geübten Transatlantikflieger
gibt's Spiele der *New York Times*, Yoga-Bücher fürs
Flugzeug, Reisekerzen und Dr. Hauschkas Pflegeprodukte. Das Flight 001 bietet auch eine große Auswahl an Reiseliteratur, mit der man die hippsten
Hotels der Welt ausfindig machen kann. CDs mit Touren durch Brooklyn, Manhattan und die Bronx kann
man sich auch direkt auf Ihren iPod brennen lassen.
Immer noch nicht zufrieden? Wie wär's dann mit Hart-
schalenkoffern aus Silber – damit Sie auch garantiert
der eleganteste Fluggast am Flughafen sind.

Bonsignour *Kaffee & Beautiful People* `3 B2`

35 Jane Street • 212 229 9700
Tägl. 7:30–22 Uhr

Warum quetschen sich so viele Leute bei ihren Shop-
ping-Ausflügen in dieses winzige Café? Wegen des
guten Kaffees, des noch besseren Gebäcks und der
nettesten Caféstimmung im ganzen West Village. Auf
der Bank vor dem Laden kann man wunderbar relaxen
und die Welt an sich vorüberziehen lassen.

MXYPLYZYK *Alles fürs Zuhause* `3 B2`
125 Greenwich Avenue • 212 989 4300
➤➤ www.mxyplyzyk.com Mo–Sa 11–19, So 12–17 Uhr

Am besten steckt man die Hände in die Hosenta-
schen, denn in diesem Laden will man bestimmt *alles*
anfassen – von den Sparmöpsen (statt Sparschwei-
nen) zu den an Bocciakugeln erinnernden Taschen.
Originell muss es sein, lautet das Motto von MXYPLY-
ZYK (das man übrigens »mixyplitsick« ausspricht).
Vinylschalen sehen wie alte LPs aus, der Chrom-
toaster erinnert an Science-Fiction-Filme aus den
1950ern, und ein Eichhörnchen entpuppt sich als
Nussknacker. Gebrauchsgegenstände wie Tassen und
Untertassen stehen neben anderen nützlichen Sachen
wie Salz- und Pfefferstreuern in Hundeform, psyche-
delischen Tellern und Ähnlichem mehr.

   Hier gibt es einfach alles, für jede Ecke Ihres Zuhau-
ses: moderne Messbecher und japanische Teller für
die Küche, Beauty-Produkte von Korres und riesige
Gummi-Enten fürs Badezimmer, ein Coffeetable Book
über *Türkische Ringkämpfe* und schlanke Martini-
Shaker zum Mixen der Abendcocktails. Zu den spektakulärsten Stücken (die gar nicht mal so teuer sind,
wenn man bedenkt, dass der Laden im West Village
liegt) gehören Bürolampen und Metallschmuck im
»Industrie-Stil«. Das Anliegen des Ladens ist es, das
oft bierernste Thema »Zeitgenössisches Design« mit
Humor und ein bisschen Frivolität anzugehen. Alle
Produkte, die hier angeboten werden, sind durch die
ewige Frage verbunden, wo die Grenze zwischen funk-
tionalem Design und Kunst zu ziehen ist.

Stella McCartney *Für sexy Rockerbräute* `3 A2`
429 West 14th Street • 212 255 1556
➤➤ www.stellamccartney.com Mo–Sa 11–19, So 12:30–18 Uhr

Der Laden von Stella McCartney in dem seit kurzem
sehr beliebten Meatpacking District ist eine Lektion in
Sachen Coolness. Grüne Stilettos mit Plastikkirschen
an den Riemchen stellen ihre ganz persönliche Auf-
fassung von Eleganz, gepaart mit Lebenslust, dar.
Exquisit: die Umkleidekabinen mit Perlmuttintarsien.

La Cafetiere *Haushaltswaren auf Französisch* `3 A1`
160 9th Avenue • 646 486 0667
Di–Sa 10–19:30, So 12–18:30 Uhr

Für Frankophile und alle, die glauben, dass provenza-
lischer Stil zu ihrer Wohnung passt. Einige Stücke des
Geschirrs im ländlichen Stil sind zwar hübsch, aber
nicht außergewöhnlich; die Möbel dagegen – z. B. der
wettergegerbte Schrank von Campagne Premiere –
sind sehr schön und originell.

Jeffrey *Kaufhaus im Boutique-Stil* `3 A2`
449 West 14th Street • 212 206 1272
Mo–Mi, Fr 10–20, Do 10–21, Sa 10–19, So 12:30–18 Uhr

Bahnbrechender Laden am Rand des modisch-herun-
tergekommenen Meatpacking District *(→ S. 161).* Hier
kaufen die Schönen und Reichen ein (vor dem Laden
sieht man oft Limousinen mit getönten Scheiben). Das
Jeffrey ist nicht besonders groß, hat jedoch ein erlesenes Angebot und führt vor allem Avantgarde-Labels
wie Dries Van Noten und Balenciaga. Sie müssen also
nicht stundenlang nach dem besten Outfit suchen,
sollten sich aber darauf einstellen, keine Sonderangebote zu finden. Die Damenschuhabteilung nimmt
das gesamte Zentrum des Ladens ein und stellt zweifellos eine der besten Kollektionen in ganz New York
dar. Sie besteht aus sexy Sandälchen aus Capri, fla-
chen Schühchen von Prada, Stilettos von Yves Saint-
Laurent, Turnschuhen von Puma und anderen eleganten Marken. Das Einkaufen im Jeffrey macht nicht
zuletzt auch deswegen Spaß, weil es so schön altmodisch ist: Am Eingang wird man formvollendet
begrüßt, und das Personal springt auf jeden Wink.

Carapan Urban Spa
& Store *Oase in der City*

`3 C1`

5 West 16th Street • 212 627 2265
>> www.carapan.com
Spa: tägl. 10–21:45 Uhr; Laden: tägl. 10–20 Uhr

Die natürlichen Produkte des Carapan werden aus Pflanzen und Mineralien hergestellt. Nach dem Shopping kann man im Spa relaxen; dort gibt es die besten Massagen und Anwendungen der ganzen Stadt.

ABC Carpet
and Home *Schöne Möbel zu kleinen Preisen*

`3 D1`

888 Broadway • 212 473 3000
>> www.abchome.com
Mo–Fr 10–20, Sa 10–19, So 11–18:30 Uhr

Auf den sechs Stockwerken des ABC werden sich viele wie im Paradies fühlen – unvergleichliche Schönheit, wohin man auch sieht.

Der erste Stock ist eine Ansammlung wahrer Schätze wie handgefertigter venezianischer Kronleuchter, altmodischer Kindermöbel aus Frankreich und gusseiserner Buddha-Köpfe. Flair – aber Vorsicht: nicht Preise – wie auf einem Pariser Flohmarkt.

In den oberen Etagen findet man moderne Möbel, Stühle im Retro-Stil der 1960er und Leuchtkörper aller Art. Im dritten Stock gibt's einige der elegantesten Stoffe der Welt, u. a. von Frette und Pratesi, im fünften und sechsten Stock französische Belle-Époque-Antiquitäten. Einige Stücke wirken geradezu museal.

Die Restaurants ganz oben in diesem außergewöhnlichen Laden kennen selbst viele New Yorker nicht. Die französisch-belgische Bäckerei Le Pain Quotidien bietet Brote, Gebäck, Gourmet-Sandwiches und Kaffee. Hier kann man sehr gut brunchen. Das lebhafte Tapas-Restaurant Pipa eignet sich vor allem für größere Gesellschaften, im Lucy gibt's mexikanisches Barbecue.

Innerhalb des Ladens befindet sich auch der Mudhoney Salon, ein Luxusfriseur, der mit Punk-Elementen besticht, die sich reizvoll von der Feinheit der ostasiatischen Möbel abheben.

Paragon Sporting Goods — Sportklamotten & -ausrüstung `3 D1`

867 Broadway • 800 961 3030
>> www.paragonsports.com
Mo–Sa 10–20, So 11:30–19 Uhr

Das Paragon, ein dreistöckiger Megastore, bietet alles für jede nur erdenkliche Form der Leibesertüchtigung. Im Untergeschoss gibt's Turnschuhe, u. a. von New Balance (für den ernsthaften Läufer), Nike und Puma. Darüber hinaus lassen Herzfrequenzmesser, Kilometerzähler und atmungsaktive Unterwäsche Joggerherzen höher schlagen.

Der erste Stock ist den »vornehmen« Sportarten wie Tennis und Golf vorbehalten; neben Schlägern gibt es Lacoste-Shirts und Tennis-Miniröckchen. Auch Wassersportler kommen voll auf ihre Kosten – mit einem Hauch von Nichts, das sich Bikini nennt, und Wettkampf-Schwimmanzügen.

Im obersten Stock kommen dann die Abenteurer zum Zug: Kajak-Ausrüstung, Taucheruhren und das komplette Camping-Equipment.

Department Stores

Manhattans Department Stores sind geradezu legendär; ein Besuch in New York ist erst dann vollständig, wenn man mindestens eines dieser Shopping-Paradiese besucht hat.

Macy's (→ S. 223) steht meist ganz oben auf der Liste; die jahrhundertealte Ikone erstreckt sich über einen ganzen Block und führt beinahe alles zu guten Preisen. Sie brauchen allerdings Geduld: Das Macy's ist oft voll, und man geht leicht verloren. Belohnt wird man aber mit vielen Sonderangeboten, z. B. von DKNY, Tommy Hilfiger und Polo.

Anspruchsvoller und weniger überlaufen sind **Bloomingdale's** und **Saks Fifth Avenue** (beide → S. 223); sie führen nicht nur hunderte einfacher Marken, sondern auch Boutiquen-Labels und erstklassige Designer-Ware. Chanel, Stella McCartney und Yves Saint-Laurent zählen zu den großen Modenamen, die in diesen Department Stores vertreten sind. Während der beeindruckenden Schlussverkäufe kann man Luxusartikel um bis zu 50 Prozent reduziert erstehen.

Henri Bendels (→ S. 223) ist bei New Yorkern und Besuchern gleichermaßen beliebt, da es eher wie eine Boutique als wie ein großers Kaufhaus wirkt. Das liegt zum Teil an der cleveren Aufteilung der Stockwerke und den Wendeltreppen. Die riesige Auswahl reicht von trendigen Make-up-Serien wie MAC und Laura Mercier bis zu Pullis mit kleinerem Label. In einer Mini-Boutique gibt's Kleider von Diane Von Furstenburg und ein tolles Angebot an Abendkleidung. Im Gegensatz zu anderen Department Stores verkauft das Bendels allerdings nicht alles von Mixern bis zu Matratzen, sondern beschränkt sich auf Mode und Pflegeprodukte. (→ auch **Bergdorf Goodman**, S. 81).

Kiehl's *Berühmtes für den Body*

`4 E2`

109 3rd Avenue • **800 543 4571**

» www.kiehls.com Mo–Sa 10–19, So 12–18 Uhr

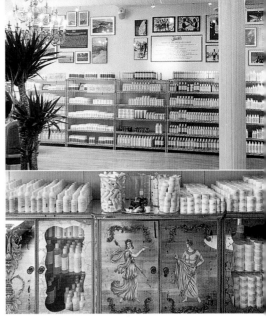

Die Hauptfiliale des Kiehl's liegt praktischerweise nur ein paar Schritte von der U-Bahn-Station Third Avenue (Linie L) entfernt und bietet eine beeindruckende, auf Pflanzen basierende Pflegeserie mit Gesichtswasser, Puder und Seifen. Der Einfachheit der Produkte angemessen ist auch die Verpackung minimalistisch.

Schnappen Sie sich am Eingang einen Korb und flanieren Sie an Reihen von Gurken-Duschgels, Rosenwassern, Kokos-Hair-Conditionern und vielem mehr entlang. Das freundliche und fachkundige Personal berät Sie gerne. Hier vorab einige Empfehlungen: Kiehl's Silk Groom (ein wahres Wunder-Pflegemittel für die Haare), die exzellente Lippenpflege (Lip Balm) und Kiehl's Original Musk Oil (nach dem sich ganz nicht nur jeder Moschusochse umdrehen wird). Außerdem gibt's im Kiehl's jede Menge Gratis-Pröbchen für Einsteiger und Neugierige.

The Strand *Top-Adresse für Bücher*

`3 D1`

828 Broadway • **212 473 1452**

Mo–Sa 9:30–22:30, So 11–22:30 Uhr

Das Strand ist eine Institution in Downtown; jeder New-York-Besucher sollte einmal hier gewesen sein, das gehört zum »Big-Apple«-Initiationsritus einfach dazu. Erwarten Sie keine Buchhandlung mit ordentlich sortierten Regalen und Sitzecken zum Stöbern. Das Strand ist bei Bibliophilen gerade deswegen so beliebt, weil Bücher sein einziges Anliegen sind; sie scheinen aus jeder Ecke zu quellen, und Leseratten sind permanent auf der Suche nach vergriffenen Büchern, Erstausgaben und Bänden zu Sonderpreisen.

Im Strand findet man Literatur zu Fotografie, Architektur und Design neben Belletristik und literarischen Klassikern. Im Untergeschoss befindet sich eine wahre Schatztruhe an Kinderbüchern. Vor dem Laden stapeln sich ebenfalls Hunderte von Büchern, die für einen Dollar verkauft werden. Hier macht man immer wieder ganz erstaunliche Entdeckungen.

St. Mark's Sounds *CDs, neu & gebraucht* `4 E3`

16 St. Mark's Place • 212 677 2727
Tägl. 12–20 Uhr

Schroffes Personal, Staub auf CD-Hüllen und fehlende Möglichkeiten zum Probehören stören hier nicht weiter. Hier kann man über die riesige Auswahl an neuen und gebrauchten Rock-, Jazz-, New-Wave- und Soul-CDs staunen, die man darüber hinaus auch noch zu höchstens zweistelligen Preisen bekommt.

Jazz Record Center *Verstecktes Schatzkästlein* `5 C5`

236 West 26th Street (8. Stock) • 212 675 4480
>> **www.jazzrecordcenter.com**
Mo–Sa 10–18 Uhr

Ein Laden für Leute, die mit Jazz nicht nur Größen wie Miles Davis, John Coltrane und Dizzy Gillespie verbinden. Das Jazz Record Center hat sich auf Plattenraritäten für den echten Fan spezialisiert. Auf der Website des Ladens finden Auktionen statt; dort kann man auch Bücher, Magazine und begehrte Erstpressungen erstehen.

Jimmy Choo *Teures Schuhwerk* `8 E5`

645 5th Avenue • 212 593 0800
>> **www.jimmychoo.com** Mo–Sa 10–18 Uhr

Wenn der Schuh passt (selbst wenn er ein bisschen drückt), sollten Sie sich den Luxus eines Statussymbols von Jimmy Choo unbedingt gönnen. Es gibt für jede Lebenslage einen (bzw. zwei): flache Strandsandalen, sexy Abendstilettos, sportliche Pumps und sogar Brautschuhe.

Manolo Blahnik *Stiletto-Gott* `8 E5`

31 West 54th Street • 212 582 3007
Mo–Fr 10:30–18, Sa 10:30–17:30 Uhr

Wenn jemals Schuhe Kunstwerke waren, dann die von Manolo Blahnik. Jedes Paar wird sorgfältig von Hand gefertigt, und jede Frau, die diese Schuhe trägt, gewinnt automatisch an Sexappeal (falls sie darin laufen kann). Der hohe Preis ist selbstverständlich; eine solche Hexerei in puncto Stil kostet eben.

Takashimaya *Handverlesen & exotisch*   `8 E5`

693 5th Avenue • 800 753 2038
Mo–Sa 10–19, So 12–17 Uhr

Wenn Sie von der übervölkerten Fifth Avenue die Nase voll haben, können Sie sich im Takashimaya ein wenig ausruhen. Alles in diesem sechsstöckigen Laden wirkt gedämpft; angeboten wird eine Auswahl der vornehmsten Waren aus aller Welt (oft mit asiatischem Touch). Komfort und Luxus kommen in Form von antiken Möbeln, technischen Schikanen, Verwöhn-Bademänteln, Lackdöschen, handgestrickten Pullovern und exotischen Blumenarrangements daher.

Im obersten Stock gibt's Luxus-Beauty-Artikel wie superdekadente japanische Seidenpantoffeln, die beim Laufen Parfüm verströmen. Außerdem bietet die Abteilung die begehrtesten und seltensten Pflege-produkte und Düfte an. Hier finden Sie Serien von Czech & Speake, Different Company und die geschäftseigene Parfümserie »T«.

Auf dem eleganten »Lifestyle«-Stockwerk wird von modernem Geschirr bis zu antiken Tischen und Schränken beinahe alles verkauft. Es gibt erlesene Geschenke wie beispielsweise hauchdünnes japanisches Briefpapier und altmodische Fotoalben. Präsentiert wird die Ware im spartanischen Zen-Stil, jeder Artikel ist einzigartig und von höchster Qualität.

Im Tea Box Café im Untergeschoss kann man die shoppingmüden Füße ausruhen und auch sonst wieder ganz zu Kräften kommen. Es werden authentisch japanische Grüne-Tee-Sorten und Bento-Schachteln serviert, die mit gesunden westlich-asiatischen Köstlichkeiten gefüllt sind.

Felissimo *Halb Galerie, halb Boutique* 8 E5
10 West 56th Street • 212 247 5656
>> www.felissimo.com
Mo–Mi & Sa 11–18, Fr 11–20 Uhr

Das fünfstöckige Felissimo ist ganz untypisch für New York – oder eigentlich für jede Stadt. Es ist eine Mischung aus Galerie und Designer-Boutique, mit Artikeln, die man betrachten und kaufen kann. Die Besitzer des Felissimo (was auf Italienisch »überglücklich« bedeutet) arbeiten mit Designern aus der ganzen Welt zusammen, um ihre Wechselausstellungen zu organisieren. Die wunderschönen und teils ausgesprochen originellen Exponate könnten Prototypen für eine zukünftige Massenproduktion sein. Jede Ausstellung hat ein eigenes Thema; die Besucher/Kunden sollen über die gesellschaftliche Wirkung von Design nachdenken. 2004 etwa gab es eine Ausstellung mit dem Titel »White Out«: auf allen fünf Stockwerken Möbel, Kleider und andere Gegenstände ganz in Weiß.

Wem dies alles zu prätentiös ist, der mag sich damit trösten, dass viele Designer ihren Erlös einem guten Zweck spenden, z. B. der UNESCO. So auch ein Teil des Erlöses der Tribute Plates – Keramikteller, die von berühmten Schauspielern, Designern und Künstlern entworfen wurden.

Im Untergeschoss gibt es eine Geschenkeabteilung, in der man etwas bodenständigere Artikel wie moderne Teekannen aus Stahl, Ohrringe aus Metall, schrilles Geschenkpapier, T-Shirts und andere schöne Dinge kaufen kann.

Niketown *Ein Paar Nikes für jeden!* 8 E5
6 East 57th Street • 212 891 6453
>> www.niketown.com Mo–Sa 10–20, So 11–19 Uhr

Wie der Name schon sagt, ist der Laden wenn schon keine Stadt, dann wenigstens ein Dorf voller Nike-Produkte. Hier gibt's für Männer und Frauen die neuesten Turnschuhmodelle und coole Sportkleidung, die man auch auf der Straße tragen kann. Im Clearance Department gibt's billige Vorjahresmodelle.

Bergdorf Goodman *Klassischer Charme* `8 E4`

754 5th Avenue • 800 558 1855
>> www.bergdorfgoodman.com
Mo–Sa 10–19 (Do bis 20), So 12–18 Uhr

Die New Yorker nennen diesen berühmten Department Store, dessen Status fast an den der Freiheitsstatue heranreicht, zärtlich Bergdorf's. Er liegt in der Nähe des Trump Tower, gegenüber dem Plaza Hotel (→ S. 183), und hier gehen die wohlhabenderen Damen nach dem Lunch shoppen.

Das Untergeschoss ist in eine Beauty-Abteilung umgewandelt worden. An dem hellen und freundlichen Ort werden Hautpflegeprodukte, z. B. von La Prairie, und Make-up-Serien, z. B. von Shu Umera,

angeboten. Am Maniküre-/Pediküre-Stand Buff Spa kann man sich ohne Voranmeldung die Nägel pflegen lassen. Noch mehr Wünsche werden oben im Susan Ciminelli Day Spa (Pflegeprodukte mit Seetang) und im John Barett Salon erfüllt.

Was Mode und Accessoires betrifft, so gibt es alles, was Sie brauchen (und von dem Sie nie wussten, *dass* Sie es brauchen), unter einem Dach: im ersten Stock eine beeindruckende Schmuckabteilung und im zweiten die ausgedehnten Kollektionen von Marc Jacobs, Gucci, Prada und Chanel. Die gehobenen Labels werden alle in Mini-Boutiquen präsentiert, darunter auch Kleider so berühmter Designer wie Moschino und Dolce & Gabbana.

Dylan's Candy Bar *Traum für Süßmäuler* `8 F4`
1011 3rd Avenue • 646 735 0078
>> www.dylanscandybar.com
Mo–Do 10–21, Fr & Sa 10–23, So 11–20 Uhr

Dylan Lauren, Tochter des amerikanischen Designers Ralph Lauren, erfüllt sowohl Kindern als auch Erwachsenen ihre süßesten Träume. In ihrem zweistöckigen Laden verkauft sie außergewöhnliche Süßigkeiten in Dosen, die auch geleert noch hübsch sind.

Barney's New York *Hip & klassisch* `8 E4`
660 Madison Avenue • 888 822 7639
>> www.barneys.com
Mo–Fr 10–20, Sa 10–19, So 11–18 Uhr

Zu originell, um als Department Store durchzugehen, und zu groß für eine Boutique – Barney's ist einzigartig. Klamotten wenig bekannter Designer hängen neben echten Hits von Marc Jacobs und Prada. Das Restaurant oben zieht die New Yorker Elite an.

La Perla *Luxus-Dessous* `8 E3`
777 Madison Avenue • 212 570 0050
>> www.laperla.com
Mo–Sa 10–18, So 12–17 Uhr

Bikinis und Dessous könnten erotischer nicht sein. Hier finden sich gewagte Badeanzüge, Bodys und Unterwäsche aller Art, von sittsam bis nicht-jugendfrei. Auch sportliche Slips und BHs sowie die Kollektion La Perla Black sind im Angebot.

Bra Smyth *Maßgeschneidertes für Drunter* `8 E2`
905 Madison Avenue • 212 772 9400
>> www.brasmyth.com Mo–Sa 10–18, So 12–17 Uhr

Bra Smyth macht sich die Erkenntnis zunutze, dass es keine zwei völlig gleichen Brüste gibt. Über 3000 BHs sind hier im Angebot, Näherinnen arbeiten rund um die Uhr, um größtmöglichen Tragekomfort zu gewährleisten. Schluss mit rutschenden Trägern und pieksenden BH-Bügeln!

Liliblue *Accessoires für Europhile* `8 E2`
955 Madison Avenue • 212 249 5356
Mo–Sa 10–18, So 12–18 Uhr

Die Boutique gehört einem Franzosen, der Hüte, Geld-
börsen, Schals und vieles mehr aus Italien und Frankreich importiert. Der preiswerte Schmuck stammt
überwiegend von zwei Pariser Marken, Satellite und
Poggi, beide für geschmackvollen Schmuck wie Silber-
ringe mit Halbedelsteinen bekannt.

Clyde's *Apotheke im Boutique-Stil* `8 E2`
926 Madison Avenue • 800 792 5933
>> www.clydesonmadison.com
Tägl. 9–19 Uhr (Do bis 20 Uhr)

Ja, im Clyde's gibt es tatsächlich Vitamine und Hus-
tensaft, aber ist diese New Yorker Institution nicht nur
deswegen im Neighborhood so beliebt. Es gibt auch
erstklassige Beauty- und Hautpflegeprodukte, Kerzen
und importierte Badezimmerartikel.

Christian Louboutin *Rote Sohlen* `8 E2`
941 Madison Avenue • 212 396 1884
Mo–Sa 10–18 Uhr

In diesem Laden sind Sie in der stilbesessenen Welt
der Madison Avenue angekommen. Jeden Louboutin-
Schuh erkennt man an seinem ausgefallenen Design
und der roten Sohle. Zu den Fans gehören Celebrities
wie z. B. Hollywood-Stars. Die pariserische Einrichtung
ist allein schon einen Blick wert.

Diane B *Klamotten & Schuhe für Uptown-Girls* `8 F2`
1414 3rd Avenue • 212 570 5360
Mo–Fr 11–19:30, Sa 10–18:30 Uhr (im Sommer So geschl.)

Diane B liegt im einsamen Shopping-Territorium der
östlichen Upper East Side und führt schöne französische und italienische Damenkleidung. Bei Marken
wie Stephan Kelian und Vera Wang ist es sicher nicht
schwierig, das Passende zu finden; Prada und Gucci
gibt's hier allerdings nicht.

>> *Aus Dylan's Candy Bar kann man sich sogar für Hochzeitsfeste beliefern lassen*

ABH Designs *Kreative Wohlfühlware* `8 H1`
401 East 76th Street • **212 249 2276**
Mo–Sa 11–18:30 Uhr

Dass die Besitzerin Aude Bronson-Howard als Kostümbildnerin in Hollywood Karriere gemacht hat, verwundert angesichts ihres Blicks fürs Detail kaum. Die Leinenservietten mit Seidenbesatz, die italienischen Teller und die Pantoffeln aus Kunstnerz bringen einen Hauch von Luxus in jedes Zuhause.

Searle *Mäntel & Cashmere-Pullis* `10 E5`
1124 Madison Avenue • **212 988 7318**
>> www.searlenyc.com
Mo–Fr 10–19, Sa 10–18, So 12–18 Uhr

Searle hat zwar mit Schurwolljacken begonnen, führt inzwischen aber eine riesige Damenkollektion. Dazu gehören Cashmere-Pullis von TSE genauso wie die salopperen Marken Blue Dot und Trina Turk und die klassischen Lacoste-Hemden.

Intermix *Kleider, die man haben muss* `7 C3`
210 Columbus Avenue • **212 769 9116**
Mo–Mi 11–19, Do–Sa 11–19:30, So 12–18 Uhr

Intermix ist eine Oase der Eleganz in der Modewüste der Upper West Side, wo es die trendbewusste New Yorkerin eher schwer hat. Das Personal ist nicht gerade um die Kundschaft bemüht, und die Preise können einen finanziell ruinieren, aber es gibt eine unwiderstehliche Auswahl an coolen Outfits.

Blades Board `7 B2`
& Skate *Alles für Skater & Co.*
120 West 72nd Street • **888 552 5233**
>> www.blades.com Mo–Sa 10–21, So 11–19 Uhr

Der Name des Ladens sagt schon alles. Knieschützer, Brillen und Helme gehören zum hier verkauften Equipment für Skateboarder, Snowboarder und Inlineskater. Am besten machen Sie sich gleich mit neuen Skates auf den Weg zum Central Park gegenüber.

Housing Works
Thrift Shop *Schätze zu kleinen Preisen*
`7 C2`
306 Columbus Avenue • 212 579 7566
>> www.housingworks.org
Mo–Fr 11–19, Sa 10–18, So 12–17 Uhr

Ein Laden mit preiswerten Dingen – und mit Herz. Er wurde 1990 von Keith Cylar und anderen Aktivisten als gemeinnütziges Geschäft gegründet, um New Yorks AIDS-kranken Obdachlosen zu helfen. Mittlerweile ist Housing Works die größte gemeinschaftliche AIDS-Aktivistengruppe in den USA. Cylar starb im April 2004 nach langem Kampf gegen die Krankheit, doch der Laden führt seine Arbeit fort.

Seele und Integrität des Projekts regen viele wohlhabende New Yorker dazu an, dem Laden alles Mögliche, von Sofas über Lampen zu Kleidern, zu spenden. Begehrte Möbel, Designer-Klamotten, Antiquitäten und sogar Kunstobjekte sind keine Seltenheit. Trotz allem sind die Preise moderat, im Gegensatz zu anderen trendigen Läden dieser Art.

Super Runners *Des Joggers Paradies*
`7 B1`
360 Amsterdam Avenue • 212 787 7665
>> www.superrunnersshop.com
Mo–Mi, Fr 10–19, Do 20–21, Sa 10–18, So 11–17 Uhr

Selbst wenn Sie nicht für den New-York-Marathon trainieren, finden Sie in diesem Laden Schuhe für jedes Terrain, egal ob Fitness-Studio oder Laufpfad im Central Park. Neben Turnschuhen gibt es auch andere Jogging-Accessoires wie z. B. Stoppuhren.

Zabar's *Feinkost-Tempel*
2245 Broadway • 212 787 2000
>> www.zabars.com
Mo–Fr 8–19:30, Sa 8–20, So 9–18 Uhr

Ginge das Zabar's pleite, würde die Stadt wahrscheinlich im Chaos versinken. Schon seit 1920 verlassen sich die New Yorker in allen kulinarischen Fragen auf diesen Laden in Familienhand. Gehen Sie nicht, ohne den berühmten Kaffee des Zabar's probiert zu haben!

>> *Infos zum Angebot des Zabar's kann man per E-Mail anfordern* → info@zabars.com

Xukuma *Cooler Lifestyle-Laden* `11 D4`
183 Lenox Avenue • 212 222 0490
>> www.xukuma.com
Mi–Sa 12–19, So 10–18 Uhr

Das Xukuma (sprich »Sukuma«) ist ein Lifestyle-Laden für hippe Städter. Die Inhaber definieren das Fantasiewort als »Leben, wie man es sich wünscht«. Ihre Vision umfasst Haushaltsobjekte – schrille Lampen, Rahmen, Uhren und dergleichen – und Kleider, die im Stil des »Sista-Soul« sichtbare Anleihen an die 1960er und 1970er machen.

Das Markenzeichen des Ladens ist die sexy Silhouette einer schwarzen Frau mit Afro-Frisur (des »X Girl«), die auf allem erscheint, von T-Shirts über Poster bis hin zu Karten. Auf der Tank-Top-Hosen-Kombi ist sie mit Wendungen wie »obey me« und »please me« abgebildet. Auf den Männerslips dagegen steht »hustler«, »dirty devil« oder »bad boy«. Im Xukuma gibt's auch Feinkost, Tee und Sia-Kerzen sowie Kronleuchter und Geschenkkörbe.

Demolition Depot *Dachboden-Funde* `12 G3`
216 East 125th Street • 212 777 2900
>> www.demolitiondepot.com
Mo–Fr 10–18, Sa 11–17 Uhr

Viele New Yorker haben es dem Demolition Depot zu verdanken, dass sie ihr schlichtes Apartment mit Objekten aus längst vergangenen Zeiten aufpeppen können. In dem vierstöckigen Warenhaus in Harlem gibt es Schätze wie Lampen aus dem 19. Jahrhundert, alte Spiegel von amerikanischen Farmen, Kaminsimse und Ölgemälde zu entdecken.

Der Besitzer und Antiquitätenhändler Evan Blum rekrutiert seine Ware aus Wohnungen und Häusern, die abgerissen werden sollen. Er kauft günstig ein und kann die Stücke – z. B. Möbel, Steinskulpturen, Buntglasfenster, Tore und Geländer – zu weit niedrigeren Preisen verkaufen, als dies auf Auktionen möglich wäre. Zu den kleineren Schätzen des Demolition Depot gehören dekorative Fliesen, Uhren, alte Ladenschilder und Schilder der New Yorker U-Bahn.

Butter *Neue Trends für Mädels* `2 C4`

389 Atlantic Avenue • 718 260 9033
Mo–Sa 12–19, So 12–18 Uhr

Das Butter ist nach New Yorker Standards zwar nicht wirklich originell, es war aber der erste Laden in Brooklyn, der erstklassige Damenmode verkaufte. Hier gibt es Kleider von Dries Van Noten, Rick Owens und Rogan-Jeans, und die Girls von Brooklyn müssen nicht länger jenseits der Brücke shoppen gehen.

Breukelen *Geschenke für jeden Anlass* `13 B4`

369 Atlantic Avenue • 718 246 0024
>> www.breukelenny.com
Di–Sa 12–19, So 12–18 Uhr

So genannte Lifestyle Stores entwickeln sich in New York immer mehr zu einem Phänomen; das erste seiner Art in Brooklyn war das Breukelen. Altmodisch ausgedrückt ist das Breukelen allerdings ein Innenausstatter mit überwiegend zeitgenössischen Stücken wie japanischem Glas, südafrikanischen Holzschalen und Schmuck von hiesigen Künstlern.

Das Sortiment des Breukelen ist so ungewöhnlich und unverwechselbar, dass sogar Manhattaner ab und zu hier einkaufen gehen. Kostspielige Küchenutensilien wie Kaffeemaschinen, handgefertigtes Keramikgeschirr und Mixer aus rostfreiem Stahl ziehen die Kundschaft an. Am besten verkaufen sich die eleganten, wunderbar duftenden und relativ preiswerten Diptyque-Kerzen; ansonsten sucht man im Breukelen vergeblich nach Sonderangeboten.

Loom *Groovy Nippes* `7 C2`

115 7th Avenue, Brooklyn • 718 789 0061
Mo–Sa 11–19, So 11–18 Uhr

Im Loom kaufen die wohlhabenden, kinderwagenschiebenden Anwohner von Park Slope ein. Italienische Schreibwaren, Modeschmuck und niedlicher Nippes sind schöne Geschenke für Leute, die schon alles haben. Die Auswahl an Glasvasen und handbestickter Bettwäsche ist riesig.

Nest *Schönes für die eigenen vier Wände* `13 C5`

396a 7th Avenue, Brooklyn • 718 965 3491
Mo 12–19, Di–Sa 11–19, So 12–18 Uhr

Als der Grafikdesigner Jihan Kim und seine Frau Nachwuchs bekamen, beschlossen sie, einen Laden zu
gründen, der Kind und Kunst miteinander verband. So
entstand das »Nest« – als Nischengeschäft, das mit
seinen Einrichtungsgegenständen und Möbeln auf die
Bedürfnisse junger Park-Slope-Eltern eingeht.
   Zu dem ungewöhnlichen Sortiment gehören u. a.
wunderbare handgefertigte Keramikvasen – von Kims
Tante hergestellt – und japanische Tassen mit kühnen
grafischen Drucken. Außerdem gibt es handbestickte
Kopfkissen, elegante Jalousien, winzige, knallbunte
Kinderstühle aus Holz sowie Blue-Dot-Schreibtische
aus weißem Kunstharz. Wer wenig Platz im Koffer hat,
kann im Nest auch riesige, selbstklebende Punkte in
allen Farben des Regenbogens kaufen, mit denen
man Wände, Decken und Böden bei sich zu Hause
verzieren kann.

Mini Minimarket *Lifestyle für Girlies* `13 B2`

218 Bedford Avenue • 718 302 9337
>> www.miniminimarket.com Tägl. 12–20 Uhr

Hier gibt's die coolsten Sachen für hippe Williamsbur-
gerinnen: Modeschmuck, Kleider aus Tokio, sexy Dessous, Gola-Turnschuhe und Tops aus den 1980ern.
Das Sortiment umfasst nur kleine Mengen jedes Arti-
kels, es ist also höchst unwahrscheinlich, dass eine
andere auf der Party dieselben Sachen trägt.

Spoonbill & Sugartown Booksellers *Edle Bände* `13 B2`

218 Bedford Avenue • 718 387 7322 Tägl. 11–21 Uhr

Die Intellektuellen von Brooklyn finden hier Bücher
über Malerei, Fotografie, Architektur und Grafikdesign.
Im hinteren Teil des Ladens gibt es auch gebrauchte
Bücher; die Themen reichen von Religion bis Geogra-
fie. Was Sie garantiert nicht finden: das neueste von
der Bestsellerliste in der *New York Times*.

Spacial *Kunsthandwerk vom Feinsten* `13 B2`

199 Bedford Avenue • 718 599 7962
>> www.spacialetc.com Mo–Sa 11–21, So 12–20 Uhr

Das Spacial wirkt städtisch und ländlich zugleich. Im Schaufenster liegen handgefertigte Ponchos, Clogs und Hüte. Drinnen findet man sehr elegante Lampen, Schmuck, Schalen, Kinderklamotten, ausländische Designmagazine und Seife. Doch alle Artikel sind vor allem eins: absolut cool.

Isa *Mode-Trendsetter* `13 B2`

88 North 6th Street • 718 387 3363
Mo–Fr 13–21, Sa 12–22, So 12–20 Uhr

Im Isa kommt man sich vor wie im Kleiderschrank von Justin Timberlake. Einige nach Vintage aussehende (aber neue) T-Shirts zieren die Wände, jedes mit einem dramatischen oder provokativen Slogan wie »Hold On To Young Ideas« oder »Dine At The Y«. Zu den weiteren beliebten Objekten gehört Jean-Michel Basquiats Bild von Cassius Clay. Außerdem finden sich Nikes (Limited Edition), Levi's und eine Auswahl teurer Pullis.

Das Personal ist durch die Bank schon, und DJs erinnern daran, wie unglaublich cool der Laden ist. Doch das Isa ist nicht nur eine tolle, super-hippe Boutique; es dient auch als Galerie und Veranstaltungsort für »Happenings« in dem zu Brooklyn gehörenden Viertel Williamsburg. Manchmal schiebt man die Kleiderständer einfach beiseite und verwandelt das Geschäft in eine DJ Dance Party.

Beacon's Closet *Vintage-Klamotten* `13 B1`

88 North 11th Street • 718 486 0816
>> www.beaconscloset.com
Mo–Fr 12–21, Sa & So 11–20 Uhr

Sie können Ihre alten Klamotten nicht mehr sehen? Dann bringen Sie sie zu Beacon's Closet; hier können Sie sie entweder verkaufen oder eintauschen. Es gibt eine riesige Auswahl an Secondhand-Kleidung für Männer und Frauen – und daneben brandneue CDs.

Shopping

Earwax _Bläst die Ohren durch_ 13 B2

218 Bedford Avenue • 718 486 3771
Mo–Fr 12–20, Sa & So 11–21 Uhr

Das Earwax ist das exakte Gegenteil von CD-Laden-
ketten: Es gibt weder Bücher noch ein Café, und man
kann in die CDs nicht reinhören. Dafür gibt's eine
handverlesene Musikauswahl: Die neuen CDs sind
meist Indie-Rock, die Secondhand-Abteilung bedient
alle Musikgeschmäcker.

Fortuna _Boutique-Klamotten_ 13 B2

370 Metropolitan Avenue • 718 486 2682
Do & Fr 14–21, Sa & So 13–21 Uhr

Es fällt einem schon sehr schwer, mit leeren Händen
aus diesem altmodischen Laden zu gehen. Die Besitzerin sucht die wunderschön präsentierten Vintage-
Klamotten für Männer und Frauen in allen Teilen des
Landes selbst aus. Slips aus den 1930ern, Keilabsatz-
schuhe aus den 1970ern und sogar Zylinder.

MiniMall _Alternatives Shopping-Paradies_ 13 B2

218 Bedford Avenue
Die Läden der MiniMall haben verschiedene Öffnungszeiten;
die meisten sind tägl. zwischen 10 und 19 Uhr geöffnet

Die MiniMall liegt am angesagtesten Boulevard von
Williamsburg (→ S. 165) und ist eine der besten Ein-
kaufsmöglichkeiten in ganz Brooklyn. Der Laden mit
Club erstreckt sich über das gesamte Erdgeschoss
eines Loftgebäudes und beherbergt unzählige Einzel-
geschäfte.

Im riesigen Foyer stehen Computer zum Surfen im
Internet; danach folgen Läden wie **The Girdle Factory**
mit Vintage-Schätzen (30 Dollar für eine Brieftasche
von Gucci!). Im **Otte** hingegen gibt's alles, was das
Herz des Uptown Girls begehrt: Seven-Jeans und sexy
Kleidchen. Das **Go Yoga** bietet einige der besten Yoga-
Kurse der Stadt an, und in der **Tibet Boutique** kann
man sich dafür einkleiden. Einer der beliebtesten
Läden ist der **UVA Wine Shop**. Hier sieht man Wein-
kenner, die über ihre »Beute« diskutieren.

Auf Designer-Websites stöbern – klicken Sie sich durch auf >> **www.enewyork.dk.com**

Astroturf *Vintage-Ware fürs Zuhause* `13 B4`
290 Smith Street • **718 522 6182**
Di–Fr 11–19, Sa & So 11–17 Uhr

Irgendwie hat es etwas Beruhigendes, in diesem Möbel- und Einrichtungsladen in Cobble Hill zu stöbern. Er wirkt ein bisschen wie der verstaubte Dachboden der eigenen Eltern. Das Astroturf verkauft alles, was aus den 1950ern und 1960ern übrig geblieben ist: orangefarbene Plastikschalen, geschwungene Lampen, heute wieder moderne Lunchboxes, türkise Thermoskannen und Formica-Tische – in einem Wort: Kitsch!

Falls all die schrillen Accessoires nicht so recht zu Ihrer geschmackvollen Wohnung passen wollen, sollten Sie wenigstens einen Aschenbecher oder eine Vase mitnehmen, um etwas *Austin-Powers*-Schwung in Ihre Deko zu bringen. Bei den unzähligen Regalen voller Nippes haben Sie eine riesige Auswahl. Und das Beste daran: Auch die Preise scheinen noch aus guten alten Zeiten zu stammen.

Two Jakes *Secondhand-Büro* `13 B2`
320 Wythe Avenue • **718 782 7780**
≫ www.twojakes.com
Di–So 11–19 Uhr

In dieser Ecke von Williamsburg mit seinem Industrie-Charme bekommt man gebrauchte Möbel aus Metall, die in SoHo das Dreifache kosten. Das Two Jakes bietet auf einer riesigen Fläche klassische und gut erhaltene Büromöbel aus dem 20. Jahrhundert.

Moon River Chattel *Landhausmöbel* `13 B2`
62 Grand Street • **718 388 1121**
Di–Sa 12–19 Uhr, So 12–17 Uhr

Mitten im Großstadt-Dschungel von Brooklyn gibt es einen Laden, der eher an ein Landhaus erinnert. Die Beleuchtung wirkt wie aus dem frühen 20. Jahrhundert, alte Uhren ticken bedächtig vor sich hin, Holztische tragen die Last ihres Alters, und die Einrichtung ist eher künstlerisch als zweckgebunden.

Kunst &
Architektur

New York ist *die* Stadt für modernistische Kunst und Architektur,
was man unschwer an den berühmten Wolkenkratzern und
den Sammlungen im Guggenheim
und im Whitney erkennen kann.
Neben Kultur-Ikonen wie Met und
Brooklyn Museum of Art kann
New York auch auf eine blühende
Szene zeitgenössischer Kunst in
den Galerien von Manhattan und
in den Künstlergemeinden von
Brooklyn stolz sein.

Kunst & Architektur

U.S. Customs House *Beaux-Arts* `1 D5`

1 Bowling Green
Tägl. 10–17 Uhr (Do bis 20 Uhr)

Die Fassade des großartigsten Beispiels New Yorker Beaux-Arts-Architektur, Sitz des National Museum of the American Indian, ist mit Skulpturen der vier Kontinente geschmückt. Sie stammen von Daniel Chester French, der vor allem mit seinen Arbeiten am Lincoln Memorial in Washington berühmt wurde.

St. Paul's Chapel *NYs älteste Kirche* `1 D3`

209 Broadway, zwischen Fulton Street & Vesey Street
>> www.saintpaulschapel.org

Die Kapelle dient den Einwohnern von Lower Manhattan schon seit über 200 Jahren als Gebetsstätte, größere öffentliche Aufmerksamkeit erregte sie jedoch als spontane Hilfseinrichtung nach den Anschlägen vom 11. September 2001.

Londons St-Martin-in-the-Fields diente als Vorbild für die 1766 fertig gestellte Kirche – das älteste bis heute in Gebrauch befindliche Gebäude New Yorks. Schon George Washington betete hier, als New York zwischen 1789 und 1791 Hauptstadt der Nation war. Seine Kirchenbank ist gekennzeichnet, darüber hängt das vermutlich erste Emblem der Vereinigten Staaten als Ölgemälde: einen Adler mit rot-weiß gestreiftem Schild, 13 Pfeilen und einem Olivenzweig.

Am 11. September 2001 wurde die Kirche Zeuge einer anderen Art von Geschichte, als der Schutt des in sich zusammensackenden Nordturms des World Trade Center darauf niederregnete und das Gebäude in helle Asche hüllte. Innerhalb weniger Stunden nach der Katastrophe verwandelte sich St. Paul's in ein Basislager der Rettungseinheiten. Feuerwehrmänner, Polizisten und Sanitäter aßen, schliefen und trauerten hier, während sie von vielen Freiwilligen unterstützt wurden: Die besten Köche der Stadt kochten, und Studenten der Julliard School of Music führten spontane Konzerte auf. Die Ausstellung *Out of the Dust: A Year of Ministry at Ground Zero* in der Kirche erinnert an diese Zeit des Schreckens.

Ground Zero *Tragische Baustelle* `1 C3`

2002 wählte die Lower Manhattan Development Corporation – in Zusammenarbeit mit Ladeninhabern, Politikern und den Familien der Opfer – einen Gestaltungsentwurf für Ground Zero, ehemals Sitz des World Trade Center, aus. Der Entwurf stammt von Daniel Libeskind, Architekt des berühmten Holocaust-Museums in Berlin. Er schlug vor, die Sockel der Zwillingstürme neun Meter unter Bürgersteigniveau zu erhalten, um damit einen Ort der Besinnung zu schaffen. Der beeindruckendste Teil seines Entwurfs ist jedoch ein Wolkenkratzer, der Freedom Tower, der mit seiner Höhe von 1776 Fuß (540 Meter) an das Datum der Unabhängigkeitserklärung der USA erinnert.

Der Entwurf Libeskinds wurde mehrfach umgearbeitet, da man möglichst viel Büroraum schaffen wollte. Bis zu seiner Umsetzung können Besucher die Baustelle von einer Fußgängerplattform aus besichtigen (Vesey Street & West Street). Die Gedenkstätte soll 2006 eröffnet werden, ein Museum soll folgen.

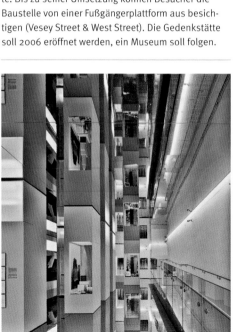

Skyscraper Museum *Hommage an Höhe* `1 D5`
39 Battery Place • 212 968 1961
≫ www.skyscraper.org
Mi–So 12–18 Uhr

Nachdem das Skyscraper Museum sieben Jahre lang von einer Bürolobby in die nächste wanderte, fand es 2004 endlich ein Zuhause. Es gehört zu den kreativsten Museen der Stadt und ehrt seine himmelhohen Objekte mittels Illusion und faszinierender Details. Frei stehende weiße Säulen spiegeln sich vertikal auf Edelstahlböden und verspiegelten Decken und erwecken so den Eindruck unendlicher Höhe. Dazwischen sind architektonische Fragmente der berühmtesten Wolkenkratzer Manhattans ausgestellt. Das Museum stellt einen Zusammenhang zwischen den Hochhäusern und ökonomischen Zyklen her, ein interessanter Kontrapunkt zur scheinbaren Aufdringlichkeit der Form. Es gibt auch Wechselausstellungen, und in Zukunft soll das Thema auch auf Gebäude außerhalb New Yorks ausgeweitet werden. **Eintritt**

Kunst & Architektur

Woolworth Building *Turm mit Türmchen* 1 D2

Das gotische Woolworth Building wird von einem grünen Turm bekrönt und hebt sich von den sonst in Lower Manhattan üblichen klaren Linien ab. Es wurde 1913 für den Kaufhaus-Magnaten Frank Woolworth errichtet und war mit seinen 55 Stockwerken bis in die 1930er Jahre hinein das höchste Gebäude in New York (dann kam das Chrysler Building). In der Lobby steht eine Statue Woolworths.

Broken Kilometer *Auch Distanz ist relativ* 3 D5
393 West Broadway • 212 989 5566 (Dia-Büros)
» **www.brokenkilometer.org** Öffnungszeiten auf der Website

In Walter De Marias Installation von 1979 liegen auf einem Hartholzboden in SoHo in fünf parallelen Reihen 500 Messingstäbe, die längs aneinander gelegt genau einen Kilometer ergäben. Ein subtiles Spiel mit der Perspektive, von Mathematikern geliebt, von Immobilienmaklern gehasst.

Earth Room *Tiefe, dunkle Erde* 3 D4
141 Wooster Street • 212 989 5566 (Dia-Büros)
» **www.earthroom.org** Öffnungszeiten auf der Website

Walter De Marias *Earth Room* (1977) wurde von der bahnbrechenden Dia Art Foundation in Auftrag gegeben. Der weiß getünchte Ausstellungsraum ist etwa 55 Zentimeter hoch mit feuchter, dunkler Erde gefüllt. Dieses Werk De Marias ist die einzige seiner drei Erdskulpturen, die noch immer existiert.

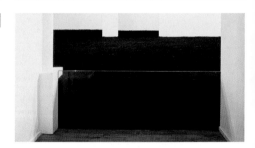

Galerien mit zeitgenössischer Kunst

In Manhattan liegen einige der angesagtesten Galerien zeitgenössischer Kunst. In SoHo, zwischen Wooster, Grand, Greene und Spring Street, befindet sich die größte Dichte an Galerien dieser Art. Bei **Deitch Projects** finden die begehrtesten Shows statt, von Ausstellungen Skateboard-inspirierter Gemälde bis zu Performances. Chelsea nimmt schon seit Jahren abtrünnige SoHo-Kunsthändler auf. **Pace Wildenstein** und **Mary Boone** haben außer in Chelsea auch in Midtown Niederlassungen, und das **Larry Gagosian**-Empire umfasst neben Beverly Hills und London auch angesehene Vernissagen in seiner riesigen Filiale in Chelsea. Darüber hinaus betreut auch die **Leo Koenig Gallery** in Chinatown junge, aufstrebende Künstler. Details zu den einzelnen Galerien → S. 225.

Lower East Side Tenement

`4 F5`

Museum *Zuhause der frühen Einwanderer*

90 & 97 Orchard Street • 212 431 0233

>> www.tenement.org

Nur Führungen: Sep–Juni Di–So, Juli & Aug Mo

Im Herzen des historischen Kleiderviertels in der Lower East Side bietet das Tenement Museum einen interessanten Einblick in Leben und Arbeit früher Einwanderer Ende des 19. und Anfang des 20. Jahrhunderts. Bei einer Führung kann man ein Gebäude von 1863 besichtigen, in dem im Lauf von 72 Jahren rund 7000 Immigranten aus 20 Ländern wohnten.

Die engagierten Führer begleiten einen durch die bescheidenen, beinahe unverändert erhaltenen Wohnungen und würzen die Biografien der früheren Bewohner mit faszinierenden Details über gesellschaftliche Organisationen, Geschäfte, Anblicke und Gerüche der Gegend. Es empfiehlt sich, einige Tage im Voraus zu buchen. Das Museum bietet auch historische Spaziergänge in der Lower East Side an. **Eintritt**

Merchant's House

`4 E3`

Museum *Opulenz aus dem 19. Jahrhundert*

29 East 4th Street • 212 777 1089

>> www.merchantshouse.com Do–Mo nachmittags

Zwischen den Punkrock-Bars der Bowery und den Markenläden des Broadway erhebt sich ein großartiges Gebäude von etwa 1832. Es ist eines der letzten Zeugnisse der wohlhabenden vorstädtischen Händlerklasse, die einst in Downtown Manhattan florierte. Die Familie Tredwell, die Eisenwaren importierte, lebte hier bis 1933 und zog im Gegensatz zur übrigen Elite Manhattans nicht an den Central Park.

1936 wurde das Merchant's House als Museum eröffnet und bietet einen unvergleichlichen Einblick in das Leben der Begüterten Mitte des 19. Jahrhunderts. Bei den Führungen (nur wochentags) kann man Interieurs mit ionischen Säulen, Stuckverzierungen und schwarz-goldene Kaminsimse aus Marmor bewundern. Im Garten hinter dem Haus stehen Bäume, immergrüne Pflanzen und alte Eisenmöbel. **Eintritt**

>> *Die 197 Kubikmeter Erde in Walter De Marias Earth Room (links) wiegen beeindruckende 127,3 Tonnen*

Jefferson Market 3 C2
Courthouse *Architektonisches Juwel*

Die West Villager lieben das märchenhafte, gotisch-venezianische Gerichtsgebäude, und sie retteten es vor der Abrissbirne, indem sie es in eine öffentliche Bibliothek verwandelten. Im ehemaligen Gerichtssaal befindet sich heute der Hauptleseraum, im Polizeigericht der Lesesaal für Kinder. Das Archiv im Keller war früher die Zelle für Gefangene.

Forbes Magazine Gallery *Viele Spiele* 3 D2
60 5th Avenue bei West 12th Street • 212 206 5549
Di, Mi, Fr & Sa 10–16 Uhr

Hier wird die Kunstsammlung des Verlagsmagnaten Malcolm Forbes ausgestellt. Seine Kollektion von Fabergé-Eiern wurde vor kurzem für 100 Millionen Dollar verkauft, doch die Besucher lernen angesichts seiner Spielzeug- und Spielesammlung die unzweifelhaft frivole Seite des Pragmatikers Forbes kennen.

Block Beautiful *Noble Behausungen* 4 E1

Die fantasievolle Ansammlung von Tudor-, spätbürgerlichen und Sandsteingebäuden gehört zu den malerischsten Wohnblocks in Manhattan. Jedes Haus zeichnet sich durch eigene Malereien, verschiedene Türsturzgestaltungen und meisterhafte schmiedeeiserne Tore aus. Im Frühjahr bezaubert die Ecke zusätzlich durch farbenfrohe Balkonpflanzen und das frische Grün der schlanken Bäume.

Museum des Fashion Institute of 5 D4
Technology *Trends von gestern & morgen*
7th Avenue bei 27th Street • 212 217 5970
»www.fitnyc.suny.edu Di–Fr 12–20, Sa 10–17 Uhr

Zeigen sich in Andy Warhols frühen Schuhentwürfen schon Anzeichen seines späteren Ruhms? Diese und andere Modezeichnungen können Sie im Museum des F.I.T. selbst erforschen. Es gibt auch Ausstellungen der Textil-, Illustrations- und Fotosammlungen.

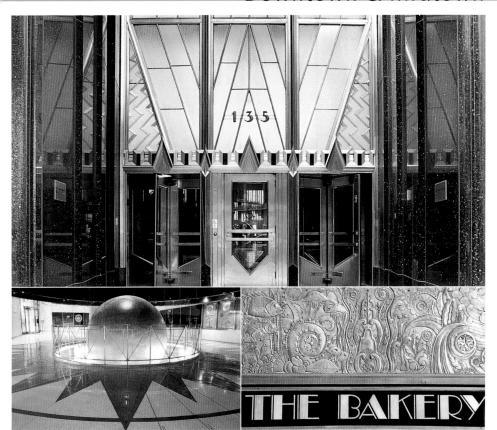

Midtown-Gebäude *Art déco pur* 6 F1–6 G2

Die Art-déco-Wolkenkratzer in Midtown – für viele *die* Wahrzeichen von New York – beschwören Bilder von Jazz-Orchestern in Smokings, schwarzen Limousinen und eleganten Passanten herauf. Neben den bekannten Sehenswürdigkeiten (natürlich das **Empire State Building** → S. 18) erheben sich gleichermaßen beeindruckende, weniger besuchte Hochhäuser. Die folgenden sind zwar der Öffentlichkeit nicht zugänglich, doch zumindest von außen sehenswert; meist kann man auch einen Blick ins reich verzierte Foyer werfen. Das **General Electric Building** (570 Lexington Ave.)

z. B. verfügt über eine silbergeschmückte Lobby. Die Fassade des **Chanin Building** ist ebenfalls reich verziert, am Eingang befinden sich kunstvolle Heizungsgitter mit Blattgold (122 E. 42nd St. bei Lexington Ave.). In der Lobby des **New York Daily News Building** finden Sie einen riesigen, rotierenden Globus und antiquierte Wettermessgeräte (220 E. 42nd St.). Und obwohl das **Chrysler Building** (405 Lexington Ave.) nicht gerade ein Geheimtipp ist, werden Sie staunen, wenn Sie die Lobby noch nie gesehen haben: Mosaiken, vielfarbiger afrikanischer Marmor und fantasievolle Spielereien im Perpetuum-mobile-Stil.

Tipps für behinderte Reisende → S. 232

Kunst & Architektur

International Center of Photography 5 D2

Riesiges Fotoarchiv

1133 Avenue of the Americas • 212 860 1777

>> www.icp.org Di–Do 10–17, Fr 10–20, Sa & So 10–18 Uhr

Das ICP, eines der weltweit größten Zentren für Fotografie, ist Schule, Archiv und Ausstellungsort in einem. Die Themen reichen von historisch – z. B. französische Avantgare der 1920er Jahre – bis topaktuell (Reportage aus dem Irak). **Eintritt**

Whitney Museum of American Art at Altria 6 F2

120 Park Avenue bei 42nd Street • 917 663 2453

>> www.whitney.org

Mo–Fr 11–18 Uhr; Skulpturengarten tägl.

Das helle und luftige Foyer der Altria Group, Inc., dient vielen zeitgenössischen Künstlern als Forum. Es gibt zwei Räume: eine intime, kleine Galerie und einen Skulpturenhof mit Glaswänden. Thematisch konzentrieren sich die Ausstellungen auf aufstrebende junge Künstler wie z. B. Mark Bradford, Louis Gispert und Dario Robleto.

Rose Museum at Carnegie Hall 7 D5

Musikalische Fundstücke

154 West 57th Street, 2. Stock • 212 903 9629

>> www.carnegiehall.org Tägl. 11–16:30 Uhr

Das Rose Museum gewährt Einblicke in die prestigeträchtige Carnegie Hall (→ S. 125); hier gibt es viele musikalische Raritäten zu sehen – u. a. alte Programme und Kostüme. Infos zu Führungen im Konzertsaal (Sep– Juni 11:30, 14 & 15 Uhr): 212 903 9765.

Wahrzeichen der Stadt

Seit King Kong im Film von 1933 das **Empire State Building** (→ S. 18) heimsuchte, steht die Aussicht vom 86. Stock ganz oben auf der Liste jedes New-York-Besuchers. Elf Blocks weiter südlich steht das **Flatiron Building**, New Yorks erster Wolkenkratzer (1902). In Midtown erwacht das **Grand Central Terminal** (Karte 6 F2) jeden Morgen zu hektischem Leben. Dort kann man Souvenirs und Lebensmittel auf dem Markt kaufen und die Sterne an der Decke des Eingangs zählen. Am nahe gelegenen **Times Square** wird in New York immer das neue Jahr eingeläutet. Die stattliche **Brooklyn Bridge** war eine der ersten Stahlseil-Hängebrücken der Welt – von hier hat man einen traumhaften Blick auf Manhattan und die **Freiheitsstatue** (→ S. 12).

Museum of Modern Art *Wieder daheim* `8 E5`
11 West 53rd Street • 212 708 9400
» www.moma.org Do, Sa–Mo 10–17, Fr 10–19:45 Uhr

Nachdem die größten Schätze des MoMA in der
ganzen Welt auf Wanderschaft waren (u. a. auch in
einem vorübergehenden Ausstellungsort in Queens),
sind sie nun in ihre komplett umgebaute, sechs-
stöckige Galerie in Manhattan zurückgekehrt. Sie
wurde im November 2004 nach dem ehrgeizigsten
Bauprojekt in der 75-jährigen Geschichte des renom-
mierten Museums wiedereröffnet.

Seit Yoshio Taniguchis Umgestaltung gibt es eine
doppelt so große Ausstellungsfläche und ein hüb-
sches neues Restaurant, und auch der beliebte Abby-
Aldrich-Rockefeller-Skulpturengarten ist jetzt wieder
zugänglich. Auch auf den neuen Wänden haben die
alten Bilder nichts von ihrer Faszination verloren.
Zu den Highlights gehören van Goghs *Die Sternen-
nacht*, Picassos *Les Demoiselles d'Avignon* und Dalís
Die Beständigkeit der Erinnerung. **Eintritt**

Whitney Museum `8 E2`
of American Art *Bestes Museum der USA*
945 Madison Avenue • 800 944 8639
» www.whitney.org Mi, Do, Sa & So 11–18, Fr 13–21 Uhr

Ebenso wie Frank Lloyd Wrights Gebäude für das
Guggenheim (→ S. 104) ist auch der von Marcel Breu-
er entworfene überhängende Bau des Whitney mehr
Weltanschauung als Museum. Das unverwechselbare,
modernistische Gebäude ist Mitte der 1960er Jahre
entstanden und spiegelt die stärksten Aspekte der
exklusiv amerikanischen Kunst, die es beherbergt,
wider. Es enthält Werke von Andy Warhol, Jackson
Pollock, Jasper Johns, David Smith und Alexander
Calder u. a. sowie eine ausgedehnte Sammlung mit
Gemälden von Georgia O'Keeffe und Edward Hopper.

Die Wechselausstellungen im Whitney sind ebenfalls exzellent, darunter Retrospektiven einzelner
Künstler (z. B. Philip Guston) und Themenschauen,
beispielsweise über Filme und Videos (z. B. Kurzfilme
von John Baldessari und Ed Ruscha). **Eintritt**

» *Die berühmte Biennale des Whitney (das nächste Mal 2006) zeigt neue und etablierte amerikanische Kunst* **101**

Kunst & Architektur

Frick Collection *Kunst in toller Lage*

1 East 70th Street (bei 5th Avenue) • 212 288 0700
>> www.frick.org Di–Sa 10–18 (Fr bis 21), So 13–18 Uhr

8 E2

Die Familie des Stahl-Tycoons Henry Clay Frick vermachte kurz nach dessen Tod 1919 die Villa an der Fifth Avenue der Stadt. Zum Erbe gehörte eine der spektakulärsten Kunstsammlungen des Landes, die mehr als fünf Jahrhunderte – von der Renaissance bis zum späten 19. Jahrhundert – umfasst.

Frick platzierte die schönsten Stücke mit großer Sorgfalt in ausgewählten Räumen und Sälen, was die Verwalter der Sammlung noch immer respektieren: Manchmal werden ganze Stockwerke um die einzelnen Kunstwerke herum eingerichtet. Die Whistler-Porträts im Oval Room z. B. dienen lediglich als Hintergrund für das Hauptkunstwerk, Houdons lebensgroße Skulptur der Jagdgöttin Diana. Im geräumigen Westflügel geht's etwas gleichberechtigter zu: Hier teilen sich die alten Meister Rembrandt, Velázquez, Van Dyck und Goya brüderlich den Platz an der Wand. Im Herzen des Anwesens liegt die gemütliche, eichengetäfelte Living Hall; dort hängen Werke von Tizian, El Greco und Bellini. Zu sehen sind auch Jan van Eycks *Maria mit Kind, Heiligen und Stifter*, El Grecos *Vertreibung der Tempelhändler* und Holbeins Porträt von *Sir Thomas More*.

Dennoch ist es das Haus selbst, das den Besuch unvergesslich macht: Möbel von Louis XVI bis englischer Schlichtheit des 19. Jahrhunderts, bepflanzte Innenhöfe, ein bezaubernder Garten mit Magnolien und Blick auf den Central Park – all das macht das wahre »Frick-Erlebnis« aus. **Eintritt**

Metropolitan Museum of Art *Kulturgigant* — 8 E1
1000 5th Ave • 212 535 7710
>> www.metmuseum.org
Di–Do, So 9:30–17:30, Fr & Sa 9:30–21 Uhr

Die zwei Millionen Objekte des Met bilden eine der größten Sammlungen der Welt. Zu den unzähligen Galerien des beeindruckenden Beaux-Arts-Baus gehören ägyptische Artefakte, islamische Kunst und europäische Gemälde, u. a. von Botticelli, Leonardo da Vinci, Rembrandt, Cézanne und Monet.

Wenn einen die schiere Größe des Museums abschreckt, sollte man einen der »Gallery Talks« ins Auge fassen. Sie werden von Kunsthistorikern gehalten und bieten die Möglichkeit, mehr über ein bestimmtes Kunstwerk zu erfahren (Termine auf der Website des Met). Sehenswert sind auch die zahlreichen Wechselausstellungen, von antiker chinesischer Kunst über Fotografien von Diane Arbus bis zu einer Max-Ernst-Retrospektive 2005. **Eintritt**

Museum of Television and Radio *Klassiker auf Magnetband* — 8 E5
25 West 52nd Street • 212 621 6000/6800
>> www.mtr.org Di & Mi, Fr–So 12–18, Do 12–20 Uhr

Sie möchten eine alte *Muppets*-Folge noch einmal sehen? Das Museum of Television and Radio erfüllt genau solche Wünsche; dort gibt es alte Fernseh- und Radioaufzeichnungen, von Nachrichten bis hin zu Comedy-Shows, und ein riesiges Archiv. **Eintritt**

Asia Society *Asiatische Kunst* — 8 F2
725 Park Avenue bei 70th Street • 212 288 6400
>> www.asiasociety.org Di–So 11–18 Uhr (Fr bis 21 Uhr)

In diesem hellen, modernen Gebäude ist die ausgezeichnete Sammlung asiatischer Kunst des amerikanischen Philanthropen John D. Rockefeller III untergebracht. Zu sehen sind u. a. japanische Paravents und buddhistische Gottheiten aus Bronze. Auch Ausstellungen zeitgenössischer asiatischer Künstler, Konzerte und fernöstliche Dance-Performances werden organisiert. **Eintritt**

Guggenheim Museum

10 E4

1071 5th Avenue (bei 89th Street) • 212 423 3500
>> www.guggenheim.org
Sa–Mi 10–17:45, Fr 10–20 Uhr

Guggenheim-Museen gibt es mittlerweile auch in Las Vegas, Venedig, Berlin und Bilbao, und damit ist der Name im kulturellen Bewusstsein der Welt verankert. Doch bevor es der Kunstriese wurde, der es heute ist, war »Guggenheim« einfach der Nachname von Solomon, einem privaten Sammler, der seine abstrakte Kunst der Öffentlichkeit zugänglich machen wollte.

Guggenheim und seine Beraterin, die Malerin und Kuratorin Hilla Rebay, fanden, dass die Sammlung eine neue Art von Ausstellungsraum benötigte – einen, der zum ikonoklastischen Vorreitercharakter der Gemälde passte. Heraus kam eines der unverwechselbarsten Gebäude der Welt. Es wurde von dem amerikanischen modernistischen Architekten Frank Lloyd Wright entworfen und widersprach allen gängigen Vorstellungen von Geradlinigkeit. Hier lief man nicht durch traditionelle Räume und Flügel, in denen man immer das gleiche Kunsterlebnis hat, sondern fuhr mit dem Aufzug bis ans obere Ende eines spiralförmigen Turms, der Great Rotunda, und stieg über eine sanft abfallende Rampe am äußeren Rand der Spirale wieder hinab. An den Wänden des Turms hingen Arbeiten von Wassily Kandinsky, Piet Mondrian und Joan Miró.

Dieser spezifische Entwurf des Gebäudes wird allerdings heute nicht mehr so aufrechterhalten. Ungefähr sechs Jahre nach Fertigstellung des Baus 1959 wurde die einst strikt abstrakte Sammlung durch gegenständliche Werke von Cézanne, Degas, Renoir, van Gogh und Picasso ergänzt und bereichert. Das Gebäude wurde erweitert, und heute wird die Great Rotunda nur noch für Wechselausstellungen genutzt, die ständige Sammlung ist in einem angrenzenden Turm untergebracht. In der Small Rotunda kann man die »Greatest Hits« der Impressionisten und Post-Impressionisten sehen. Die Wechselausstellungen sind in der Regel eher der Moderne gewidmet, einige ganz direkt (wie die Werke Daniel Burens), andere eher verdeckt (wie die Kunst der Azteken, die einige avantgardistische Maler des frühen 20. Jahrhunderts beeinflusste). **Eintritt**

Japan Gallery *Wunderschöne Holzdrucke* `10 F5`

1210 Lexington Avenue (bei East 82nd Street) • 212 288 2241
>> www.japangalleryprints.com
Di–Fr 11–18 Uhr, Sa nach Vereinbarung

Zweige biegen sich unter der Last frisch gefallenen Schnees, und Heilige kämpfen mit mythologischen Untieren – die japanische Holzdrucktradition beflügelt die Fantasie. In der Galerie kann man einige der schönsten Stücke dieser Kunstrichtung kaufen.

The Jewish Museum *Judaika* `10 E4`

1109 5th Avenue (bei 92nd Street) • 212 423 3200
>> www.thejewishmuseum.org
So–Mi 11–17:45, Do 11–21, Fr 11–17 Uhr

Das Jewish Museum bietet einen einzigartigen Überblick über Kunst und Kultur des Judentums. Auf den vier Stockwerken des französisch-gotischen Gebäudes sind zeremonielle Kunstgegenstände, Fotografien, Gemälde, Textilien, Skulpturen und Video-Kunst ausgestellt. Jedes Stück der ständigen Sammlung – sei es ein Selbstporträt Max Beckmanns, eine 3000 Jahre alte Keramikvase oder ein Quilt aus dem 19. Jahrhundert – regt zum Nachdenken über die jüdische Identität an.

Im Erdgeschoss finden populäre Wechselausstellungen wie z. B. *Kafka's Prague* und *Entertaining America: Jews, Media, and Broadcasting* sowie Retrospektiven einzelner jüdischer Künstler wie Marc Chagall und Chaim Soutine statt. Im Café im Untergeschoss gibt's koschere Köstlichkeiten.

Cooper-Hewitt National Design Museum *Design-Klassiker* `10 E4`

2 East 91st Street • 212 849 8400
>> www.ndm.si.edu
Di–Sa 10–17, Fr 10–21, Sa 10–18, So 12–18 Uhr

Das Cooper-Hewitt, eine Hommage ans Design, ist in der imposanten Andrew-Carnegie-Villa untergebracht. Die Exponate reichen von einer Skizze von Michelangelo bis zu heiß begehrten Eames-Stühlen. **Eintritt**

>> *Ein weiteres Highlight des Cooper-Hewitt: Zugang zu einer der größten Gartenterrassen in ganz New York*

The Cloisters *Tor ins Mittelalter*

Fort Tryon Park • 212 923 3700 • Bus M4; U-Bahn A bis 190th St.
>> www.metmuseum.org
Di–So 9:30–17:15 Uhr (Nov–Feb bis 16:45 Uhr)

Eines der schönsten Anwesen New Yorks passt irgendwie ebenso schlecht in die Umgebung von Manhattan wie ein Fan der Boston Red Sox ins Yankee-Stadion. Die zum Metropolitan Museum of Art gehörenden Cloisters sind eine neomittelalterliche Ansammlung von Buntglasfenstern, sorgfältig gestalteten Gärten, riesigen Sälen und feierlichen Kapellen am nördlichen Rand von Manhattan.

Der Bau des Gebäudekomplexes kam 1938 durch die Bemühungen des Philanthropen John D. Rockefeller Jr. zustande. Es sollte eine harmonische Umgebung für die exzellente Sammlung mittelalterlicher europäischer Kunst und Architektur des Met geschaffen werden. Und in der Tat passen Meisterwerke wie die *Verkündigung* von Robert Campin (1425) genau hierher. Beim Bau wurden Teile mittelalterlicher Gebäude wie z.B. die 900 Jahre alte Apsis einer spanischen Kirche verwendet. An anderer Stelle ist auf einer Serie holländischer Gobelins aus dem 16. Jahrhundert eine Einhornjagd verewigt, und auch zahlreiche liturgische Objekte aus ganz Europa sind über den gesamten Komplex verteilt. Die Illusion eines mittelalterlichen Europas ist so perfekt, dass die Besucher automatisch eine zeitliche als auch räumliche Distanz zum New York da draußen verspüren. Es kann schon irritierend sein, die zerklüfteten Felsen von New Jersey durch einen Torbogen aus dem 12. Jahrhundert zu sehen.

Zu weltlicheren Dingen: Im Sommer kann man den Hunger in dem Café im Bonnefort Cloister stillen, doch anspruchsvollere Genießer essen im nahe gelegenen New Leaf Café (→ S. 51) zu Mittag (preiswerte Bistro-Kost wie z.B. saftige Filetburger). **Eintritt**

El Museo del Barrio *Latino-Kunst* `10 E2`
1230 5th Avenue bei 104th Street • 212 831 7272
>> www.elmuseo.org Mi–So 11–17 Uhr (Do bis 20 Uhr)

Das Museum wurde 1969 von Künstlern und Aktivisten aus Spanish Harlem als Antwort auf die mangelnden Ausstellungsflächen für puerto-ricanische Kunst gegründet. Mittlerweile umfasst die Sammlung auch Werke aus der Karibik und aus Lateinamerika.

Die permanente Sammlung erstreckt sich über 2000 Jahre Kunstproduktion, von präkolumbischen Artefakten bis zu Drucken, Gemälden, Installationen, Filmen und Videos jüngster lateinamerikanischer Künstler. Zu den über 8000 Objekten gehören hölzerne *Santos* (bunte, oft witzige Darstellungen katholischer Heiliger mit afrokaribischen Motiven), faszinierende schriftliche Zeugnisse der frühen Einwanderer in New York und Filme über das Leben in Spanish Harlem von den 1970er Jahren bis heute. Im angrenzenden Teatro Heckscher finden karibische Konzerte, Filmvorführungen und Lesungen statt. **Eintritt**

Studio Museum in Harlem `11 D3`
144 West 125th Street • 212 864 4500
>> www.studiomuseuminharlem.org
Mi–So 12–18 Uhr (Sa ab 10 Uhr)

Das SMH ist eine Galerie zeitgenössischer Kunst und hat sich auf afroamerikanische Kultur spezialisiert. Neben der großen ständigen Sammlung gibt es auch häufig Wechselausstellungen (vor kurzem z. B. eine Ausstellung junger Fotografen aus Harlem).

Prospect Park West *Tolle Kulisse* `13 C5`
Zwischen Union und 15th Street
>> www.prospectpark.org

Die hübsche Reihe von Sandstein-, Stein- und Kalksteingebäuden aus dem 19. Jahrhundert grenzt an den Prospect Park. Sie beginnt am Memorial Arch der Grand Army Plaza, weiter südlich folgen die beeindruckende Bronzestatue des Marquis de LaFayette (9th Street) sowie die Concert Shell im Park.

>> *Der Prospect Park wurde von Olmsted & Vaux entworfen, ebenso wie der Central Park*

Brooklyn
Museum of Art *Fundgrube von Weltklasse*
200 Eastern Parkway • 718 638 5000
»» www.brooklynmuseum.org
Mi–Fr 10–17, Sa & So 11–18 Uhr (1. Sa im Monat bis 23 Uhr)

Das Beaux-Arts-Gebäude des BMA stammt von 1893; seine Sammlung ist so vielfältig und umwerfend wie die des Metropolitan Museum of Art auf der anderen Seite des Flusses. Auf fünf Stockwerken findet man ägyptische Sarkophage und Mumien, Statuen, Masken und Schmuck aus Zentralafrika, Hiroshiges Holzdruck *One Hundred Famous Views of Edo* sowie eine riesige Gemälde- und Skulpturensammlung aus Europa und Amerika, mit Werken von Rodin, Degas, Pissaro, Matisse, Louise Bourgeois und Mark Rothko. Auch die fotografische Abteilung ist beeindruckend, besonders die Arbeiten von Edward Weston und Paul Strand. Im fünften Stock nähert man sich unter dem Motto *American Identities* dem Thema des »American Dream« mit Exponaten wie Totems der Ureinwohner Amerikas und Georgia O'Keeffes 1948 entstandener Meditation *Brooklyn Bridge*.

Am ersten Samstag im Monat muss man nach 17 Uhr keinen Eintritt mehr zahlen und es finden begehrte Veranstaltungen wie kostenlose Konzerte und Dance Performances statt. **Eintritt**

Galerien in Williamsburg

Gegen Ende der 1980er Jahre verließen frustrierte, aber unerschrockene Künstler ihre zu teuer gewordenen Lofts und Ateliers in Manhattan und ließen sich in dem bis dahin überwiegend polnisch und jüdisch geprägten Arbeiterviertel Williamsburg nieder. Dort wandelten sie leer stehende Gewerbelagerhäuser in Ateliers um. Seit dieser Zeit beeinflussen Williamsburgs Künstlergemeinde den Stil und Kunstgeschmack der ganzen Welt – von Mode über Malerei bis zu Musik. Das spektakuläre, um 1867 erbaute **Williamsburg Art & Historical Center** (135 Broadway bei Bedford Ave.) unterstützt die visuelle Kunstszene der Umgebung mit Ausstellungen und Performances von Künstlern aus der Gegend. Die Künstler des Studios **Pierogi 2000** (177 North 9th St.) stellen ihre Werke zwar in der ganzen Welt aus, doch Besucher können hier immer mindestens eine Ausstellung sehen. Die gemeinnützige, seit 1992 existierende **Momenta Art** (72 Berry St.) bietet zwei Künstlern pro Aufführungszyklus die Möglichkeit, ihre Werke auch außerhalb einer Gruppe zu zeigen. Die **Eyewash** Galerie schließlich geht in ganz Williamsburg auf Wanderschaft. Infos zu den Events unter **www.freewilliamsburg.com**. Details zu den einzelnen Galerien → *S. 225*.

Brooklyn Historical
13 B4
Society *Lokalkultur in historischer Lage*
128 Pierrepont Street • 718 222 4111
>> www.brooklynhistory.org
Mi–Sa 10–17 (Fr bis 20), So 12–17 Uhr

In dieser herrlichen Villa aus den 1880er Jahren sind Tausende von Objekten untergebracht, die auch nur im Entferntesten etwas mit Brooklyn zu tun haben. Es gibt auch Führungen und Konzerte. **Eintritt**

Williamsburg Savings
13 C4
Bank Building *Opulentes Interieur*
1 Hanson Place, Ecke Flatbush & Atlantic Avenue

Nachts kann man das höchste Gebäude von Brooklyn (156 m) an dem neonroten Zifferblatt der Turmuhr erkennen. Doch das echte Highlight befindet sich im neo-romanischen Inneren des Gebäudes: imposante Kronleuchter aus Eisen, Decken voller Mosaiken, Böden mit kunstvollen Fliesen und elegante Bogen.

P.S.1 *Innovative zeitgenössische Kunst*
22–25 Jackson Ave. • 718 784 2084 • Ⓜ E od. V bis 23 St./Ely Ave.
>> www.ps1.org Do–Mo 12–18 Uhr

Fans moderner Kunst mit einem Hang zum Abenteuerlichen und dem Wunsch, über den Tellerrand von SoHo und Chelsea hinauszugucken, müssen nur nach Long Island City gehen; hier finden sie eine der weltweit besten Institutionen zeitgenössischer Kunst. Das P.S.1 liegt in einem High-School-Gebäude aus dem späten 19. Jahrhundert und stellt Multimedia-, Gemälde-, Fotografie- und Skulpturenausstellungen auf die Beine, die mit althergebrachten ästhetischen Konventionen brechen. Zu den präsentierten Künstlern gehörten bislang Keith Haring, der Schauspieler, Regisseur und Maler Dennis Hopper sowie der verstorbene spanische Bildhauer Juan Muñoz. 1997 kam ein von Frederick Fisher entworfener Innenhof dazu, wo im Sommer thematisch gebundene Installationen für das »Warm Up« (Samstagnachmittagpartys mit berühmten DJs) ausgestellt werden. **Eintritt**

Performance

Die großen Broadway-Shows sind Kassenschlager. Am besten erfährt man die überbordende Kreativität der Stadt jedoch in den zahllosen Kunst-Mekkas, die sich Musik, Film, Theater und Literatur verschrieben haben. *Music Under New York* ist eine ganzjährige Talentshow – Künstler spielen in der U-Bahn und auf den Straßen. Im Sommer werden die Parks zu Freilichtbühnen mit erstklassigen Aufführungen.

KLASSIK	TANZ & PERFORMANCE	AVANTGARDE
Barge Music Fulton Ferry Landing, Brooklyn Ein magischer Ort für Kammermusik direkt auf dem East River und mit Blick auf die Skyline von Manhattan. (→ S. 130)		>> *Auf www.entertainment-link.com kann man Konzertkarten online kaufen und checken, wie viele Karten für einen bestimmten Event noch erhältlich sind.*
Carnegie Hall 881 7th Avenue Seit über einem Jahrhundert treten in den drei Sälen der Carnegie Hall die größten Klassik-Interpreten ihrer Zeit auf. (→ S. 125)	**Brooklyn Academy of Music** 30 Lafayette Avenue, Brooklyn Erstklassige Tanz- und Theaterstücke werden hier oft uraufgeführt, vor allem während des renommierten Next Wave-Festivals. (→ S. 129)	**The Kitchen** 512 West 19th Street Experimentelle Performances und konzentrierte Lesungen – diese Mischung macht's im kulturellen Zentrum von Chelsea. (→ S. 120)
New Jersey Performing Arts Center One Center Street, Newark In dem Kulturzentrum gastieren neben dem NJ Symphony Orchestra internationale Stars. (→ S. 131)	**The Joyce Theater** 175 8th Avenue In dem ehemaligen Kino wird heute vor allem getanzt. Das ganze Jahr über zeigen in- und ausländische Truppen ihre Kunst. (→ S. 120)	**Bowery Poetry Club** 308 Bowery Die engagierten Lesungen im Bowery fordern das Publikum heraus – der Mainstream bekommt hier selten eine Chance. (→ S. 118)
Alice Tully Hall, Lincoln Center Broadway & Amsterdam, 62nd–66th St. Die Konzerthalle glänzt regelmäßig mit spektakulären Aufführungen von großartigen Chor-, Kammer- und Orchesterwerken. (→ S. 126)	**The Public Theater** 425 Lafayette Street Fünf Bühnen und das Festival Shakespeare in the Park locken Theater-Enthusiasten an. (→ S. 119) 	**P.S.122** 150 1st Avenue Die zwei Theater im nicht-kommerziellen Kunstzentrum von East Village bieten zum Teil sehr gewagte Produktionen. (→ S. 120)

LIVE-GIGS	JAZZ & BLUES	COMEDY
Tonic 107 Norfolk Street Das höchst abwechslungsreiche und innovative Musikangebot macht diesen Szene-Club so herausragend. *(→ S. 117)*	**Village Vanguard** 178 7th Avenue Der legendäre Jazz-Club ist eine Institution mit fantastischer Akustik und großartigen Künstlern. *(→ S. 116)*	**The Comic Strip** 1568 2nd Avenue Seit langem ist im Comic Strip die Stand-up-Comedy zu Hause. Zu sehen sind Stars der Branche und der Nachwuchs. *(→ S. 125)*

≫ Informative Listen zu nahezu jeder Musikrichtung, von Country bis Hip-Hop, finden Sie unter *www.citidex.com*. Hier erfahren Sie auch Näheres zu Comedy-Theatern.

Mercury Lounge 217 East Houston Street Von der guten Bar im Vorderraum gelangt man durch einen tiefroten Vorhang in einen kleinen Club mit Live-Musik. *(→ S. 116)*		
Cornelia Street Café 29 Cornelia Street Das Musikangebot dieses kleinen Clubs reicht von Jazz über A-cappella-Gesang bis hin zu mitreißenden Samba-Rhythmen. *(→ S. 115)*	**Lenox Lounge** 288 Lenox Avenue Der berühmte Club ist Harlem pur. Stammgäste aus der Nachbarschaft sitzen neben Jazz-Liebhabern aus der ganzen Welt. *(→ S. 129)*	**Upright Citizen's Brigade** 307 West 26th Street In lockerem Ambiente ist mit spontanen Einlagen und einstudierten Sketchen zu rechnen. *(→ S. 121)*
Knitting Factory 74 Leonard Street Der Club ist nicht mehr ganz so trendy, bietet aber noch immer erstklassige Musik. Der Luftgitarren-Wettbewerb ist großartig. *(→ S. 114)*	**55 Bar** 55 Christopher Street Umgeben von Fotos einstiger Stars kommt man heutigen Jazz- und Blues-Größen bei einem Drink ganz nah. *(→ S. 116)*	

≫ Die Website *www.nytheatre.com* bietet eine umfangreiche Programm-übersicht.

Smoke
2751 Broadway
Zur montäglichen Jam Session in diesem kleinen Club kommen viele erstklassige Musiker und Jazz-Freunde. *(→ S. 127)*

Knitting Factory *Musik-Experimente* `1 D1`

74 Leonard Street • 212 219 3132
»»www.knittingfactory.com Tägl. 17–4 Uhr

Ein wenig geht es hier zu wie auf dem Jahrmarkt –
man weiß gar nicht, wohin zuerst ... Neben den drei
Bühnen – Main Space, Tap Bar und Old Office – gibt
es auch eine große Bar, in der oft zu später Stunde
spontane Jazz-Sessions steigen. Die Medienagentur,
der die Factory und auch das Musiklabel Knitting
Factory Record gehören, bezeichnet sich als »spar-
tenübergreifender Veranstalter der etablierten Avant-
garde«. Das Musikangebot reicht von Rock über Klez-
mer bis zu Jazz, mitunter bekommt man auch einen
Frauenchor aus Osteuropa zu hören. Im Old Office,
der kleinsten der drei Bühnen, finden Lesungen und
regelmäßig auch Konzerte statt. Während des JVC Jazz
Festival in Juni geben sich hier Jazzgrößen die Klinke
in die Hand. Karten für alle Veranstaltungen lassen
sich bequem über die Website der Knitting Factory
bestellen.

Film Forum *Independents & Filmklassiker* `3 C4`

209 West Houston Street • 212 727 8110
»»www.filmforum.com Vorverkauf tägl. 12:30–24 Uhr

Für Cineasten ist das Lichtspielhaus mit den drei Lein-
wänden und erstklassigem Dolby-Digital-Sound ein
Muss. Das Filmangebot reicht von Klassikern wie einer
Orson-Welles-Reihe bis zu jüngsten Independent-
Produktionen. Autorengespräche finden regelmäßig
statt. Film-spezifische Souvenirs gibt's im Shop.

S.O.B.'s *Lateinamerikanische Rhythmen* `3 C4`

204 Varick Street • 212 243 4940
»»www.sobs.com Mo–Sa 18:30–4 Uhr

Feiern und tanzen Sie zu den »Sounds of Brazil«
(S.O.B.) – einem Mix aus Latin, Salsa, Hip-Hop, Reg-
gae, karibischen und afrikanischen Rhythmen. Jeden
Abend treten erstklassige Musiker aus der ganzen
Welt auf. Montag und Freitag wird hier zwischen
18 und 20 Uhr kostenloser Tanzunterricht erteilt.

Blue Note *Legendärer Jazz-Club* `3 C3`
131 West 3rd Street • 212 475 8592
» www.bluenotejazz.com
Tägl. ab 18 Uhr, Fr & Sa bis 4 Uhr

Aus dem Originalclub in Greenwich Village hat sich eine Marke mit Ablegern in Japan, Korea und Europa entwickelt. Das Konzept ist einfach: in bester Lage ein erstklassiges Musikprogramm (nicht nur Jazz) in ansprechendem Ambiente, begleitet von einem Abendessen. Dizzy Gillespie, Ray Charles und Sarah Vaughan fegten hier schon über die Bühne, Oscar Peterson, George Benson und Tony Bennett erwarben sich im Blue Note erste Lorbeeren.

Wem das alles zu hochtrabend und zu wenig authentisch für die Welt der improvisierten Musik klingt, der kann freitags und samstags die nächtlichen Jam Sessions für schlappe fünf Dollar besuchen, wenn New Yorks unbekannte Musiker diesem Mangel abhelfen. Das Blue Note bietet sonntags einen Jazz-Brunch und samstagnachmittags Jazz-Unterricht.

The Comedy Cellar *Comedy-Arena* `3 C3`
117 MacDougal Street • 212 254 3480
» www.comedycellar.com Tägl. Abendvorstellungen

Seit über 20 Jahren treten hier berühmte wie unbekannte Comedians auf. Man sitzt umgeben von Ziegelwänden an kleinen Tischen. Je nach Programm zahlt man 10 bis 15 Dollar Eintritt, über die Website des Theaters gibt es Ermäßigungen. Störungen durch das Publikum werden nicht geduldet.

Cornelia Street Cafe *Show-Mix* `3 C3`
29 Cornelia Street • 212 989 9319
» www.corneliastreetcafe.com Tägl. Abendvorstellungen

Auf der winzigen Bühne des kleinen Theaters unterhalb eines Restaurants standen bereits Inuit-Dichter und Suzanne Vega. Lesungen, Einakter, Kabarett, Gesang, Live-Musik mit Samba und Jazz – alles ist hier möglich. Zugleich zeigen wechselnde Künstler ihre Werke, die oft auch zu kaufen sind.

Performance

Duplex *Kitsch & Kabarett* 3 B3
61 Christopher Street • 212 255 5438
Täglich 16–4 Uhr

Alles ist möglich in diesem zweistöckigen Club. In der Pianobar unten trinkt man Cocktails zu Klaviermusik, darüber liegt ein kleiner Theaterraum mit Billardtisch. Das Monatsprogramm ist mit Comedy und Kabarett voll gepackt, dazwischen gibt es Abende mit offener Bühne für Gesangstalente jeder Couleur.

55 Bar *Jazz, Funk & Blues* 3 B3
55 Christopher Street • 212 929 9883
>> www.55bar.com Tägl. 13–4 Uhr

Nur ein paar Stufen abwärts, und Sie atmen die unverfälschte Atmosphäre dieser seit 1919 bestehenden Institution von West Village. Schwarzweiß-Fotos von Miles Davis und John Coltrane zieren die Wände, zwischen denen die packende Live-Musik in gehöriger Lautstärke dröhnt.

Village Vanguard *Jazz vom Feinsten* 3 B2
178 7th Avenue • 212 255 4037
>> www.villagevanguard.com Tägl. ab 20 Uhr

Das Village Vanguard ist einer der weltweit berühmtesten Jazz-Clubs. Seit 1935 geben sich hier die größten Sänger und Musiker die Ehre. Die Musik wird hier äußerst ernst genommen, weshalb es zwischen den Sets sehr ruhig bleibt. Gespielt wird vor allem New-Modern-Jazz, Bebop, Fusion und Funk.

Mercury Lounge *Bühne frei für die Stars* 4 F4
217 East Houston Street • 212 260 4700
>> www.mercuryloungenyc.com Tägl. 18–4 Uhr

In der Mercury Lounge treten sowohl bekannte Musiker als auch Nachwuchskünstler auf. Den schmalen, lang gestreckten Raum beherrscht eine schöne Bar mit Kerzenlicht. Hinter einem tiefroten Vorhang liegt die Bühne, auf der schon Lou Reed, Jeff Buckley und Tony Bennett spielten. Die Sound-Anlage ist exzellent.

Bowery Ballroom *Stilvoller Musik-Club* `4 F5`
6 Delancey Street • 212 533 2111 • Vorverkauf 866 468 7619
>> www.boweryballroom.com

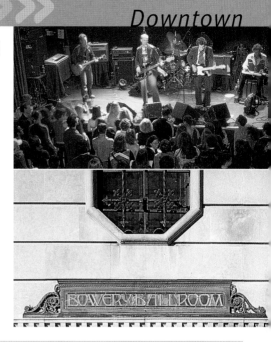

Dieser prächtige Tanzsaal aus dem Jahr 1929 ist der ideale Ort, um bei einem gepflegten Drink einer Band zuzuhören. Unter Beibehaltung der originalen Architekturdetails erhielt der Club eine moderne Sound-Anlage und neue Einrichtung. An der Bar im Zwischengeschoss blickt man durch riesige Fenster auf die Stadt. Die Bühne ist sowohl von hier als auch vom holzgetäfelten Ballsaal einsehbar. In der Lounge im Untergeschoss kann man sich abseits der Musik gut unterhalten. David Byrne, Beth Orton, Patti Smith, die John Spencer Blues Explosion und DJ Shadow sind hier bereits aufgetreten. Die Konzertkarten sind meist schnell vergriffen, Sie sollten sich deshalb frühzeitig telefonisch oder direkt beim Vorverkaufsbüro Karten sichern – Letzteres liegt bei der Mercury Lounge (→ *links*) und ist von Montag bis Samstag zwischen 12 und 19 Uhr geöffnet.

Tonic *Musik-Avantgarde* `4 G4`
107 Norfolk Street • 212 358 7501
>> www.tonic107.com Tägl. ab 19:30 Uhr

Von Jazz-Funk bis zu den Klängen industrieller Gerätschaften, vom Surren elektronischer Sounds bis zum simplen Piepen eines Organizers – die Bandbreite der Klänge und Instrumente im Tonic ist riesig. Der Konzertraum ist recht karg eingerichtet. Unten im Subtronic basteln DJs an elektronischen Klängen.

Arlene's Grocery *Mehrere Bands zugleich* `4 F4`
95 Stanton Street • 212 358 1633
>> www.arlene-grocery.com Tägl. ab 20 Uhr

Hier war tatsächlich einmal ein Lebensmittelladen untergebracht – daher die bunte, einladende Straßenfront. Wenn mehr als vier Bands an einem Abend auftreten, wird es etwas chaotisch. Gespielt wird Grunge, Independent, Pop und Metal. Montags steigt eine Karaoke-Nacht mit gegrölten Punk-Songs.

Performance

Bowery Poetry Club *Literaturcafé* `4 E4`
308 Bowery • 212 614 0505
>> www.bowerypoetry.com Tägl. 11–24 Uhr

Selbst weniger intellektuelle Besucher mit einer gewissen Schwellenangst fühlen sich in dem einladenden Café schnell wohl. Auch für Kinder werden fesselnde Lesungen angeboten.

Durch Glastüren gelangt man in das Café mit dem alten Dielenboden und den bunt zusammengewürfelten Tischen. Im Angebot sind Bio-Gebäck, Espresso, Fruchtsäfte und alkoholische Getränke. Hinten öffnet sich das Café auf einen großzügigen Veranstaltungsbereich, in dem bis zu 200 Besucher Platz finden; ein zweiter Raum ist für kleinere Lesungen geeignet. Die reizende, unkonventionelle Atmosphäre unterstreichen Bilder hiesiger Künstler an den Wänden, überall werben Flyer und Broschüren für Veranstaltungen. Zu Lesungen werden neben bekannten Dichtern und Schriftstellern auch junge Talente eingeladen. Der Sonntagsbrunch eignet sich bestens für einen Besuch.

CBGB *Idole der Rockgeschichte* `4 E4`
315 Bowery • 212 982 4052
>> www.cbgb.com Tägl. 18:30–3 Uhr

So gut wie alle Größen des Punk und des New Wave haben diesem Club Einiges zu verdanken. Hier feierten schon die Ramones, Blondie, Police und die Talking Heads Triumphe. Heute ist die Bar ein wenig sauberer, die Musik orientiert sich an Neo-Punk und Metal, aber Bühne und Sound-Anlage sind unverändert.

Landmark's Sunshine *Lichtspielhaus* `4 F4`
143 East Houston Street • 212 330 8182
>> www.landmarktheatres.com

Das einstige jiddische Varieté wurde umfassend renoviert und als Kino mit fünf Sälen, alle mit Dolby-Sound und bequemer Bestuhlung, wieder eröffnet. Gezeigt werden vor allem ausländische und Independent-Filme. Als Stärkung stehen Espresso und frische Snacks bereit. Infos zu Spätvorstellungen → S. 19.

Aktuelle Musikprogramme unter >> www.enewyork.dk.com

The Public Theater   *Engagiertes Theater*   `4 E3`
425 Lafayette Street • 212 539 8650;
212 539 8750 (kostenlose Karten für Shakespeare in the Park)
» www.publictheater.org
Kartenvorverkauf Di–Sa 13 –19:30, So & Mo 13–18 Uhr

Mit seinen fünf Theatern, einer Probebühne und der
jüngsten Erweiterung, Joe's Pub, einem Veranstal-
tungsraum mit Bar, ist das Public Theater eine Institution für innovative Schauspielkunst. Hier wurde 1967
das Musical *Hair* uraufgeführt. Die einstige Astor Library bildet heute das Haupthaus. Vom großen Entree
gelangt man zu den Theatersälen und zu einer kleinen
Weinbar. Joe's Pub zeigt experimentelles Theater und
Soloprogramme von Schauspielern und Musikern.

Die hauseigene Theatertruppe ist federführend bei
der sommerlichen Veranstaltungsreihe Shakespeare
in the Park, die von Juni bis August im Delacorte
Theater im Central Park gezeigt wird. Karten hierfür
erhalten Sie bei der Vorverkaufsstelle des Public
Theater oder am Aufführungstag direkt im Park.

Nuyorican Poets Cafe   *Musik und Lyrik*   `4 G3`
236 East 3rd Street • 212 505 8183
» www.nuyorican.org Di–So abends

In dem einstigen »Underground«-Café treffen sich
heute Leute unterschiedlichster Ethnien, um gemeinsam zu lesen, zu dichten, zu performen oder zu mu-
sizieren. Die unvergleichlichen Slam-Poetry- und
Spoken-Word-Nächte in dem spärlich beleuchteten
Café sind für Besucher ein Erlebnis *(→ S. 17)*.

C-Note   *Uriger Musikladen*   `4 G2`
157 Avenue C • 212 677 8142
» www.thecnote.com Tägl. 19–4 Uhr (Sa & So ab 16 Uhr)

Live-Musik – von Jazz und Blues bis zu Funk, Rock und
Country – wird allabendlich gespielt. Im C-Note gibt es
gute Jam Sessions – samstags Jazz (16–19 Uhr), sonn-
tags Blues (22–3 Uhr) – sowie sonntags eine offene
Bühne für Sänger und Liedermacher (17–21 Uhr). Das
Videospiel *Galaxian* stammt aus den 1980er Jahren.

» *Informationen über sommerliche Filmvorführungen im Bryant Park* → S. 17

Performance »»»»

P.S.122 *Avantgarde-Performances* `4 F2`
150 1st Avenue • 212 477 5829 • Vorverkauf 212 477 5288
»» www.ps122.org
Tägl. geöffnet; Vorverkauf Di – So 14–18 Uhr

Das Gebäude in East Village diente einst als Schule, wovon das original erhaltene Treppenhaus mit dem hölzernen Geländer und den schmiedeeisernen Notausgängen zeugt. 1979 begann eine Gruppe von Performance-Künstlern, die alten Klassenzimmer für Workshops, Tanzunterricht und Gemeinschaftstreffen umzugestalten. Die Turnhalle wurde 1986 in ein Theater umgebaut, in dem heute kleine Avantgarde-Truppen mit ihren zum Teil gewagten Produktionen gastieren. Heute verfügt das nicht-kommerzielle Kreativ-Zentrum über zwei Theater sowie Galerien mit einem abwechslungsreichen Programm von Theater-, Film- und Videoaufführungen. Angesichts seines experimentellen Ansatzes, dem die Kunstszene der Stadt viel verdankt, wurde das P.S.122 kürzlich in treffender Weise als »Petrischale der Kulturszene« bezeichnet.

The Kitchen *Multimediale Schöpfungen* `3 A1`
512 West 19th Street • 212 255 5793
»» www.thekitchen.org Kartenvorverkauf Di–Sa 14–18 Uhr

Seit vielen Jahren arbeiten im Kitchen Künstler verschiedenster Richtungen zusammen. Die beiden multifunktionalen Theaterräume eignen sich für Lesungen, Installationen, Tanz- und Musikveranstaltungen. Durchaus familienfreundlich ist das Programm meist am Samstagnachmittag.

The Joyce Theater *Tanztempel* `3 B1`
175 8th Avenue • 212 242 0800
»» www.joyce.org Kartenvorverkauf tägl. 12–18 Uhr

Mit Auftritten kleiner und mittelgroßer nationaler wie internationaler Truppen präsentiert das Joyce Theater traditionellen wie zeitgenössischen Tanz. Der Zuschauerraum bietet mehr als 450 Gästen Platz. Im Ableger des Joyce Theater in SoHo (155 Mercer Street) sind ebenfalls gute Inszenierungen zu sehen.

Upright Citizen's Brigade *Improvisiertes* `5 C5`
307 West 26th Street • 212 366 9176
>> www.ucbtheater.com Tägl. Performances (nur Barzahlung)

Zum Schreien komische und intelligente Sketche und Improvisationen bietet das UCB Theater – zu günstigen Eintrittspreisen. Eigene Shows und Gastspiele von Comedians wechseln einander im Programm ab. Das eine oder andere unbekannte Talent tritt wenig später in der TV-Show *Saturday Night Live* als Star auf.

Kavehaz *Galerie & Musikcafé* `6 E5`
37 West 26th Street • 212 343 0612
>> www.kavehaz.com Tägl. 17–24 Uhr oder länger

Der Szene-Treff in Chelsea passt sein Ambiente jeweils dem Musik- und Kunstprogramm des Monats an. Probieren Sie einen der angebotenen Weine oder gönnen Sie sich einen köstlichen Drink. Montags ist die Bühne offen für Gesangstalente, während mittwochs die Ray Vega Latin Jazz-Band spielt.

Gotham Comedy Club *Witzige Shows* `6 E5`
34 West 22nd Street • 212 367 9000
>> www.gothamcomedyclub.com Abendvorstellungen

Eine massive Holzbar und Kerzenlicht verleihen dem legeren, bequemen Club einen Hauch von Eleganz. Auf dem Programm stehen junge Talente und Überraschungsgäste aus Funk und Fernsehen – Komiker z. B., die man aus Shows wie *Conan O'Brien, The Tonight Show* oder vom *Comedy Central* kennt.

Hammerstein Ballroom *Musik-Club* `5 C3`
311 West 34th Street • 212 279 7740
>> www.mcstudios.com (Programmvorschau auf der Website)

Einrichtung und Akustik dieses Art-déco-Konzertsaals für 2500 Zuschauer sind vom Feinsten. Das alte Inventar und das schöne Deckengemälde sind erhalten. Auf der modernen Bühne mit beeindruckender Licht- und Tontechnik spielen Indie-Bands wie die Pixies oder Jazz-Combos wie Medeski, Martin & Wood.

>> *Informationen über Openair-Konzerte* → S. 10

Performance

Rodeo Bar *Country-Crossover* `6 F5`
375 3rd Avenue • 212 683 6500
»» www.rodeobar.com Tägl. 12–4 Uhr; Live-Musik ab 22 Uhr

Lassen Sie New York einen Abend lang hinter sich und besuchen Sie die Welt von Bluegrass, Rockabilly und Country-Musik. Der Eintritt ist frei, die Drinks kommen aus einer umgebauten Kutsche, für den kleinen Appetit gibt es Tex-Mex-Snacks und kostenlose Erdnüsse. Die Margaritas haben es in sich.

The Soul Cafe *Soul & Brunch* `5 B2`
444 West 42nd Street • 212 244 7685
»» www.soulcaferestaurant.com Tägl. ab 11:30 Uhr

Stammgäste wie Besucher des Theaterviertels haben gleichermaßen Spaß an der abendlichen Live-Unterhaltung. Genießen Sie einen Drink an der Bar und lauschen Sie der guten Musik. Der sonntägliche Gospel-Brunch (11:30–15 Uhr) ist ein durchaus erhebender Mix aus »Soul Food« und tollen Songs.

Roundabout/AA *Zauberhaftes Theater* `5 C2`
227 West 42nd Street • 212 719 1300
»» www.roundabouttheatre.org

Die Theatertruppe musste mehrfach umziehen, bis sie hier im wunderbar renovierten American Airlines Theatre (dem ehemaligen Selwyn) von 1918 unterkam. In den gediegenen Produktionen haben oft bekannte Schauspieler einen Gastauftritt. Einige Stücke werden im Studio 54 (254 West 54th Street) gezeigt.

B.B. King Blues Club *Gospel & Blues* `5 C2`
237 West 42nd Street • 212 997 4144
»» www.bbkingblues.com Kartenvorverkauf tägl. 10–24 Uhr

Soul- und Blues-Legenden wie James Brown und B. B. King höchstpersönlich haben schon in diesem Club gespielt. Die New Yorker kommen nach wie vor hier-hier – trotz der vielen Fremden. Essen kann man von früh bis spät. Nach B. B. Kings Lieblingsgitarre ist das Lucille's benannt, ein kleinerer Konzertraum.

Swing 46 *Tanz zu Jazz & Swing* `5 C1`
349 West 46th Street • 212 262 9554
>> www.swing46.com Tägl. ab 17 Uhr

Zwischen zwei Gängen können Sie einen Two-Step oder einen Lindy in diesem Restaurant und Tanzclub hinlegen. Die Bar ist in gebührendem Abstand von der Tanzfläche, aber nah genug an der Musik. In Sachen Kleidung erwartet man eine gewisse Eleganz. Sonntags zwischen 17 und 20 Uhr ist Steptanz angesagt.

Don't Tell Mama *Klavier & Klamauk* `5 C1`
343 West 46th Street • 212 757 0788
>> www.donttellmama.com Tägl. ab 18 Uhr (nur Barzahlung)

Das Leben – ein Cabaret? Wer das glaubt, muss unbedingt hierher kommen, ob vor oder auf die Bühne. Schnappen Sie sich Ihr Liza-Minnelli-Songbook und suchen Sie die Bar oder eines der drei Theater auf, wo man auch essen kann. Genießen Sie die Standard-Songs, die Möchtegern-Diven und die Comedy.

Rainbow Room *Vintage-Chic* `6 E1`
30 Rockefeller Plaza, 65. Stock • 212 632 5100
>> www.cipriani.com Fr & Sa ab 19 Uhr; So Brunch 11–15 Uhr

Die spektakuläre Aussicht dieses herrlichen Art-déco-Etablissements im 65. Stockwerk lässt die 150 Dollar pro Person für Abendessen und Tanz schnell vergessen. Zum Klang einer Big Band schwebt man förmlich über den schimmernden Lichtern der Stadt. Abendgarderobe ist empfehlenswert.

City Center *Musik, Schauspiel & Tanz* `7 D5`
131 West 55th Street • 212 581 1212
>> www.citycenter.org

Eine schöne maurische Fassade mit bunten Fliesen und Säulen heißt Sie im City Center willkommen. Die Hauptbühne wird für Konzerte und Auftritte des American Ballet sowie der Ensembles von Alvin Ailey, Paul Taylor und Martha Graham genutzt. Der Manhattan Theater Club tritt in den kleineren Sälen auf.

>> *Tanz über den Wolkenkratzern im Rainbow Room*

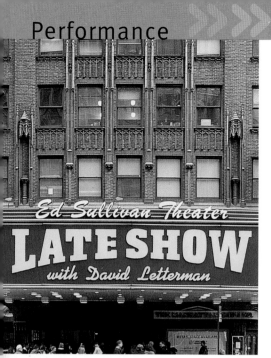

NBC Studios/
Ed Sullivan Theater *Drei Sekunden Ruhm?* `6 E1`

Wer im Studiopublikum des täglich live gesendeten Nachrichten- und Unterhaltungsmagazins *Today Show* der NBC sitzen will, sollte sich unter die Leute mischen, die man zwischen 8:30 und 10 Uhr in der 49th Street zwischen Fifth und Sixth Avenue antrifft. Um – mit einer gehörigen Portion Glück – Karten zur *Saturday Night Live* oder zur *Light Night* mit Conan O'Brien zu ergattern, stellen Sie sich vor dem Haupteingang der NBC in der 49th Street, 30 Rockefeller Plaza, an. Allerdings bilden sich die Warteschlangen meist schon vor 7 Uhr morgens – die Kartenausgabe beginnt um 9 Uhr. Eine Garantie, dass Sie eine Karte erhalten, gibt es leider nicht.

Leichter kommt man an Karten zur *Late Show* mit David Letterman, die im Ed Sullivan Theater, 1697 Broadway (Karte 7 D5), aufgezeichnet wird. Karten sind über die Hotline 212 247 6497 um 11 Uhr am Tag der Sendung (Montag bis Donnerstag) erhältlich.

Florence Gould Hall *Für Frankophile* `8 F4`
55 East 59th Street • 212 355 6160
>> www.fiaf.org Vorverkauf Di–Fr 11–19, Sa 11–15 Uhr

In Zusammenarbeit mit dem Institut Français sind hier interessante Lesungen und Filmvorführungen zu sehen, außerdem stehen Operetten, Ballett und Konzerte auf dem Programm. Die Akustik des 400 Besucher fassenden Hauptsaals ist erstklassig. Das Tinker Auditorium eignet sich für kleinere Veranstaltungen.

Karten für die Broadway-Theater

Die größten Vorverkaufsstellen für Theaterkarten sind **Telecharge** (212 239 6200, www.telecharge. com) und **TicketMaster** (212 307 4100, www. ticketmaster.com). Hier bekommt man Karten am bequemsten, dafür zahlt man aber eine Gebühr von bis zu neun Dollar. Restkarten für Veranstaltungen am selben Tag verkauft **TKTS**. Hier zahlt man teil- weise nur 25 bis 50 Prozent des regulären Preises, allerdings muss man sich anstellen, Zahlung mit Kreditkarte ist nicht möglich. Das Hauptgeschäft liegt am kleinen Duffy Square an der 47th Street, Ecke Broadway (Mo–Sa 15–20, So 11–19:30 Uhr; Matinee-Karten Mi & Sa 9–14 Uhr). Ein weiterer Laden liegt am South Street Seaport, Ecke John Street und Front Street (Mo–Sa 11–18, So 11–15:30 Uhr).

The Comic Strip *Comedy-Bühne* `8 G1`

1568 2nd Avenue • 212 861 9386
>> www.comicstriplive.com Tägl. Abendvorstellungen

Jerry Seinfeld begann hier seine Karriere. Die Atmosphäre ist locker, der Zuschauerraum wirkt wie aus *Cabaret*, gezeigt wird Stand-up-Comedy. Dienstags ist Talente-Abend, während montags Komiker für ein Gastspiel vorbeikommen. Reservieren Sie telefonisch und schauen Sie auf der Website nach Ermäßigungen.

92nd Street Y *Offenes Forum* `10 F4`

1395 Lexington Avenue • 212 415 5500
>> www.92y.org

Seit seiner Gründung im 19. Jahrhundert als jüdischer Männerverein hat sich das 92nd Street Y zu einer offenen Kulturinstitution entwickelt. In die zwei Säle des Hauses kommen unterschiedlichste Künstler, Unternehmer und Politiker wie Yo-Yo Ma, Bill Gates und Kofi Annan zu Konzerten und zu Gesprächsrunden.

Carnegie Hall *Legendäre Konzertsäle* `7 D5`

881 7th Avenue bei 57th Street • 212 247 7800
>> www.carnegiehall.org

Tschaikowsky dirigierte vor über einem Jahrhundert das Einweihungskonzert in der Carnegie Hall. Der Hauptsaal, das Isaac Stern Auditorium, hat knapp 3000 Sitze; die Zankel Hall widmet sich dem Jazz und zeitgenössischer Musik; die kleinere Weill Hall eignet sich bestens für Liederabende und Kammermusik.

Merkin Concert Hall *Perfekte Akustik* `7 B3`

129 West 67th Street • 212 501 3330
>> www.elainekaufmancenter.org/merkin.htm

Die Akustik dieses Konzertsaals ist erstklassig, weshalb man ihn oft für Rundfunkkonzerte nutzt. Das Programm umfasst klassische Musik, Jazz, Funk und viele andere Stilrichtungen. Sowohl von den Rängen als auch im Parkett ist die Sicht gut. Die Kunstsammlung sorgt in den Pausen für Unterhaltung.

>> *Das offizielle Theaterviertel Broadway erstreckt sich zwölf Blocks weit von West 41st Street bis West 53rd Street* `125`

Lincoln Center for the Performing Arts

7 B3

Vielfältiges Kulturprogramm

Teilt Broadway und Amsterdam Avenue zwischen 62nd Street und 66th Street
Kartenvorverkauf 212 546 2656 • Führungen 212 875 5350
>> www.lincolncenter.org

Das Lincoln Center ist eines der weltweit bedeutendsten Zentren der darstellenden Künste und beherbergt zwölf Einrichtungen, darunter die Chamber Music Society, die Film Society, Jazz at Lincoln Center, das New York City Ballet, die Metropolitan Opera, die New York City Opera und die New Yorker Philharmoniker.

Erste Pläne für die Umwandlung des sechs Hektar großen Slumgebiets um den Lincoln Square in ein Kulturzentrum gab es bereits in den 1950er Jahren. Der Entwurf wurde schließlich mit Unterstützung von John D. Rockefeller und Präsident Eisenhower verwirklicht. Die **Philharmonic Hall** wurde 1962 eröffnet, wenige Jahre vor dem **New York State Theater**, dem **Vivian Beaumont Theater**, dem **Metropolitan Opera House** und der **Alice Tully Hall**. Insgesamt gibt es an die 20 Locations und viele andere Einrichtungen, darunter eine Bibliothek und Unterrichtsräume für Musiker und Schauspieler. Einstündige Führungen durch den Komplex beleuchten Geschichte und Architektur des Lincoln Center.

Vor den Veranstaltungen trifft man sich gerne vor der Halle an dem Brunnen des Architekten Philip Johnson. Nicht weit von hier steht im Winter der mit musikalischen Motiven geschmückte Weihnachtsbaum. Kostenlose Openair-Konzerte finden meist im August im **Damrosch Park** statt. Das Festival **Mostly Mozart** ist ein ganzjähriger Dauerbrenner, zum **Midsummer Night Swing** ertönt verschiedenste Tanzmusik.

Während der nächsten Jahre werden einige der Gebäude renoviert und ihre Akustik verbessert. Das Vivian Beaumont Theater jenseits des illuminierten Beckens und der Plastik von Henry Moore erstrahlt bereits in neuem Glanz und zeigt erstklassige Theaterproduktionen.

Upper West Side

Makor *Kultur mit Hang zum Noblen* `7 C3`
35 West 67th Street • 212 601 1000
>> www.makor.org

Hier tummeln sich vorwiegend 20- bis 35-Jährige. Das Makor – das zum 92nd Street Y (→ S. 125) gehört – bietet Filme, Gesprächsrunden, Theater sowie Jazz-, Funk- und A-cappella-Musik. Vor den Veranstaltungen relaxt man in der Lounge oder erfrischt sich im Café. Die Singles-Quote ist im Makor ziemlich hoch.

Stand-Up NY *Kennen Sie den Witz über…?* `7 B2`
236 West 78th Street • 212 595 0850
>> www.standupny.com

Das Stand-Up ist das einzige Kabarett auf der Upper West Side, was seine Beliebtheit zum Teil erklärt. Mit den Tischnachbarn kommt man schnell ins Gespräch, während auf der Bühne die Comedians ihr Programm, mal bescheiden, mal extrem komisch, abspulen. Robin Williams strapazierte hier schon die Lachmuskeln.

Symphony Space *Reggae & Raga* `9 B3`
2537 Broadway • 212 864 5400
>> www.symphonyspace.org Vorverkauf Di–So 12–19 Uhr

In dem frisch renovierten Kulturkomplex wird Theater, Film, Tanz und Musik geboten. Gastmusiker des World Music Institute treten meist im großen Peter Jay Sharp Theatre auf, das 700 Zuschauern viel Sitzkomfort und beste Sicht bietet. Im Gebäude des Leonard Nimoy Thalia ist seit kurzem ein Café untergebracht.

Smoke *Heißer Jazz, kein Qualm* `9 B2`
2751 Broadway • 212 864 6662
>> www.smokejazz.com Zumeist 17–4 Uhr

Rote Samtvorhänge und niedrig hängende Kronleuchter sorgen für die angemessene Stimmung in der lauschigen Jazzbar und Lounge. Den vortragenden Musikern wird hier mit viel Aufmerksamkeit und Ernst begegnet. Es gibt ca. 70 Sitzplätze, der Rest drängt sich an der Bar.

Performance

Apollo Theater   *Wo Stars gemacht werden*   11 D3

253 West 125th Street • 212 531 5300
>> www.apollotheater.com
Kartenvorverkauf Mo, Di, Do, Fr 10–18, Mi 10–20:30,
Sa 12–18 Uhr

Das Apollo ist zweifellos Harlems Hauptattraktion. Aufgrund seiner Bedeutung für die Entwicklung der Musik und das kulturelle Leben der Stadt wurde es 1983 zum Nationalen Denkmal erklärt. Ursprünglich war es ein Burlesken-Theater. In den 1930ern wurde es zur Talentschmiede für afro-amerikanische Musiker, Sänger, Tänzer und Schauspieler, die sich hier in einer »Amateur Night« präsentierten. Die Karriere vieler international berühmter Musiker und Sänger begann im Apollo – Ella Fitzgerald und Michael Jackson wurden tatsächlich hier entdeckt!

Wer sich heute mittwochs in der »Amateur Night« auf die Bühne traut, ist gut genug, um dem kritischen Publikum standzuhalten. Seit 2001 ist Latino-Musik der Renner, und *Showtime at the Apollo* wird für das Fernsehen aufgezeichnet.

Genauso interessant wie die Vorstellungen ist das Drumherum im Apollo. Im Eingangsbereich haben sich auf dem Walk of Fame Berühmtheiten wie James Brown, Aretha Franklin und Duke Ellington verewigt. Bei den Backstage-Führungen werden packende Anekdoten und Musik-Storys zum Besten gegeben. Man erhält auch die Gelegenheit, den berühmten »Tree of Hope« zu berühren – in Wirklichkeit ein Baumstumpf auf einer Säule. Jeder Künstler fasst, bevor er auf die Bühne tritt, diesen vermeintlichen Glücksbringer an.

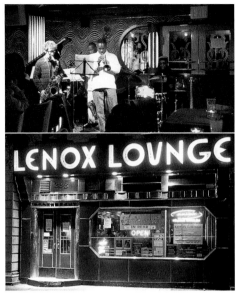

Lenox Lounge *Schnaps & Billie Holiday* `11 D3`

288 Lenox Avenue (zwischen 124th & 125th Street)
212 427 0253
》》www.lenoxlounge.com Tägl. 12–4 Uhr

Das Lenox ist ein hipper Musikclub mit solidem Live-Programm: Jazz, DJs und montags Jam Session. Die vordere Bar hat Art-déco-Charakter, während die Lounge wieder ihr ursprüngliches, plüschiges Ambiente bekam und mit eingebauten Sitzreihen versehen wurde. Im Hinterzimmer herrschen Zebrastreifen vor. Den ganzen Tag wird Südstaaten-Küche serviert.

Ein Hauch von Geschichte weht durch die Räume – Jazz-Größen wie Miles Davis, Billie Holiday und John Coltrane haben hier gespielt. Malcolm X verbrachte angeblich viele Stunden im Lenox, ehe er sich für den politischen Kampf entschied. Heute ist hier vor allem Modern Jazz bis hin zu eher esoterischen Klängen zu hören. Im Vorderraum mischt man sich unter Stammgäste und Jazz-Begeisterte, hinten kann man besser der Musik zuhören und zudem etwas essen.

Brooklyn Academy of Music *Zentrum der darstellenden Künste* `13 C4`

30 Lafayette Avenue • 718 636 4100
》》www.bam.org Kartenvorverkauf Mo–Sa 12–18 Uhr

Das BAM ist weit mehr als ein Konservatorium. Hier kann man neben Musik und Oper auch Tanz, Film und Theater live erleben. 1861 wurde die erste Eigenproduktion gezeigt, als eine der ersten Schauspielerinnen trat die legendäre Ellen Terry hier auf.

Das Hauptgebäude mit seiner großen Lobby nimmt fast den ganzen Block ein. In den vier Sälen des Rose Cinema sitzt man toll bequem. Das Howard Gillman Opera House fasst 2000 Zuschauer, während im Harvey Lichtenstein Theater 874 Gäste Platz finden. Live-Darbietungen sind von Donnerstag bis Samstag im Café des BAM zu sehen, wo man sich vor oder nach einer Vorstellung stärken kann. Alljährlich im Herbst präsentiert das berühmte Next Wave Festival drei Monate lang zeitgenössische, zum Teil experimentelle Produktionen aus aller Herren Länder.

》》 *Performance-Locations nach Kategorien geordnet →* S. 226f

Performance

Warsaw *Piroggen & Live-Musik* `13 C1`
261 Driggs Avenue • 718 387 0505
>> www.warsawconcerts.com

Eine kuriose Mischung: Der Festsaal des Polnischen Hauses ist zugleich ein hipper Musikclub, in dem Independent- und Rockbands spielen und ein andermal polnische Festivals und Polka-Tanzabende stattfinden. Im Bistro bekommt man *kielbasa* (Würste) und Piroggen, dazu trinkt man starkes polnisches Bier.

Barge Music *Klassik auf dem Fluss* `13 A3`
Fulton Ferry Landing • 718 624 4061
>> www.bargemusic.org
Konzerte: Do–Sa 19:30, So 16 Uhr

Hochrangige Künstler, eine einzigartige Lage und eine tolle Aussicht auf die Skyline von Manhattan und die Brooklyn Bridge – dieser Konzertraum für Kammermusik bietet unwiderstehliche Vorzüge.

Wie der Name es andeutet, finden die Konzerte tatsächlich auf dem Wasser in einem umgebauten Schiff mit offenem Kamin statt. Maximal 125 Gäste dürfen zwischen edlen Holzplanken Platz nehmen, was für große Nähe und Unmittelbarkeit zwischen Musikern und Publikum sorgt. Auch wenn sich das Schiff leicht bewegt – Seekrankheit bei den Gästen kam bisher noch nicht vor.

Ungeachtet der sonst üblichen Konzertspielzeiten wird auf dem Schiff das ganze Jahr über Kammermusik geboten. In einem typischen Monat kommen Werke von Mozart, Bach, Schubert, Debussy und Prokofjew zur Aufführung, oft auch interpretiert von Gastmusikern. Während 14 Tagen im Dezember werden Bachs *Brandenburgische Konzerte* gespielt.

Ein Spaziergang im Hafenbereich führt unweigerlich zur Brooklyn Ice Cream Factory. Nach dem Konzert findet der Abend mit der Fahrt in einem gelben New Yorker Wassertaxi (718 742969, www.nywatertaxi.com) zurück nach Manhattan einen tollen Abschluss.

Die Brooklyn Ice Cream Factory unter >> www.enewyork.dk.com

New Jersey Performing Arts Center (NJPAC) *Attraktion in Newark*

One Center Street, Newark • 888 GO-NJPAC (466-5722)
»» www.njpac.org • Zug von der Penn Station in New York zur Penn Station in Newark, dann LOOP-Shuttlebus oder zu Fuß zum NJPAC Kartenvorverkauf Mo–Sa 12–18, So 10–15 Uhr

Dieser atemberaubende Kunstkomplex wurde 1997 für mehrere Millionen Dollar fertig gestellt. Er hat Newark neues Leben eingehaucht und die heruntergekommene Stadt wesentlich aufgewertet. Zudem lieferte er den Bewohnern Manhattans und Urlaubern einen Grund, mal wieder nach New Jersey überzusetzen.

Barton Myers entwarf den Großteil des Zentrums: Glas, Ziegelstein und Würfelformen bestimmen die Architektur. Die beiden Aufführungssäle, die Pruden-tial Hall (2730 Plätze) und das Victoria Theater (514 Plätze) sind gut ausgestattet und funktional, beide bestechen durch gute Sicht, hervorragende Akustik und Sitzkomfort. Das Alvin Ailey American Dance Theater und auch das New Jersey Symphony Orchestra treten regelmäßig auf. Neben Musical-Gast-spielen *(Les Misérables, Mikado)* sind so unterschied-liche Künstler wie Yo-Yo Ma, die Wiener Sängerkna-ben, Lauryn Hill und die Gruppe 'N Sync zu sehen.

Man kommt leicht zum NJPAC, allerdings muss man von Newarks Penn Station entweder die fünf Häuser-blocks zu Fuß gehen, oder man nimmt den roten LOOP-Shuttlebus zum Preis von einem Dollar. Die bei-den Restaurants des NJPAC, der Theater Square Grill mit Bar und das Calcada, sind empfehlenswert.

Sportstadien

New York hat mehrere große Sportarenen. Das **Yankee Stadium** wurde 1923 für das Yankee-Baseball-team gebaut, ein Besuch mit der Yankee Clipper-Fäh-re macht viel Spaß. Das **Shea Stadium** direkt neben dem Flughafen LaGuardia ist die Heimat des Base-ballteams New York Mets. 1965 und 1966 traten hier die Beatles auf. Das **Giants Stadium** in Meadowlands teilen sich drei Fußballteams: New York Giants, New York Jets (beide immer ausverkauft) und Metrostars. Im **Madison Square Garden** spielen das Eishockey-team New York Rangers sowie die Basketballteams Knicks und Liberty. Daneben steigen hier auch Groß-konzerte, Monster-Truck-Shows, Wrestling- und Box-kämpfe, Hunde- und Katzenschauen. Details zu den einzelnen Stadien → *S. 227.*

»» *Weitere Infos über den Kartenvorverkauf zu Spielen der Knicks im Madison Square Garden* → *S. 17*

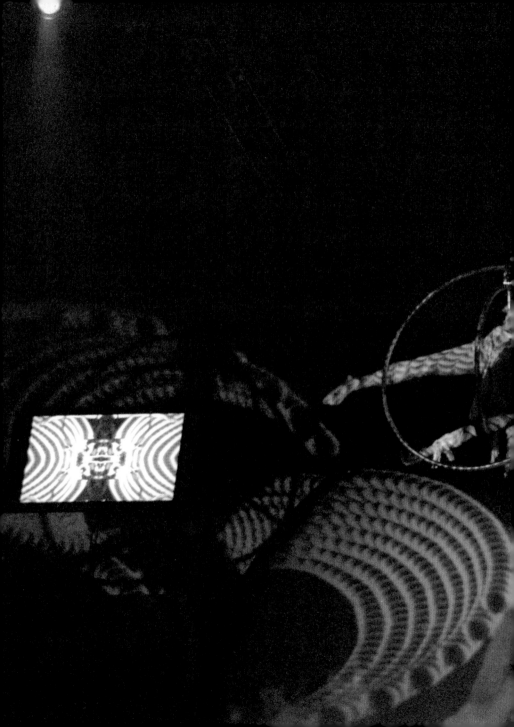

Bars & Clubs

Von ultracoolen Cocktail-Lounges über verrauchte Bierlokale bis hin zu Feierabendkneipen mit Jukebox und Billardtisch: New York hat für jeden etwas zu bieten. Die Nächte durchtanzen kann man vor allem in Downtown und Chelsea – in Sachen angesagter DJ-Bars und Clubs holt aber auch Brooklyn mächtig auf. In den mondänen Bars von Midtown und der Upper East Side ist beim Cocktail-Schlürfen in bequemen Sesseln reines Relaxen angesagt.

DJ-BARS	SCHWUL & LESBISCH	PROMI-BARS

Beauty Bar
231 East 14th Street
East-Village-Bar im Stil eines altmodischen Schönheitssalons. Hier
erwartet Sie jede Menge Punk der
1970er und 1980er Jahre. *(→ S. 144)*

Cubbyhole
281 West 12th Street
Die Martinis sind riesig, das Dekor
ist gewagt, das Treiben relaxt und
angenehm. Überwiegend lesbische
Kundschaft. *(→ S. 148)*

2A
25 Avenue A
Die New Yorker Rockband The
Strokes wird gern in einem Atem-
zug mit dieser Absturzbar in Alphabet City genannt. *(→ S. 141)*

Sullivan Room
218 Sullivan Street
Angenehmer Lounge-Style durch
warme Farben und kuschelige
Nischen. New Yorker DJs legen
House-Musik auf. *(→ S. 146)*

Hiro
366 West 17th Street
Heiße Adresse mit Nippon-
Ambiente für junge Models,
Musiker und Schauspieler.
(→ S. 150)

TriBeCa Grand's Studio Room
2 Avenue of the Americas
Die Szene-Gänger kommen unter
anderem wegen der Club-DJs wie
Junior Sanchez und LCD-Sound-
system. *(→ S. 183)*

Roxy
515 West 18th Street
Das Roxy beschwört die Spätphase
von Disco herauf und ist New Yorks
dienstältester und bekanntester
Gay-Club. *(→ S. 149)*

Serena
Chelsea Hotel, 222 West 23rd Street
Die Künstler und Filmleute in dieser
Keller-Lounge wollen einmal in die
Annalen des berühmten Chelsea
Hotel eingehen. *(→ S. 149)*

Uncle Ming's
225 Avenue B
Die modebewussten Lower East
Sider schätzen hier die Electro-Beats
und den matten Glanz der alten
Leuchter. *(→ S. 146)*

Stonewall
53 Christopher Street
In dieser Ikone der Schwulenbewegung der 1960er geht es ums Vergnügen und um Politik. *(→ S. 147)*

Bungalow 8
515 West 27th Street
Eine Reminiszenz an Hollywood –
mit Palmen, digitalem Sonnenuntergang und strenger Einlasskontrolle.
(→ S. 150)

>> *New York hat strenge Gesetze, die
das Tanzvergnügen regeln: Tanzen
darf man in den Clubs, aber nicht in
den DJ-Bars der Stadt – außer bei
Sonderveranstaltungen.*

Trash
256 Grand Street, Brooklyn
Punkige Plastikpolster, hübsche
Leute und am Wochenende die
besten Rock'n'Roll-Partys östlich
von Alphabet City. *(→ S. 156)*

BARS MIT TRADITION	TISCHE IM FREIEN	DANCE CLUBS

Bemelmans Bar
Carlyle Hotel, 35 East 76th Street
Uptown-Lounge mit witzigem Wandgemälde von Illustrator Ludwig Bemelmans. *(→ S. 153)*

Glass
287 10th Avenue
Hinter der eleganten kubistischen Bar lockt ein Hof, umgeben von Bambus – sehr beliebt bei Intellektuellen. *(→ S. 150)*

Cielo
18 Little West 12th Street
Erfahrene DJs und leidenschaftliche Clubgänger garantieren für vergnügliches Getümmel auf der tiefer gelegten Tanzfläche. *(→ S. 148)*

Gowanus Yacht Club
323 Smith Street, Brooklyn
Sommer in Brooklyn: junge Leute bei preiswertem Bier und Gegrilltem in der entspannten Outdoor-Bar. *(→ S. 155)*

Volume
Wythe Ave. & North 13th St., Brooklyn
Hip-Hop-DJs, Elektronik-Musiker und andere kreative Klangkünstler bringen Brooklyn in Bewegung. *(→ S. 156)*

McSorley's Old Ale House
15 East 7th Street
An Einrichtung, Getränken und Stimmung hat sich wenig geändert seit den Zeiten, als Abraham Lincoln hier sein Bierchen trank. *(→ S. 142)*

>> *Tipps zu aktuellen Veranstaltungen der Clubs und DJs der Stadt:*
http://nyc.flavorpill.net

White Horse Tavern
567 Hudson Street
Die Legende besagt, dass der berühmte Dichter Dylan Thomas ein Whiskey-Gelage in dieser Bar nicht überlebte. *(→ S. 147)*

Barramundi
147 Ludlow Street
Eine Rarität an der Lower East Side: ein blühender Garten, märchenhaft beleuchtet. *(→ S. 140)*

Avalon
47 West 20th Street
Die zu einer Tanzhöhle umgebaute Kirche kann es mit ihrem Publikum und den internationalen DJs locker mit Ibiza aufnehmen. *(→ S. 149)*

Chumley's
86 Bedford Street
Schon seit der Prohibition der 1920er Jahre bei durstigen Schriftstellern beliebt. *(→ S. 146)*

Ava Lounge
Majestic Hotel, 210 West 55th Street
In warmen Nächten schlürft man seinen Cocktail am besten im Hof, den Times Square in Sichtweite. *(→ S. 152)*

Galapagos
70 North 6th Street, Brooklyn
Brooklyns Adresse für Performance-Künstler, Filmleute und erstklassige DJ-Partys. Von Glam Rock über Techno bis New Wave. *(→ S. 157)*

B-Bar & Grill
40 East 4th Street
Zwischen East und West Village versammelt sich im großen Hinterhof ein gemischtes Publikum. *(→ S. 143)*

Bars & Clubs

Pussycat Lounge *Trashbar* `1 D4`

96 Greenwich Street • 212 349 4800
» www.pussycatlounge.com Mo–Sa ab ca. 21 Uhr

Wenn die Pussycat Lounge aufmacht, wird die ruhige
Gegend unweit von Ground Zero ordentlich aufge-
mischt. Gehen Sie am Strip-Club im Sixties-Stil vorbei
geradewegs nach oben zu den trashigen Shows mit
Live-Musik oder derben Partys am Wochenende.
Ziehen Sie ruhig etwas Gewagtes an. **Eintritt**

Winnie's *Karaoke-Bar in Chinatown* `2 E1`

104 Bayard Street • 212 732 2384
Tägl. 12 – 4 Uhr

Jetzt gerade singt (und verschandelt wahrscheinlich)
irgendjemand im Winnie's Ihr Lieblingslied. Vorher
muss man wissen: 1. Ein Song kostet 1 Dollar; 2. Mit
dem Mikrofon herumwedeln ist verboten; 3. Rechnen
Sie damit, dass die begeisterte Menge bei einem
Gassenhauer den Refrain mitsingt oder -grölt.

Antarctica *Bierkneipe* `3 C5`

7 Hudson Street • 212 352 1666
» www.antarcticabar.com
Mo–Fr ab 16:30, Sa ab 19 Uhr

Das Antarctica hält sich zugute, seit der Erfindung des
Guinness ununterbrochen im Geschäft zu sein, also
seit 1759. Das muss man nicht glauben, aber die alten
Holzdielen, die glänzenden Zapfhähne aus Kupfer
und die Bilder aus dem 19. Jahrhundert schaffen in
der Tat eine historische Atmosphäre. Entgegen dem
Namen, »Antarktis«, fühlt man sich hier zum Glück
nicht wie am Ende der Welt, auch wenn die Kneipe
ganz hinten in SoHo und weitab vom Schuss liegt.

Das bodenständige Ambiente des Antarctica ist
angesichts der eleganten Nachbarschaft eine angenehme Abwechslung. Das *NY Magazine* hat es für sein
Poolbillard-Angebot ausgezeichnet. Tische und Bar
sind immer gut besetzt. Schauen Sie auf der Website
nach, ob Ihr Vorname vielleicht gerade heute mit Frei-
bier dran ist.

THOM's Bar *Noble Hotelbar*   `3 C5`
60 Thompson Street • 212 219 2000
» **www.60thompson.com** Tägl. ab 17 Uhr

Manhattan erlebte in den 1990er Jahren einen Boom der Hotelbars, der in dieser Bar in der Lobby des schmucken 60 Thompson Hotel keine Ermüdungserscheinungen erkennen lässt.

Das Erlebnis beginnt in dem Moment, wenn man das elegante Hotel in SoHo erreicht. Das zurückgesetzte Glas-Entree wird von freundlichen, schwarz gewandeten Türstehern bewacht, die Sie geradewegs hinauf in THOM's Bar lotsen. Dort schaffen Ledersessel, Marmorkamin und hohe Decken eine klassischgediegene Atmosphäre. Moderne Kontraste zeigen sich in schwarzem Lack, chromglänzenden Lampen und den streng geometrischen purpurroten Sofas und Sitzbänken.

An Wochenenden ist das Abendpublikum international und trendy und genießt die Cocktailkreationen der Bar, zum Beispiel den Hauscocktail THOM mit reinem Skyy-Zitruswodka, frischer Limone und Minze. Die Barkeeper sehen aus, als wären sie geradewegs dem Lifestyle-Magazin *Wallpaper** entstiegen, um souverän einen Sidecar, Litschi-Martini oder Tom Collins zu mixen.

Wenn es voll ist, kann man seinen Drink bedenkenlos mit in die Lobby nehmen, wo der Acid Jazz etwas leiser und ein Sitzplatz kein Glücksfall ist.

» *Tipps zum Trinkgeld* → *S. 233*

ñ *Bar mit spanischem Flair* `3 D5`
33 Crosby Street • 212 219 8856
Tägl. ab 17 Uhr (Fr & Sa bis 4 Uhr; nur Barzahlung)

Okay, die engen Gassen der Altstadt von Madrid sind ein Stückchen entfernt von SoHo, aber nach Mitternacht – vor allem von Mittwoch auf Donnerstag – bekommt dieser ansonsten öde Teil der Crosby Street einen *Madrileño*-Touch. Wenn Sie das ñ (ausgesprochen »enje«) betreten, werden die leidenschaftlichen Flamenco-Rhythmen umgehend Besitz von Ihnen ergreifen.

Das ñ ist eine kleine, echt spanische Tapasbar und am Flamenco-Abend jeden Mittwoch gerade groß genug für ein paar Musiker und Tänzer. Aber die authentische Atmosphäre macht die Enge mehr als wett. An der langen Bar aus glänzendem Kupfer versammeln sich Künstler und Normalsterbliche aus aller Welt, um unter den 20 Sherry-Sorten und preiswerten offenen Weinen zu wählen. Beliebte Tapas sind die pikant gerösteten Mandeln, eingelegte Oliven und die köstliche *tetilla con membrillo*: mild-sahniger Käse mit süßer Quittensauce.

Am Wochenende ist die Bar rammelvoll und der Service mitunter überfordert, aber unter der Woche – außer eben mittwochs – geht es vergleichsweise ruhig und entspannt zu. Als gemütliche Bar hat das ñ nur wenige Zugeständnisse an seine gestylte Downtown-Umgebung gemacht. Eine Ausnahme sind die durchsichtigen Glastüren der Toiletten-Kabinen. Aber keine Angst: Man kann nur von drinnen rausschauen und nicht umgekehrt.

Temple Bar *Kuschel-Lounge* `4 E4`
332 Lafayette Street • 212 925 4242
Mo–Sa ab 17, So ab 19 Uhr

Die Temple Bar verströmt mit jeder Design-Wandlampe Luxus und Romantik und liegt vor allem bei verliebten SoHo-Pärchen sehr im Trend. Die zurückhaltenden Kellner servieren gut gemixte Martinis an den Tisch, aus den Lautsprechern schmachten verführerisch weibliche Jazz-Größen.

Pravda *Russischer Geheimtipp* `4 E4`
281 Lafayette Street • 212 226 4944
›› www.pravdany.com Mo–Sa ab 17, So ab 18 Uhr

Man braucht ein scharfes Auge, um diese Keller-Location zu finden, denn nur eine einsame rote Lampe auf dem Treppengeländer weist auf den Eingang hin. Hinter den dunkelroten Samtvorhängen an der Tür eröffnet sich dem Besucher eine ausgedehnte Lounge mit erdfarbenen Wänden und weinroten Sesseln, mit Cocktailtischchen im Kerzenschein und Wandlampen aus Bleiglas. Die kyrillischen Buchstaben und arabischen Zahlen an den niedrigen Mauern erinnern an einen Moskauer Bahnhof um 1930.

Steife Kellner in schwarzem Outfit balancieren Tabletts – mit Wodka und Whiskey oder mit Spezialitäten des Hauses wie dem Nolita: geeister Mango-Wodka mit Apricot Brandy und Lime – zwischen den eleganten Gästen hindurch. Wie es sich für eine echte Wodka-Bar gehört, gibt es dazu ein ausgezeichnetes Angebot an europäischen Häppchen, von Muscheln mit Knoblauch und Pommes frites bis zu Räucherfisch und – freilich – Kaviar.

Oben gibt es noch eine winzige Bar mit einem einzigen Sofa und einer kleinen Bar – perfekt für verliebte Pärchen, jedenfalls wenn sie in der Lage sind, den ewigen Strom der Toilettengänger zu ignorieren.

Lansky Lounge *Insider-Cocktailbar* `4 G4`
104 Norfolk Street • 212 677 9489
›› www.lanskylounge.com Tägl. ab 18 Uhr

Die moderne, geräumige Bar wurde nach dem berüchtigtsten Mann der Gegend benannt: dem jüdischen Gangster Meyer Lansky. Durch den »Speakeasy«-Eingang mit dem großen Neon-L treten zumeist modisch gewandete Uptown-Gäste. Exzellente Cocktail-Klassiker, mittwochs und am Wochenende Hip-Hop-DJs.

Welcome to the Johnson's
4 F4

Veritable Absturzbar

123 Rivington Street • 212 420 9911
Mo–Fr 15:30–4, Sa & So 12–4 Uhr (nur Barzahlung)

Manche New Yorker Bars bezeichnen sich selbst als *»dives«* (»Absturzbars«), aber bei genauerem Hinsehen zeigt sich dann, dass bei der schäbigen Einrichtung deutlich nachgeholfen wurde, dass die Jukebox nur den esoterischen Musikgeschmack abdeckt, dass die meisten Gäste schnieke Angeber sind und dass ein Bier sieben Dollar kostet. Dabei gehört zu einer echten Absturzbar billiges Bier und echte Rockmusik, abgegriffenes Mobiliar und voll geschriebene und gemalte Klowände – drunter geht gar nichts.

An der Lower East Side gibt es glücklicherweise eine Bar, die die notwendigen Requisiten liefern kann und dazu noch mit der richtigen Wen-zum-Teufel-schert's-Attitüde ausgestattet ist: Welcome to the Johnson's – oder wie der Stammgast sagt: das Johnson's.

Auch wenn es schon früher öffnet, beginnt der echte Spaß erst gegen 17 Uhr, wenn junge Musiker der Gegend, Feierabendler und Studenten es sich auf den Secondhand-Sofas bequem machen. Das beliebteste Bier, Pabst Blue Ribbon, ist unglaublich billig. Die Zeit vertreiben kann man sich beim Poolbillard an dem heruntergekommenen Tisch, als intergalaktischer Krieger beim Videospiel oder mit Hardrock-Tracks an der Jukebox.

Aber Vorsicht: Ab 22 Uhr ist das Johnson's richtig voll. Außerdem sind die Toiletten nichts für empfindsame Gemüter. Nur damit Sie gewarnt sind.

Barramundi
Bar für Rucksackreisende
4 F4

147 Ludlow Street • 212 529 6900
So–Do 19:30–4, Fr & Sa 18–4 Uhr

In der quirligen Bar der Lower East Side unter australischer Führung fühlen sich junge Reisende aus aller Welt wohl. Auf den Sofas im Hinterzimmer nippen sie an preiswerten Getränken und kommentieren die schräge Deko. Im Sommer ist der schöne Garten die bessere Wahl (bis 22 Uhr).

Slipper Room *Lebhaftes Entertainment* `4 F4`
167 Orchard Street • 212 253 7246
>> www.slipperroom.com Tägl. ab 20 Uhr

Mit fünf Dollar sind Sie meistens dabei: Von klassischem Varieté bis Tingeltangel und Trash ist alles drin in dieser empfehlenswerten Lounge der Lower East Side. Das Publikum wechselt mit dem Programm, ist aber immer gut aufgelegt und bei den Vorstellungen für jeden Witz und Spaß zu haben.

Parkside Lounge *Lockere Kneipe* `4 G4`
317 East Houston Street • 212 673 6270
>> www.parksidelounge.com Tägl. ab nachmittags

Das billige Bier, die gut eingeschenkten Cocktails und die entspannte Atmosphäre im Parkside genießen die Leute der Gegend von Jung bis Alt. Nachmittags mischt sich in das Geplänkel der sympathischen Leute die Country Music aus der Jukebox. Hinten gibt es abends Live-Programm (Musik und Theater).

Chez es Saada *Nordafrikanisch* `4 F4`
42 East 1st Street • 212 475 2220
>> www.chezessaada.com Tägl. ab 18 Uhr

Folgen Sie der Spur frischer Rosenblätter aus der nichts sagenden Erdgeschoss-Lounge in die prächtige Höhle im marokkanischen Stil. Im Kerzenlicht der lauschigen Nischen wird geturtelt, an der Bar flirten Singles über ihren Pflaumen-Martini-Cocktails, nordafrikanische Klänge entführen in ferne Welten.

2A *Rockbar & Lounge* `4 F3`
25 Avenue A • 212 505 2466
Tägl. ab 16 Uhr

Man kann das mögen oder nicht, aber im 2A tummeln sich inzwischen hippe Promis. In der Bar im Erdgeschoss geben New Wave und Punk der 1970er den Ton an. Auf den Sofas der Lounge ist es gemütlicher und der Flirtfaktor höher. Die meisten hier trinken Bier, aber auch die Rotweine sind nicht zu verachten.

Bars & Clubs

KGB *Wodka-Bar* `4 E3`
85 East 4th Street • 212 505 3360
>> www.kgbbar.com Tägl. ab 18 Uhr

Abseits vom trendigen Bar-Hopping in der nahen 2nd Avenue liegt das KGB, Hort von Sowjet-Nostalgia in Bolschewisten-Rot und gedimmtem Licht. Das Personal füllt Wodka und europäisches Importbier nach, Büchernarren kommen zu Lesungen von Gastautoren. Sozialistische Poster schmücken die Wände.

Swift Hibernian Lounge *Kelten-Flair* `4 E3`
34 East 4th Street • 212 260 3600
Tägl. 12–4 Uhr

Von der Wand grüßt der irische Satiriker Jonathan Swift Iren mit Heimweh, Studenten und alle anderen Gäste dieses geräumigen Bierhauses. Man kommt wegen der großen Auswahl an gezapften Bieren, der deftigen Küche, der scharfzüngigen Kellner, der irischen Live-Bands und der ansteckend guten Laune.

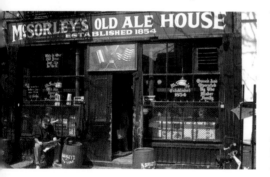

McSorley's *Altes Bierhaus* `4 E3`
15 East 7th Street • 212 473 9148
Mo – Sa ab 11, So ab 13 Uhr

In New Yorks ältester Kneipe hat sich seit dem Amerikanischen Bürgerkrieg, als Präsident Abraham Lincoln hier seinen Humpen hob, wenig geändert. Auf den Holzdielen liegen Sägespäne, in den rustikalen Sitzecken trinken Gäste aus aller Welt ihr Helles oder Dunkles frisch vom Fass (→ S. 17).

Angel's Share *Cocktails mit Tokio-Flair* `4 E2`
8 Stuyvesant Street • 212 777 5415
Tägl. ab 19 Uhr

Man darf weder stehen noch mit mehr als vier Leuten kommen, aber abgesehen davon ist das Angel's Share zum Cocktails-Schlürfen bestens geeignet. Zumal in ganz Downtown keine besseren Klassiker gemixt werden. Die Auswahl an Sake ist groß, die japanischen Snacks sind köstlich. Exzellenter Service.

Nevada Smith's *Fußballkneipe* `4 E2`
74 3rd Avenue • 212 982 2591
>> www.nevadasmiths.net Tägl. abends

Fußballfans aller Länder, hier ist eure Filiale in Manhattan: An der Bar im ersten Stock sitzen Europäer und Amerikaner einträchtig nebeneinander und schauen beim Bier ihren Mannschaften im Fernsehen zu. Unten geht es etwas anders zu: Gedimmtes Licht, poliertes Holz, und donnerstags Stand-up-Comedy.

B-Bar & Grill *East-West Village-Mix* `4 E3`
40 East 4th Street • 212 475 2220
Tägl. 12–4 Uhr

Die B-Bar kann man eigentlich nur bei Stromausfall verfehlen, denn ein rotes Neonschild am Haus weist den Weg, und die Bäume im Garten funkeln vielfarbig illuminiert. Abgesehen von seiner Lage zwischen East und West Village hat die ehemalige Tankstelle noch andere Eigenschaften, die die Gegensätze zwischen beiden Vierteln überbrücken helfen: Der wunderbare, großzügige Garten zieht konservative West Villager ebenso an wie ihre hipperen Nachbarn aus dem Osten. Ebenso in Restaurant und Bar: Sitzgruppen im Retro-Look, Balkendecken und riesige Fotodrucke für den East-Side-Geschmack; aber das Ganze kommt gediegen genug daher, dass auch Leute aus dem West Village sich wohlfühlen können.

Außerdem trifft sich der Geschmack bei den Cocktails der B-Bar ohnehin. Aber Vorsicht: Die hübschen Pastelltöne der Apfel-, Litschi- oder Melonen-Martinis täuschen über den explosiven Alkoholgehalt der Cocktails hinweg.

Das »Grill« im Namen weist auf das reichhaltige Angebot der B-Bar an American-Diner-Gerichten hin, wenn auch mit wechselnder Qualität. Aber am Wochenende rettet einen der quirlige Brunch zu Fixpreisen vom Nachtgetümmel ins grelle Tageslicht: Gut gelaunte Grüppchen quatschen und essen bei gutem Wetter draußen, das Angebot an Mimosas and Bloody Marys ist schier unerschöpflich.

Bar Veloce *Italienische Weinbar* `4 E2`

175 2nd Avenue • 212 260 3200
>> www.barveloce.com Tägl. ab 17 Uhr

Diese schnieke Weinbar könnte genauso gut in einer eleganten Straße von Florenz liegen. Das Angebot kleiner italienischer Speisen ist verlockend, bei getoasteten Paninis oder einem Obstteller kann man die Weinkarte studieren. Ein Glas Wein kostet unter zehn Dollar, eine Flasche bis zu 80 Dollar.

Beauty Bar *Retro-Kitsch* `4 E2`

231 East 14th Street • 212 539 1389
>> www.beautybar.com Tägl. 17–4, Sa & So ab 19 Uhr

Wie der Name schon sagt, schwelgt die Beauty Bar im Retro-Stil eines Schönheitssalons. East-Village-Rocker und NYU-Studenten nippen an gehaltvollen Cocktails, aus den Lautsprechern kommt Glam Rock und Punk der 1970er. Zur Happy Hour kann man preiswerter trinken. Maniküre im Angebot.

Lotus *Juwel im Meatpacking District* `3 A2`

409 West 14th Street • 212 243 4420
>> www.lotusnewyork.com Di–So 10–4 Uhr

Die Gegend, den Meatpacking District, bringt man sonst eher mit Großmarkt-Fleischereien, rumpelnden Müllautos und Prostituierten in Verbindung, aber durch die lackierten Türen strömen schon seit Jahren Gäste in diesen eleganten Club. Damit hat das Lotus der Transformation des Viertels in ein Paradies für Nachtschwärmer den Weg geebnet.

Trotz der Nachahmer überall in der Stadt bleibt das Lotus-Design doch das beste. Oben kann man in drei Räumen loungen, unten kann man panasiatisch essen, darunter wird getanzt. Ein Mix von hellen und dunklen Hölzern, rostrote Wände und elegante Sitzbänke verbreiten östlichen Charme. Favorit auf der Cocktailkarte ist der Brombeer-Caipirinha. Die Stammgäste kommen entweder zur Houseparty GBH am Freitag oder zum 1980er-Pop-Mix mit aktuellem Hip-Hop am Samstag. **Eintritt**

Korova Milk Bar *Kultfilm-Hommage* `4 F2`
200 Avenue A • 212 254 8838
>> **www.korovamilkbar.com** Tägl. ab 19 Uhr

Dass einen hier ein besonderes visuelles Erlebnis
erwartet, merkt man ziemlich schnell: Schwarzweiße
Zebramuster am Eingang und weiße tanzende
Schriftzüge lassen da keine Missverständnisse auf-
kommen. Das Korova ist von oben bis unten eine
Hommage an Stanley Kubricks Film von 1971 über
Jugend und Gewalt: *A Clockwork Orange*. Der Name
der Bar stammt aus dem Film: Malcolm Macdowell
und seine Gang haben sich in der Korova Milk Bar
getroffen. Filmfans werden noch andere Reminiszen-
zen an den Film entdecken, zum Beispiel die nackten
geschminkten Schaufensterpuppen an den Wänden.
Die cinematografische Referenz setzt sich in den Fern-
sehschirmen an den Wänden und den geschwungenen schwarzweißen Sesseln mit Plastik und Samt
gegenüber der außergewöhnlich langen Bar fort. Bar-
Hopper kommen meistens am Ende ihrer Tour durch
East Village und Alphabet City ins Korova, daher lässt
sich vor Mitternacht noch ein Plätzchen finden.

Nach Mitternacht läuft Punk und Glam der 1970er,
und Mods, Punks und andere Nachtbummler be-
schließen ihre Tour bei preiswertem Bier, Jack Daniel's
oder einem Wodka-Drink. Wer es um diese Uhrzeit
noch verträgt, sollte die Cocktails des Hauses nicht
verpassen, vor allem die Molokos, ein Gebräu auf
Eiscreme-Basis mit einer beliebigen Zahl von Schnäp-
sen und Aromen, serviert im Martiniglas und gekühlt
in einem Mini-Aquarium mit Eiswürfeln.

Rue B *Französisches Musik-Bistro* `4 G2`
188 Avenue B • 212 358 1700
Mo–Fr ab 12, Fr & Sa ab 10 Uhr

Das Flair des Rue B vereitelt jeden Plan zu einer Knei-
pentour durchs East Village. Die Bar im Pariser Stil
bietet gemütliche Sitzbänke, gediegene französische
Weine, Bistro-Essen und vor allem Live-Jazz ohne Auf-
preis. Bei so einem Angebot will man doch gar nicht in
andere Bars weiterziehen.

Uncle Ming's *Schräge Lounge* `4 G2`
225 Avenue B, 2. Stock • 212 959 8506
≫ www.unclemings.com Tägl. ab 18 Uhr

Diese nicht beschilderte Lounge liegt direkt über einem Schnapsladen. Man fühlt sich hier wie auf einer Party nur für Insider. Das Licht ist dunkelrot, die Kronleuchter sind echt antik, und die großartigen Barkeeper mixen gehaltvolle Drinks. Mit Electro-Beats bringen DJs die coole Kundschaft in Flirtlaune.

Sullivan Room *Entspanntes Clubbing* `3 C3`
218 Sullivan Street • 212 252 2151
≫ www.sullivanroom.com Do–So ab 22 Uhr

Dieses zurückhaltende Prachtstück im West Village ist einer der wenigen Orte, wo man sich auf jeden Fall wohlfühlt – beim Tanzen zu souligem House, beim Rumhängen mit Freunden oder beim Quatschen an der Bar. Es geht so entspannt zu, dass man mit dem DJ nach seinem Set sogar anstoßen kann. **Eintritt**

Vol de Nuit *Belgisches Bier* `3 C3`
148 West 4th Street • 212 982 3388
Tägl. ab 19:30 Uhr

Hinter einer unscheinbaren Tür auf der West 4th bietet das Vol de Nuit acht belgische Biere frisch vom Fass – jedes in einem anderen Glas – und Dutzende Flaschenbiere. Die Snacks sind wunderbar: belgische Fritten in der Papiertüte oder Muscheln mit unwiderstehlichen Saucen. Man kann auch draußen sitzen.

Chumley's *Ex-»Speakeasy«* `3 B3`
86 Bedford Street • 212 675 4449
Mo–Fr ab nachmittags, Sa & So ab 11 Uhr

»Eighty-sixed« ist der Sprachcode amerikanischer Kellner für einen Gast, der keinen Drink mehr kriegt. Der Ausdruck stammt aus der Zeit der Prohibition der 1920er Jahre und bezieht sich auf die Hausnummer des Chumley's. Gemütliches Pub-Flair durch Sitzecken und Bilder der Schriftsteller-Gäste.

Stonewall *Polit-Ikone* `3 B3`
53 Christopher Street • 212 463 0950
Tägl. ab 15 Uhr

Eine Razzia in dieser Schwulenbar, bei der die Kundschaft zum ersten Mal zurückschlug, war 1969 die Initialzündung für New Yorks Schwulenbewegung. Die Tradition verlangt Respekt, aber im Stonewall kann man auch Spaß haben. 1960er-Pop und buntes Licht an der Bar; Drag-Queens schillern durch die Nacht.

Blind Tiger Ale House *Für Bier-Kenner* `3 B3`
518 Hudson Street • 212 675 3848
>> www.blindtiger.citysearch.com
Tägl. ab mittags

Im Blind Tiger greifen Bierkenner aus dem West Village zum Glas. 24 kühle Biere werden frisch gezapft. Eine der entspanntesten und lockersten Kneipen in New York für das gepflegte Bier unter der Woche. Mittwochs gibt's die Käsesnacks gratis dazu.

White Horse Tavern *Literatentreff* `3 B3`
567 Hudson Street • 212 243 9260
Tägl. ab 11 Uhr

In New York haben nur wenige Gebäude, geschweige denn Kneipen, so viele Schreiberlinge beherbergt wie die White Horse Tavern. Lange bevor im West Village französische Bistros und NYU-Studenten das Ruder übernahmen, saßen in dieser Kneipe aus den 1880er Jahren aufstrebende Autoren vor ihrem Bier für 20 Cent. Aber dann gelangte der Ort zu trauriger Berühmtheit, als der englische Lyriker und Dramatiker Dylan Thomas vor der Tür tot umfiel: nicht diagnostizierter Diabetes und viel zu viel Whiskey.

Plakate seiner Theaterstücke zieren heute die dunkel getäfelten Wände. Alles – von den alten Uhren bis zum Geplauder der Barmänner mit den Gästen – verströmt das Flair längst vergangener Zeiten. Nach Feierabend und am Wochenende geht es hier richtig rund, wenn sich Bar und angrenzende Räumlichkeiten ordentlich füllen.

Cubbyhole *Lesben-Bar* `3 B2`
281 West 12th Street • 212 243 9041
Tägl. ab nachmittags

Wenn Sie nicht auf schwebende Goldfische, chinesische Lampions und witzige Barhocker stehen, dann vielleicht darauf: halbe Preise bis 19 Uhr, All-you-can-drink am Samstagabend und berüchtigte Riesen-Martinis. Die Atmosphäre im Cubbyhole ist immer entspannt und freundlich.

Rhône *Geräumige Weinbar* `3 A2`
63 Gansevoort Street • 212 367 8440
>> www.rhonenyc.com Mo–Sa ab 17:30 Uhr

Zwischen den Clubs im Industrie-Chic des Meatpacking District versteckt sich diese Weinkneipe mit ihrer Bar aus Kupfer und futuristischen hellgrünen Sesseln. Galeristen, Models und Downtown-Professionals nippen an einem der 30 offenen Weine und knabbern französisch-indonesische Snacks.

Cielo *Preisgekrönter Dance Club* `3 A2`
18 Little West 12th Street • 212 645 5700
>> www.cieloclub.com Mi–Sa 10–4 Uhr

Soulige House Music mit Latino-Anleihen lässt den Gästen keine andere Wahl, als die weichen Polster in Richtung tiefer gelegte Tanzfläche zu verlassen. Miteigentümer Nicolas Matar ist auf Ibiza eine bekannte DJ-Größe, und so zieht es hochkarätige DJs und Tanzwütige aus aller Welt ins Cielo. **Eintritt**

Tagesbars
Diese Bars sind eine willkommene Anlaufstelle, wenn man beim Sightseeing Durst auf mehr als Mineralwasser hat. Im **Rudy's Bar & Grill** in Hell's Kitchen geht es tagsüber ausgesprochen locker zu, und die Miles-Davis-Klänge aus der Jukebox sind eine willkommene Abwechslung. Murray Hills **Cabin Club at Pinetree Lodge** hat einen großen Garten, wo bei beachtlichem Flirtpegel gehaltvolle Fruchtdrinks die Runde machen. Auf einem Dach nicht weit vom UN-Gebäude bietet die **Mica Bar** kultivierte Entspannung. Ruhige Gesprächsatmosphäre prägt die **Hudson Hotel's Library Bar**, wo Schachbretter, Architektur-Bildbände und ein Billardtisch zur Zerstreuung einladen. Details zu den einzelnen Bars → *S. 228.*

Roxy *Hipper Night Club* `3 A1`

515 West 18th Street • 212 645 5156
»www.roxynyc.com Mi, Fr & Sa abends

Am Freitagabend, wenn House, Salsa und Hip-Hop angesagt sind, wird der Chelsea-Club von einer jungen Gästeschar geradezu überrollt. Die Roller Skating Night am Mittwoch ist witzig bis ausgelassen und erinnert an Disco-Spätphase. Samstags steigt hier die größte schwul-lesbische Party von New York. **Eintritt**

Avalon *Chelsea-Club mit Anspruch* `3 C1`

47 West 20th Street • 212 807 7780
»www.nyavalon.com Infos zu Clubnächten auf der Website

Das Avalon ist aus zwei Gründen etwas Besonderes: Es ist in einer neugotischen Kirche untergebracht, wo sich in den 1980ern das legendäre Limelight befand, das seine Stammgäste regelrecht anbeteten. Jetzt loungen und tanzen hier Homos und Heteros zum Sound internationaler Top-DJs. **Eintritt**

Eugene *Lounging der gehobenen Art* `6 E5`

27 West 24th Street • 212 462 0999
»www.eugenenyc.com Do–Sa ab 17 Uhr

Das Eugene ist ein geräumiger Supper Club für den großen Geldbeutel im Art-déco-Stil. Gut gekleidete Menschen kauen Thunfisch-Tartar im cremefarbenen Speiseraum und lassen sich hinterher auf den dunkelroten Polstern und Ottomanen in der angrenzenden Lounge nieder. Getanzt wird am Wochenende.

Serena *Lounge in Pink* `5 C5`

Chelsea Hotel, 222 West 23rd Street • 212 255 4646
Mo–Fr ab 18 Uhr, Sa & So ab 20 Uhr

Auch nach der Renovierung (aus Brandschutzgründen) hat die Heimat der Popstars und -sternchen nichts von ihrem Flair eingebüßt. Die Kellerbar des Chelsea Hotel bezaubert mit Samtsofas, pinkfarbenen Wänden und marokkanischen Elementen in den angrenzenden Räumlichkeiten. Häufig Promi-Spotting.

Bars & Clubs

Hiro *Hotellounge mit Japan-Flair*   `3 A1`
366 West 17th Street • 212 727 0212
>> www.themaritimehotel.com Tägl. ab 22 Uhr

In der Lounge des Maritime Hotel in Chelsea trifft sich, wer gerade »dazugehört«. Models und Rockstars schlürfen Sake, hinter luminiszierenden Wänden aus Reispapier im geräumigen Ballroom tanzt man zu 1980er-Jahre-Pop, Rock Remix und Electro. Sie sind kein Promi? Dann kommen Sie unter der Woche.

Glass *Sehen und gesehen werden*   `5 B5`
287 10th Avenue • 212 904 1580
Di–Fr 18–4, Sa 20–4 Uhr

Das ultra-coole Design des Glass und seine brasilianische Electro-Rhythmen wirken auf Chelseas Galerie-Szene wie ein Magnet. Im Sommer ist der grüne Hof die Kulisse für Manhattans exklusivste VIP-Parade. Models, Künstler und Galeristen glucken beim *Caipiruva*, ein Cocktail aus Cachaça-Rum und Trauben.

Bungalow 8 *West-Coast-Flair*   `5 B4`
515 West 27th Street • 212 629 3333
Tägl. ab 22 Uhr

Nightlife-Päpstin Amy Sacco hat für Chelseas Stiljünger eine gemütliche, aber exklusive Hollywood-Lounge geschaffen. Man bewegt sich in legerer L.A.-Manier zwischen Swimmingpool-Wänden, schrägen Designermöbeln und Topfpalmen, in der Hand den 30-Dollar-Champagner. Die digitale *»sunset wall«* liefert die kalifornischste aller Zutaten: den Sonnenuntergang über dem Pazifik.

Spirit *Nightlife ganzheitlich*   `5 B4`
530 West 27th Street • 212 268 9477
>> www.spiritnewyork.com Fr & Sa ab 22 Uhr

Dieser »Wellness-Club« ist von östlichen und indianischen Religionen inspiriert. Es gibt drei Bereiche: *Mind*, ein ganzheitliches Bad mit Massage, *Body*, ein riesiger Dancefloor, in dem DJ-Stars wie David Morales und Roger Sanchez einheizen, und *Soul*, ein Bio-Restaurant mit Blick auf die Tanzfläche. **Eintritt**

Copacabana *Salsa, Meréngue & Samba* `5 B3`
560 West 34th Street • 212 239 2672
>> www.copacabanany.com Di, Fr–So 22–5 Uhr

Die beigen Polsterbänke und Art-déco-Palmen des
großzügigen Copa beschwören die Atmosphäre eines
Supper Clubs im Havanna der 1940er. Große Tanz-
flächen und eine Bühne mit Platz für New Yorks größte
Ensembles sorgen für einen unvergesslichen Abend.
Feine Garderobe macht Eindruck. **Eintritt**

The Ginger Man *Bierkneipe mit Stil* `6 E3`
11 East 36th Street • 212 532 3740
>> www.gingermanpub.com Tägl. ab mittags

Diese schöne Kneipe hat alles zu bieten, was ein Pub
ausmacht: poliertes Holz, gemütliche Sitzecken und
eine deftige Küche. Trotz der im Ginger Man überall
präsenten Guinness-Reklame trinken die meisten
Gäste doch eher belgisches Bier oder einen Single-
malt-Scotch.

Campbell Apartment *Edle Cocktails* `6 F2`
15 Vanderbilt Avenue, Southwest Balcony,
Grand Central Terminal • 212 953 0409
Mo–Sa 15–1, So 15–22 Uhr

Trotz aller restaurierten Pracht kann die Grand Central
Station ganz schön anstrengend sein. Aber im Campbell Apartment kann man die Menschenmengen und
Verspätungen getrost vergessen. Das ehemalige Büro
des Eisenbahn-Tycoons der 1920er, John W. Campbell,
sieht aus, wie man sich das Privatgemach eines reichen Industriellen vorstellt: dunkle Holztäfelung,
riesiger Kamin und prachtvolle Buntglasfenster.

Business People aus Midtown lassen auf bequemen Sesseln oder Barhockern zu Swing und Calypso
die Füße wippen. Zum Angebot gehaltvoller Cocktails
gehört der Prohibition Punch – ein Mix aus Passions-
fruchtsaft, Cognac, Grand Marnier und Champagner.
Tycoons von heute können auf dem kleinen Balkon
diskret ihre Geschäfte besprechen. Nicht zugelassen:
Turnschuhe, Jeans und Baseball-Kappen.

Métrazur *Grand-Central-Schmuckstück* 6 F2

East Balcony, Grand Central Terminal • 212 687 4600
» www.charliepalmer.com/metrazur
Mo–Fr 11:30–15, Mo–Sa 17–22:30 Uhr

Das Métrazur bietet einiges auf, um Bahnreisende und andere Gäste zum East Balcony der Grand Central Station zu locken. Junge Geschäftsleute schwelgen in Charlie Palmers Cocktail-Kreationen wie z. B. Riviera: Dubonnet, Grand Marnier, Blutorange und Lime.

Single Room Occupancy *Geheimtipp* 7 C5

360 West 53rd Street • 212 765 6299
Mo–Sa ab 19:30 Uhr

Dieses Plätzchen im Theater District dürfte das best-gehütete Geheimnis von ganz Midtown sein. Wer draußen klingelt, wird vom Personal in die dunkle Bar geleitet, in der smarte Gäste aus eleganten Gläsern einen Malbec oder ein Brooklyn Monster Ale trinken. Aus der Stereoanlage kommt House.

Ava Lounge *Modernismus im Majestic* 7 D5

Majestic Hotel, 210 West 55th Street • 212 956 7020
» www.avaloungenyc.com Tägl. ab 17 Uhr

Strenges Mobiliar, geometrische Linien an der Bar, hervorragende Martinis und jazziger House erinnern an das Goldene Zeitalter der Cocktailkultur in den 1950ern. Im Sommer muss man einfach draußen sitzen und die funkelnde Geschäftigkeit des Times Square auf sich wirken lassen.

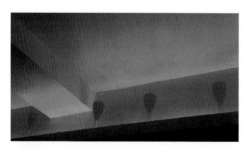

Flûte *Champagner-Lounge im Theater District* 7 D5

205 West 54th Street • 212 265 5169
» www.flutebar.com Mo–Sa 17–4 Uhr

Samtsofas, Belle-Époque-Poster, Sitzecken und ku-schelnde Pärchen sorgen für eine gemütliche, roman-tische Atmosphäre. Im Angebot sind 100 Sorten Champagner, 18 davon offen. Als Snacks gibt es Räucherlachs, Thunfisch-Tartar und Foie gras. Donnerstag bis Samstag Live-Jazz und DJs.

Russian Vodka Room *Für Kenner* `7 C5`
265 West 52nd Street • 212 307 5835
≫ www.rvrclub.com Tägl. ab 16 Uhr

Fast alle Bars in Manhattan mit großer Auswahl an Wodkas machen auf Glamour und schönen Schein, das Russian Vodka Room ist da eine rühmliche Ausnahme. Die meisten Theaterbesucher, die hier unterwegs sind, übersehen das schwarze Vordach zwischen all der Lichterpracht rundherum, daher geht es in der fensterlosen Lounge locker und entspannt zu. Jung und Alt aus Osteuropa sitzen an der geschwungenen Holzbar oder in Nischen und unterhalten sich zu den Klängen des Haus-Pianisten.

In den Regalen stehen nicht weniger als 50 Sorten Wodka. Falls Ihnen die merkwürdigen großen Glaskrüge über der Garderobe auffallen – darin sind köstliche hausgebrannte Wässerchen. Wir empfehlen Meerrettich, Cranberry oder Birne. Zu Essen gibt es eine reichhaltige Auswahl köstlicher russischer Spezialitäten von Borschtsch bis Kaviar.

Baraonda *Italo-Latino-Abend* `8 G2`
1439 2nd Avenue • 212 288 8555
≫ www.baraondany.com Mo–Sa ab 18 Uhr

Das Baraonda liefert den Beweis, dass auch seriöse Upper East Sider wissen, was eine Party ist. Ab Mitternacht verwandelt sich das Restaurant in ein Latino-Tanzlokal, in dem man bei Samba, Techno und *rock en español* Sangría kippt und auf den Tischen tanzt. (Vergessen Sie das überteuerte Essen.)

Bemelmans Bar *Kabarett & Cocktails* `8 E1`
Carlyle Hotel, 35 East 76th Street • 212 744 1600
≫ www.thecarlyle.com Tägl. 11–2 Uhr

Ludwig Bemelmans, Illustrator der *Madeline*-Kinderbücher, schuf das wunderbare Wandgemälde, das diese exquisite Uptown-Piano-Lounge prägt. Bestes Kabarett, gedämpftes Licht, poliertes Holz und konkurrenzlose Cocktails garantieren für einen unvergesslichen Abend. Lockere Garderobe erlaubt.

≫ *Verkehrsmittel in NY → S. 230f*

Jimmy's Uptown *Jazz & Co in Harlem* `11 D3`
2207 Adam Clayton Powell, Jr. Boulevard • 212 491 4000
Tägl. ab dem frühen Abend; So Gospel-Brunch

Jimmy Rodriguez verleiht der Südstaatenküche kulinarische Weihen (zum Beispiel Filet Mignon mit Meerrettichpolenta). Später verwandelt sich der Speiseraum in Harlems heißesten Club mit Live-Jazz, R&B und Reggae. Zu Jimmys Fans gehören auch die lokalen Hip-Hop-Größen Sean Combs und Russell Simmons.

Lunatarium *Rave-Location in Brooklyn* `13 A3`
Lunatarium im DUMBOLUNA, 10 Jay Street • 718 813 8404
>> www.lunatarium.com Sa ab ca. 22 Uhr

Das alte Lagerhaus im DUMBO-Viertel am Flussufer von Brooklyn erweckt die frühen Tage der New Yorker Rave-Szene zum Leben. In drei Räumen werden die Raver mit bestem Sound und Lichtdesign verwöhnt. Der großartige Blick auf Lower Manhattan erhöht die Attraktivität des Lunatarium noch. **Eintritt**

Frank's Lounge *DJ-Bar* `13 B4`
660 Fulton Street • 718 625 9339
>> www.frankscocktaillounge.com Tägl. ab 17 Uhr

Unter der Woche zieht die beste Jukebox New Yorks für Soulklassiker der 1960er und R&B eine angenehme, entspannte Kundschaft an. Am Wochenende legen DJs Hip-Hop und House auf, die Tanzfläche platzt bei all den smarten Nachtschwärmern aus Brooklyn aus allen Nähten.

Zombie Hut *Lounge-Überraschung* `13 B4`
261 Smith Street • 718 855 2736
Tägl. ab 17 Uhr

Bei dem Namen erwartet man Klischees wie Plastikpalmen und Strohröckchen, aber die Cocktail-Lounge in Brooklyns Restaurant-Gegend vermittelt einen nobleren, verträumteren Eindruck von Polynesien. Junge Pärchen teilen sich am Kamin gehaltvolle Mai Tais und lauschen dabei jazzigen Electro-Beats.

Gowanus Yacht Club *Kleines Juwel* `13 B4`

323 Smith Street • 718 246 1321
Mai–Okt tägl. ab nachmittags

Sommer in Carroll Gardens – das heißt Spaziergang im Park und Biere im Yachtclub. Elitär ist der Biergarten aber kein bisschen, es geht so locker zu wie in der Stadt. Die Gartenmöbel, das Brutzeln der Burger und die Beleuchtung halten die hippen Leute vom Gehen ab, auch wenn das preiswerte Bier längst geleert ist.

Great Lakes *Studententreff* `13 C4`

284 5th Avenue • 718 499 3710
Tägl. ab 18 Uhr

Dieser Favorit in Park Slope hat durchgesessene Sofas und eine nette junge Kundschaft, die auch wegen dem Indie-Rock der Jukebox herkommt. Hier beredet man nochmal seine Abschlussarbeit und schließt an der Bar oder beim Rauchen draußen auf dem Gehsteig Freundschaften.

Panorama-Bars

In die vielen Themenbars und Luxus-Lounges von New York mögen Millionen Dollar geflossen sein, aber nur eine Bar mit fantastischem Panorama ist wirklich Gold wert. Die **Sky Bar** über der La Quinta Inn-Filiale am Herald Square ist ein Beweis dafür. Die Terrasse im 14. Stock macht die Enge und die Einheits-Getränke mit dem spektakulären Blick aufs Empire State Building, das direkt vor Ihnen in den Himmel ragt, locker wett. Sehr beliebt bei Angestellten der Gegend nach Feierabend.

Das **Boat Basin Café** ist eine ausgesprochen seltene New Yorker Location, um Burger mit Bier zu verspeisen: ein schrulliger, geräumiger Ort mit maurischen Steinbogen zum Hof. Vom schattigen Außenbereich am Flussufer kann man zusammen mit aufgeschlossenen Upper West Side-Pärchen und -Familien die Segelboote auf dem Hudson beobachten. Der bevorzugte Treffpunkt junger Urlauber aus aller Welt, die sehen und gesehen werden wollen, ist die **Plunge Bar** des neuen Hotels Gansevoort. Der Name passt, denn die Bar ist auf dem Hoteldach gleich neben dem Swimmingpool. Auf eleganten Terrassenmöbeln kann man sich durch den Anblick der hübschen Gästeschar schon mal von der überwältigenden Panorama-Aussicht ablenken lassen. Ebenfalls auf Hochglanz poliert, aber nicht ganz so stilbesessen, ist die **High Bar** im frisch aufgemöbelten Gramercy Hotel. Hotelier-Legende Ian Schrager hat den Dachgarten der Bar mit gemütlichem Mobiliar, das ebenso gut in ein Wohnzimmer passen würde, ausgestattet.

Den Kontrapunkt zu all diesen noblen Plätzen bildet das verwitterte **Ruby's** auf Coney Island, wo's das Bier in Plastikbechern gibt und man die frische Brise und die wunderbare, farbenfrohe Promenade bestens genießen kann, und zwar kostenlos. Details zu den einzelnen Bars → S. *227f.*

>> *Blick über Central Park bietet auch das Roof Garden Café des Metropolitan Museum of Art (→ S. 172)*

Bars & Clubs

Buttermilk Bar *Brooklyn-Klassiker* `13 C5`
557 5th Avenue • 718 788 6297
Tägl. ab 18 Uhr

Das Buttermilk gehört den gleichen Leuten wie das
Great Lakes *(→ S. 155)*. Es ist zwar abgelegen, aber
wegen seiner hippen Atmosphäre lohnt sich der Weg.
Die Jukebox liefert Indie-Rock, es gibt ausreichend
Sitzplätze, aus dem Zapfhahn läuft das Bier der
Brooklyn Brewery. Hier trinkt der echte Brooklynite.

Trash *Schwul-lesbisch* `13 C2`
256 Grand Street • 718 599 1000
Tägl. 17–4 Uhr

Das Trash (ehemals Luxx, dann Toybox) ist schnell zur
Lieblingskneipe all derer in Williamsburg geworden,
die es rockig mögen. Auf coolen Plastikpolstern sitzen
jeden Abend flirtwillige Singles, aber so richtig voll
wird es erst am Wochenende, wenn im kleinen Hinterzimmer getanzt wird.

Larry Lawrence *Lockere Lounge* `13 C2`
295 Grand Street • 718 218 7866
Tägl. ab 18 Uhr

Diese Lounge in Williamsburg verbreitet auf zwei Ebe-
nen den Hochglanz-Geist der Manhattaner Lounges,
aber ohne deren Arroganz. Unten trinken Künstler und
andere aus der Gegend Martinis und offene Weine zu
vernünftigen Preisen. Vom gartenähnlichen Atrium
oben genießen die Raucher den Blick zum Himmel.

Spuyten Duyvil *Belgisches Flair* `13 C2`
359 Metropolitan Avenue • 718 963-4140
Tägl. ab 17 Uhr

Über 100 flämische Flaschenbiere und abwechselnd
sechs Fassbiere warten auf den Kenner. Schon die
hellrote Fassade der gemütlichen Kneipe verspricht
fröhliche Stimmung. Drinnen werden ausgefallene
Biere getestet, scharfe *Soppressata*-Salamis verspeist
und Trinkreden gehalten.

Volume *Schnellaufsteiger der Clubszene* `13 B1`
Wythe Ave. & N. 13th St., Williamsburg • 718 388 3588
» www.volume.tv Event-Infos auf der Website

Das authentische Lagerhaus-Flair des Volume ist ideal
für lange House-Wochenendpartys. Club-Kids und
Williamsburger Künstler machen bei allem Möglichen
mit: Avantgarde-Electro-Shows, Kunstinstallationen
mit DJ-Beteiligung – und sogar Dodgeball-Wettkämp-
fe. Eintrittspreise je nach Veranstaltung.

Galapagos *Spielwiese für Kunstinteressierte* `13 B2`
70 North 6th Street • 718 782 5188
>> www.galapagosartspace.com Tägl. ab 18 Uhr

In fast jedem New Yorker Bezirk gibt es eine Location, die wie keine andere die Besonderheiten des Viertels und seiner Einwohner verkörpert. In der mondänen Künstler-Hochburg Williamsburg ist es das Galapagos. In der North 6th Street mit ihren Bistros, Boutiquen und zwei oder drei noch leeren Speicherhäusern bietet es Auftrittsmöglichkeiten für Musiker, Präsentationsmöglichkeiten für Filmemacher und Maler und nicht zuletzt einen großartigen Anlass für Besucher von weither, nach Williamsburg zu kommen.

Hinter der Tür in warmem Magentarot erwartet Sie ein riesiges reflektierendes Bassin mit einer großen Projektionsfläche darüber. Im Performance- und Barbereich dahinter tummeln sich die hippen Leute der Brooklyner Kunst- und Musikszene. Auf der kleinen Bühne mit prachtvoller Beleuchtung und genialen Spotlights wird von Avantgarde-Rockkonzerten bis gewagtem Varieté alles gegeben und vom Publikum enthusiastisch gefeiert.

Das wöchentliche Filmprogramm Ocularis zeigt einheimische und internationale Produktionen. Häufig werden der Regisseur oder ein Schauspieler zu Diskussionen nach der Vorstellung eingeladen. Am Wochenende legen DJs Electro-Beats oder Rock 'n' Roll, Soul, Break-Beats oder anderes auf.

Manchmal wird Eintrittsgeld verlangt, daher sollten Sie auf der Website das Programm checken.

Streetlife

Das authentische New Yorker
Leben spielt sich abseits der bekannten Besucher-Magnete ab –
in den Vierteln, in denen die Einheimischen und Zugewanderten
einkaufen, essen gehen und sich
entspannen. Das folgende Kapitel
zeigt den Blick der New Yorker auf
ihre Stadt – Schnappschüsse der
lebendigen und vielseitigen All-
tagskultur dieser quirligen Metropole, die niemals schläft.

Streetlife

Lunchtime auf der Wall Street Banker & Broker hautnah 1 D4

Wenn Sie New York authentisch erleben wollen, fahren Sie unter der Woche zur Mittagspause zur Wall Street und mischen Sie sich unter die Geschäftsleute. Es gibt jede Menge Delis und Sandwich-Shops, darunter **Cosi, Pret a Manger, Green Market** und **Amish Fine Food Market**. Aber Vorsicht: In dieser Gegend ein Sandwich zu ordern, ist nichts für Neulinge: Bestellen Sie erst, wenn Sie genau wissen, was Sie wollen, sonst wird der Kellner ungeduldig.

Auf der Treppe der **Federal Hall** gegenüber der **Stock Exchange** (Börse) beim Blick durch die Betonschluchten können Sie sich ein bisschen ausruhen. Oder Sie ergattern einen Platz im **Bowling Green Park** (am südlichen Ende des Broadway) oder im **Battery Park** am Ufer. Wenn Sie es wirklich ruhig wollen, empfiehlt sich die **Trinity Church** (Karte 1 D4), die man um 14 Uhr im Rahmen einer Führung besichtigen kann. Jeden Donnerstag um 13 Uhr finden dort Konzerte statt.

Canal Street Essstäbchen & Historie 2 E1

Ohne einen Spaziergang durch die Hauptstraße von Chinatown ist ein Besuch in New York nicht komplett. Die Canal Street ist immer voller Leben – ein einziges Gewirr von Sprachen, die sich im Getümmel Gehör verschaffen wollen.

Straßenhändler verkaufen NYC-T-Shirts, kopierte Rolex-Uhren und anderen Schnickschnack. Gehen Sie daran vorbei zu den Imbissständen mit allem chinesischem Drum und Dran. Im Sommer sollte man die **Chinatown Ice Cream Factory** (Bayard 65) keinesfalls auslassen; **HSF** (Nr. 46) liefert bestes Dim Sum. Gutes Essen gibt's auch im **Great NY Noodle Town** auf der Bowery (Nr. 281).

Wenn Sie mehr über Kultur und Geschichte nicht nur von Chinatown erfahren wollen, besuchen Sie das **Museum of Chinese in the Americas** an der Kreuzung Mulberry/Bayard. Auch ein Besuch im **Mahayana Buddhist Temple** (Canal Street 133) lohnt sich; mit seiner gelben Fassade können Sie ihn nicht verpassen.

 Noch mehr New Yorker Cafés, Kneipen und Restaurants unter ⟫ www.enewyork.dk.com

Sportplätze auf der West 4th St, Ecke 6th Avenue `3 C3` *Straßensport*

Die Asphaltzone auf der West 4th Street ist wegen der Basketballkörbe inzwischen so bekannt, dass sie sogar vom NYC Parks Department offiziell anerkannt wurde. Ganzjährige »Pick-up«-Spiele und ein Sommer-Wettkampf locken Basketballer aus der ganzen Welt an. Kaufen Sie sich beim Straßenhändler einen Hotdog und feuern Sie die Spieler an.

Meatpacking District *Kultige Gegend* `3 A2`

Das geschichtsträchtige Viertel in der westlichen Ecke des West Village unterhalb der 14th Street entwickelt sich rapide schnell. Zu seinen besten Zeiten im 19. Jahrhundert gab es hier über 200 Schlachthäuser und Fleischfabriken. Ein paar von ihnen existieren immer noch, aber die meisten sind längst in die Bronx abgewandert oder ganz aus der Stadt gezogen. Aus den Lagerhallen – viele davon denkmalgeschützt – wurden Cafés, Restaurants, Galerien, Kneipen und elegante Läden. Der Meatpacking District ist zur Piste für Models und Promis geworden. Heute sieht man eher eine hochglanzpolierte Limousine als eine Rinderhälfte. In der Architektur lässt sich die Vergangenheit aber immer noch nachvollziehen, zum Beispiel an den merkwürdigen Metallmarkisen über der Straße, die das Fleisch beim Entladen der Lkws schützten.

Die gepflasterte **Gansevoort Street** war früher für ihre Transvestiten und transsexuellen Huren berüchtigt. Hier läutete 1985 das Bistro **Florent** (→ S. 38) die Renaissance des Viertels ein. Längst etabliert sind auch der Tanzclub **Cielo** (→ S. 148) und das französische Bistro **Pastis** (→ S. 221). Nicht weit sind die Boutiquen **Stella McCartney** (→ S. 73), **Alexander McQueen** (→ S. 223) und **Jeffrey** (→ S. 74) in der 14th Street. Designermöbel kann man in der **Karkula Gallery** und im **Vitra** kaufen (→ S. 224). Die früheren Gansevoort Docks sind heute Teil des **Hudson River Park**. Den Uferweg vorbei an ein paar malerischen Piers nutzen Fußgänger ebenso wie Jogger, Biker und Inlineskater.

» *Weitere Infos zu Läden und Restaurants im Meatpacking District* → **www.meatpacking-district.com**

Tompkins Square Hundepark *Paradies für Vierbeiner*

4 G2

Bello muss nicht den neuesten Burberry-Sweater tragen, Hauptsache, er ist gut erzogen und tollt nicht unkontrollierbar durch die Gegend. Spielzeug ist verboten, weil es dann eh bloß Streit gibt. Das sind ein paar der vielen Regeln am Eingang zum Hundeplatz im Tompkins Square Park. Dieser sehr besondere Ort ist Ausdruck der amerikanischen Regelungswut und der Notwendigkeit, New Yorks Hunden Auslauf und Kontakte zu anderen Vierbeinern zu verschaffen.

Früher prägten Drogenabhängige und Prostituierte den Park, jetzt ist er erheblich anständiger – davon zeugen der ordentliche Hundeplatz und die gepflegten Herrchen und Frauchen. Beobachten Sie das Treiben vom Zaun aus (kein Zutritt ohne Hund) und schlendern Sie dann über die 9th Street und die Avenues A und B, wo es etwas nobler zugeht. Für einen Kaffee gibt es das **Itzocan** (438 E. 9th St.) oder **Rue B** und **DT–UT** auf der Avenue B (Nr. 188 bzw. 41).

Chelseas Flohmarkt & Union Square Märkte *Schnäppchen*

3 D1

Freiluftmarkt Sa & So 8–17 Uhr • Union Square Greenmarket Mo, Mi, Fr & Sa 8–18 Uhr • Holiday Market vom Tag nach Thanksgiving bis Heiligabend

Auf Chelseas Antik- und Flohmärkten kann man einfach alles finden, von der Gürtelschnalle oder alten Knöpfen bis zu botanischen Zeichnungen, alten Karten, Äxten oder echter Spitze. Auf dem **Freiluftmarkt** an der Ecke 24th Street/6th Avenue gibt's Kurioses und Möbel. **Antiques Garage** und **Antiques Annex** verkaufen zwar eher Antiquitäten, aber auch den ein oder anderen Krempel. Auf beiden lohnt das Stöbern; für das Annex muss man allerdings einen Dollar Eintritt zahlen. Auf dem **Union Square Greenmarket** ein paar Häuser weiter südlich bieten Stände Obst, Gemüse, Fisch, Fleisch und Backwaren feil. Und im Winter gibt's noch den **Holiday Market** – mit einem großen Angebot an handgefertigtem Schmuck, T-Shirts, Kerzen, Massage-Ölen, Malerei und Hüten.

Subway-Passage: Grand Central bis Times Square `6 F2` *Musik im Untergrund*

Zwischen Grand Central Station und Times Square verkehren unterirdisch Shuttle-Züge, in den Gängen der Subway-Stationen an beiden Enden der Strecke geht es so hektisch zu, wie man es von New York erwartet, wenn Berufstätige auf dem Weg zur Arbeit hindurchflitzen. In den Gängen kann man aber auch hervorragenden Musikern lauschen, bei denen gelegentlich sogar gehetzte Geschäftsleute für ein paar Takte stehen bleiben. Einige der Musiker kommen einfach und suchen sich einen Platz, aber die meisten gehören zum offiziellen MTA-Programm »Music Under New York«. Das Programm präsentiert verschiedene Musikrichtungen von Jazz über Cajun bis zu afrikanischen, klassischen, asiatischen und Bluegrass-Klängen. Die strenge Vorauswahl soll dafür sorgen, dass die Qualität auch überzeugt. Halten Sie Ausschau nach den autorisierten Musikern mit den schwarz-orangen »Music Under New York«-Schildern.

125th Street *Tor nach Harlem* `11 D3`

Als eine der Hauptstraßen von Harlem kam die 125th Street während der Harlem-Renaissance der 1920er Jahre als Synonym für Tanz- und Jazzclubs zu einiger Berühmtheit. Seitdem ist die Straße das kommerzielle Zentrum des überwiegend schwarzen Viertels. Über die Jahre bildete es das Rückgrat der Bürgerrechtsbewegung und wurde zum kreativen Zentrum in Sachen Musik, Malerei, Literatur und Theater.

Nach einer längeren Phase wirtschaftlichen Niedergangs und hoher Kriminalitätsrate wird die Straße nun wieder zur quirligen Hauptstraße, mit kleineren Boutiquen, Filialen großer Ketten und Straßenhändlern. Vielleicht schlägt das Herz von Harlem jetzt eher in den Seitenstraßen, aber die 125th bleibt der Mittelpunkt. Führungen durch Harlem bieten die **Harlem Spirituals**, **Radical Walking Tours** und **Big Apple Jazz Tours** (→ S. 231) an. Auch ein Gospel-Gottesdienst in der Lenox Lounge lohnt sich (→ S. 129), ebenso die Südstaatenküche im **Amy Ruth's** (→ S. 220).

Streetlife

Brooklyn Heights
Promenade *Manhattan-Panorama* `13 A4`

Von hier hat man den schönsten Ausblick auf Manhattan. Gleichzeitig kann man wunderbar spazierengehen – alleine, Hand in Hand mit Ihrer/m Liebsten oder Leine in Hand mit Ihrem Hund. Holen Sie sich im **Connecticut Muffin** an der Montague (der Haupteinkaufsstraße) einen Espresso und schlendern Sie weiter in Richtung Wasser und zum Walkway.

Die Promenade ist bei Einheimischen und Besuchern sehr beliebt, und das trotz des Ausblicks auf den Expressway zwischen Brooklyn und Queens. Sie ist entspannend und spannend zugleich – schon wegen der Aussicht auf Manhattan.

Der Weg ist nicht lang, aber Sie können anschließend noch die gut erhaltenen braunen Sandsteinhäuser von Brooklyn Heights anschauen. In der Montague Street gibt es ein paar gute Restaurants, darunter das **Theresa's** (Nr. 80), wo man sowohl köstliche polnische Spezialitäten als auch einfache Cheeseburger oder Hamburger essen kann. Bei **Heights Books** (Nr. 109) verkauft man gebrauchte Bücher in großer Auswahl.

Oder Sie spazieren von der Promenade über Columbia Heights zum Fulton Ferry Anleger, essen ein Eis bei der **Brooklyn Ice Cream Factory** und nehmen ein Wassertaxi nach Manhattan. Oder Sie gehen noch ein Stück und laufen über die Brooklyn Bridge.

Red Hook Food Stalls *Fußballspaß* `13 B5`
Ecke Bay/Clinton Street
Ende April–1. Oktoberwochenende Sa & So

Auf den Spielfeldern von Red Hook geht es um Fußball und Begegnung, man tauscht Neuigkeiten aus und probiert möglichst viel hausgemachtes lateinamerikanisches Essen. Mexiko, Honduras, Guatemala und Kolumbien sind gut vertreten. Testen Sie Ihr Spanisch – und seien Sie experimentierfreudig.

Bedford Avenue *Herz von Williamsburg* `13 C2`

Williamsburg, ein kleines Viertel im Norden von Brooklyn, hat alles, was in einer angesagten Gegend dazugehört – witzige Cafés, hippe Kneipen, renovierte Lofts, Modeläden und noch ein paar trendige Cafés mehr. Das pulsierende Herz des Ganzen ist die Bedford Avenue. Die Gegend hat sich in den vergangenen zehn Jahren dramatisch verändert. So manchem gefällt gar nicht, dass die hippe Garde von Brooklyn mit ihren Laptops auf jedem zweiten Cafétisch die Szene beherrscht und ihre bloße Anwesenheit die Preise in die Höhe schnellen ließ. Andere freuen sich, weil das Viertel interessanter wird und weil viele alte Industriebauten zu Wohnhäusern, Läden und Clubs ausgebaut werden.

Es stimmt schon, dass vieles Alte durch Neues, Nobleres, Kostspieligeres ersetzt wurde, aber schaut man über die iPods (günstig zu haben bei **Brooklyn Industries**, Nr. 162) etc. hinweg, kann man durchaus noch das alte Williamsburg erleben. Das Viertel hat sich seinen vielseitigen Mix bewahrt, zu dem die ost-europäischen Chassidim-Juden von Süd-Williamsburg ebenso gehören wie die Künstlerszene und die polnische Gemeinde, die aus Greenpoint herübergeschwappt ist. Deren Einfluss kann man sehen und schmecken in der polnischen Bäckerei **Cukiernia** (Nr. 223) und im **S & B Polish Restaurant** (Nr. 194).

Zwischen North 6th und 10th Street ist die Bedford Avenue am lebendigsten. Für eine coole Kaffeepause bietet sich das **Verb Café** (Nr. 218) an, wo die Locals an wackeligen Holztischchen ihren Java schlürfen, Off-beats hören und Dame spielen. Das Verb liegt gleich neben einer Mini-Mall mit einem Internet-Café, dem berühmten **Bedford Cheese Shop**, Modeläden und der Buchhandlung **Spoonbill and Sugartown** (→ *S. 88)*. Vegetarier gehen ins **Bliss Café** (Nr. 191), köstliche Pizza gibt's im **Anna Maria's** (Nr. 179). Für Damenmode lohnt sich das **Metaphors** (Nr. 195), für Einrichungsdesign das **Spacial** (→ *S. 89)*. Die **Brooklyn Lager Brewery** (79 N. 11th St.), kann man samstags besichtigen (letzte Tour 16 Uhr) oder zur Friday Night's Happy Hour (18–22 Uhr) besuchen.

Brighton Beach
Boardwalk *Meer, Strand & Co*
Ⓜ Linien B, Q bis Brighton Beach; Linien F, D, Q bis Coney Island/Stillwell Ave.

Die russische Enklave Brighton Beach an Brooklyns Südspitze, auch »Little Odessa« genannt, lohnt einen Tagesausflug von Manhattan. Der Brighton Beach Boardwalk ist geprägt von slawischen Sprachen, Schachspielern, Meeresrauschen und einem Hauch von Borschtsch aus den Cafés. Das beste und preiswerteste Essen der Gegend bekommen Sie aber »landeinwärts« im **Café Glechik** (3159 Coney Island Avenue) oder im **Café Arbat** (306 Brighton Beach Avenue). Versuchen Sie *vareniki* (eine Art Piroggen) und trinken Sie dazu Fruchtbowle. Im **M & I International Food Market** (249 Brighton Beach Avenue) kann man

aus einer eindrucksvollen Auswahl osteuropäischer Delikatessen etwas zum Mitnehmen ans Ufer kaufen.

Von der Promenade hat man einen herrlichen Blick auf Strand und Wasser. Coney Island an ihrem Ende mit dem **New York Aquarium** (www.nyaquarium.com) und **Astroland** (www.astroland.com) sollten Sie auf keinen Fall verpassen. Eine Attraktion des Vergnügungsparks ist die wackelige Achterbahn Cyclone, die inzwischen unter Denkmalschutz steht.

Der Vollständigkeit halber sollte man unbedingt einen **Nathan's Hotdog** vom Originalschauplatz Ecke Surf/Stillwell probieren. Hier finden am 4. Juli die Hotdog Eating Championships statt. Mitte/Ende Juni sollten Sie auf www.coneyisland.com nachsehen, wann New Yorks maritime Variante des Mardi Gras stattfindet: die Mermaid Parade auf der Surf Avenue.

Roosevelt Avenue *Gewürzte Quirligkeit*

Ⓜ Linien 7, E, F, V, G und R bis Roosevelt Avenue

Die Roosevelt Avenue ist eine der Hauptverkehrs-
adern durch das Queens-Viertel Jackson Heights und
eine super Mixtur an Kulturen und Küchen, darunter
Kolumbianisch, Chinesisch, Indisch, Pakistanisch,
Koreanisch und Mexikanisch. Sobald Sie aus der
Subway kommen, sind Sie von exotischen Düften
aus den verschiedensten Küchen umgeben. Das
Viertel mag optisch nicht wirklich überzeugen, aber
das machen die Vielfalt und die Lebendigkeit mehr
als wett.

In den Läden der benachbarten 74th Street kann
man Telefonkarten, Spielzeug, Essen und Klamotten
kaufen. Zum Essen empfiehlt sich das **Jackson Diner**
(Nr. 37) oder der **Patel Brothers Market** (Nr. 27) mit
unzähligen chinesischen Speisen und Gewürzen.
Ebenfalls auf 74th Street können Sie im **Sahil Sari
Palace** (Nr. 37–55) aufregenden Schmuck, bunte Saris
und Seidenkleider kaufen.

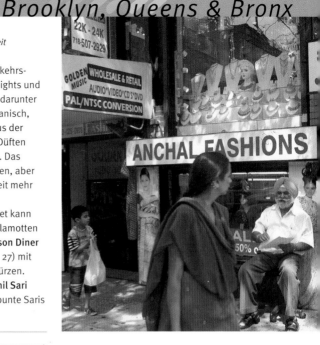

Arthur Avenue *Mini-Little Italy*

Ⓜ Linie 4 oder D bis Fordham Rd., dann Bus Nr. 12 nach Osten;
Linie 2 od. 5 bis Pelham Parkway, dann Bus Nr. 12 nach Westen

≫ www.arthuravenuebronx.com

Im Norden der Bronx verläuft die Arthur Avenue, ein
Stückchen von New Yorks Multikulti-Patchwork: Sie ist
echt italienisch, ganz besonders das Stück zwischen
187th Street und Crescent Avenue. Hier findet man
die frischesten und leckersten italienischen Lebensmittel diesseits des Atlantiks. Der **Egidio Pastry Shop**
(622 E. 187th Street) verkauft unglaublichen Schoko-
ladenkuchen und hervorragende *cannoli* (mit süßer
Ricottacreme gefüllte Teigrollen) und dazu den besten
Espresso. Im **Borgatti's** (632 E. 187th Street) kann
man die besten hausgemachten Pasta und Ravioli
kaufen (vor Ihren Augen hergestellt). Läden und Stände verführen mit ihrer Auswahl an Salamis, Parmeggi-
ano, Pasta, Mozzarella und Meeresfrüchten. Auf der
Straße wird fast überall Italienisch gesprochen, die
Atmosphäre ist entspannt und familiär.

≫ *Verbinden Sie einen Besuch auf der Arthur Avenue mit dem Botanischen Garten oder Wave Hill (→ S. 175)*

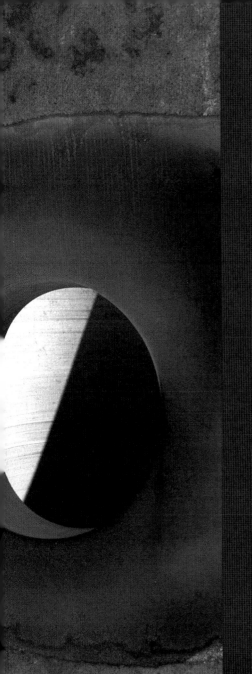

Oasen

Um Erholung zu finden, muss man nicht über die Stadtgrenzen New Yorks hinausgehen. Parks, Gärten, Kirchen, Yogaschulen, Wellness-Center und Teestuben sind Oasen der Ruhe. Inspirierend ist der Blick auf die Stadt – von den Aussichts-plattformen der Wolkenkratzer. An den Ausläufern der Stadt – etwa um Wave Hill in der Bronx oder im Marschland der Jamaica Bay – stößt man unvermittelt auf ein Stück Wildnis in New York.

Oasen

The River Project *Erholung am Wasser* `1 B1`
Pier 26, über West Street • 212 233 3030
>> www.riverproject.org Tägl. 11–17 Uhr

Unweit von Tribeca ist das Areal des Forschungs-
zentrums der ideale Ort, um tief durchzuatmen. Wer
sich zuvor bei Nobu *(→ S. 38)* Sushi schmecken ließ,
kann hier dem Meeresgott huldigen. Auf dem Wasser
schaukeln hübsche Boote. Über die Unterwasserwelt
informieren Schautafeln und freiwillige Helfer.

Bliss SoHo *Erstklassiges Wellness-Center* `3 D4`
568 Broadway, 2. Stock • 212 219 8970
>> www.blissworld.com
Mo–Fr 9:30–20:30, Sa 9:30–18:30 Uhr

Vergessen Sie für einige Stunden die Welt um sich.
Schlüpfen Sie in einen kuscheligen Bademantel und
lassen Sie sich frische Brownies, Äpfel und Fruchtsäfte schmecken, bis Sie an der Reihe sind. Bliss hat
zwei Niederlassungen in New York, das Center in
SoHo – zugleich die Bliss-Zentrale – eignet sich für
Neulinge besser. Sowohl Männer als auch Frauen
werden hier von Kopf bis Fuß verwöhnt, wobei die
Gesichtsbehandlung die Stärke von Bliss ist. »Triple
Oxygen Treatment« und »Fully Loaded«-Gesichts-
behandlung sind bei schönheitsbewussten New Yorkern extrem beliebt. Toll zum Kennenlernen ist die
Basis-Gesichtsbehandlung mit zusätzlichen Anwendungen *à la carte*, darunter Masken, Lippenpflege
und Haarentfernung. Die Umkleidezimmer haben
Sauna, Dampfbad und Dusche.

Angel Feet *Göttliche Fußpflege* `3 B3`
77 Perry Street • 212 924 3576
Di, Do & Fr 10–21, Sa & So 10–20 Uhr

Der Name dieses Schmuckkästchens in einem Keller
ist Programm: Die Fußreflexzonenmassage ist wahr-
lich himmlisch. Die Behandlung, zu der man sich in
einen bequemen Sessel fallen lässt, lindert jeden
Fußschmerz. Entspannende Musik, Kerzenlicht und
ein duftendes Fußbad bringen Erholung pur.

Jivamukti Yoga

4 E3

Center *Gesunder Geist & gesunder Körper*
404 Lafayette Street, 3. Stock • 212 353 0214
>> www.jivamuktiyoga.com
Mo–Do 8–21, Fr 8–18:30, Sa & So 9–18:30 Uhr

Finden Sie innere Ruhe und körperliche Ausgeglichenheit in einem der vielen Hatha-Yoga-Kurse, die hier angeboten werden. Das Jivamukti mit seinen zwei Zentren in Manhattan hat schon vielen den Zugang zu Yoga erleichtert. Eigentlich kann man ohne Voranmeldung an einem Kurs teilnehmen oder sich einer offenen Meditationsrunde anschließen, allerdings sollte man trotzdem vorher anrufen und fragen, ob überhaupt noch ein Platz frei ist.

Im ganzen Gebäude fördern aromatische Öle, leise Musik, weiches Licht und ein plätschernder Wasserfall die Entspannung. Massagen, Workshops, Vorträge und Yoga-Vorführungen gehören zum Programm. Vergessen Sie nicht, die Schuhe auszuziehen, bevor Sie die Meditations- und die Umkleideräume betreten.

Wild Lily Tea Room *Zen-Entspannung*

5 B5

511a West 22nd Street • 212 691 2258
>> www.wildlilytearoom.com Di–So 11–22 Uhr

Tee wird hier sehr ernst genommen: Nehmen Sie sich also Zeit zum Einkaufen, Bummeln und Probieren. Anderswo mag einen die große Auswahl an Teesorten erschlagen – hier können Sie mit Unterstützung der Verkäufer in aller Ruhe aus dem vielfältigen Angebot an Jasmin-, Ginseng-, Gersten-, Frucht-, schwarzem und grünem Tee wählen.

Höchstens 32 Gäste finden im Wild Lily gleichzeitig Platz, aber der hohe Raum und der kleine Goldfischteich schaffen eine entspannte, luftige Atmosphäre. Angenehm einfach sind die japanische Einrichtung und die hübschen Bento-Schachteln und -Tablette sowie das Teeservice. Die Gerichte sind frisch, einfallsreich und schmackhaft, darunter traditionell Britisches wie *biscuits*, aber auch gewagte Erfindungen wie eine Erbsen-Joghurt-Suppe oder Grüner-Tee-Kuchen. Ein Schluck Sake tut danach sehr gut.

>> *Weitere Teestuben zur Entspannung* → S. 31

Oasen

The Spa im Mandarin Oriental 7 C4
Luxuriöse Ruhepause

80 Columbus Circle bei 60th St., 35. Stock • 212 805 8880
>> www.mandarinoriental.com Mo–Fr 9–21, Sa & So 9–19 Uhr

Dieses Wellness-Center ist nicht billig, aber jeden Dollar wert! Auf das fantastische Behandlungsangebot ist man zu Recht stolz, darunter Massagen mit so exotischen Namen wie »Life Dance« und »Balinese Body«. Kostenlose Kräuteraufgüsse werden täglich zubereitet, Mandeln und getrocknete Früchte werden in der Tea Lounge angeboten, die zudem eine tolle Aussicht auf den Hudson River und den Westen Manhattans bietet. Die Einrichtung ist asiatisch schlicht und elegant: Kerzen erleuchten die Flure, Orchideenblüten zieren die Tische. Genießen Sie die vielen angebotenen Annehmlichkeiten wie den »Vitality Pool«, das Dampfbad, wo Eukalyptusöl zum Einreiben der Haut bereitsteht, sowie die »Regenwald«-Dusche. Nach all diesen Wohlfühl-Einheiten zieht man sich am besten in den »Relaxing Room« zurück.

Top of the Tower @ Beekman Tower Hotel 6 G1
Oase im 26. Stock

3 Mitchell Place, bei 49th St. & 1st Ave. • 212 980 4796
So–Do 16–1, Fr & Sa 16–2 Uhr

Ein großartiger Raum mit toller Aussicht und einem erschöpfenden Cocktail-Angebot. Die ruhige Atmosphäre, der unaufdringliche Service und die einzigartige Lage lassen Sie für eine Weile die Hektik vergessen. Nehmen Sie einen Tisch am Fenster.

The Iris and B. Gerald Cantor Roof Garden 8 E1
Kunst & Entspannung

Metropolitan Museum of Art, 1000 5th Avenue, Ecke 82nd St.
>> www.metmuseum.org
Mai–Spätherbst Di–Do & So 10–16:30, Fr & Sa 10–20:30 Uhr

Tolle Aussicht, Skulptur im Vordergrund, Wein oder Cappuccino als Seelenbalsam: Den Dachgarten in luftiger Höhe zieren Kunstwerke des Metropolitan Museum vor der Kulisse des Central Park.

Weitere Oasen der Ruhe unter >> www.enewyork.dk.com

Conservatory Gardens im
Central Park *Blumen, Brunnen & Besinnung*

`10 E2`

Eingang an 5th Avenue und 105th Street • 212 360 2766
>> www.centralparknyc.org Tägl. 8 Uhr bis Sonnenuntergang

Wildpflanzen, seltene Rosenarten, gestutzte Hecken
und zahllose andere Pflanzenschönheiten sind hier
auf 2,4 Hektar herrlich arrangiert. Kein Wunder, dass
sich New Yorks Brautpaare um eine Genehmigung für
die Trauungszeremonie im Pflanzengarten reißen und
der Andrang von Schulklassen gewaltig ist.

Der zentrale Brunnen ist vor allem im Frühjahr
prächtig, wenn die Glyzinien um ihn herum purpurfar-
ben, voilett, pink und weiß blühen. Zwei weitere Brunnen liegen näher zur Fifth Avenue hin, einer davon ist
von konzentrischen Blumenringen umgeben. Setzen
Sie sich auf eine Bank und genießen Sie die Düfte und
die Stille des Gartens. Von April bis Oktober kann man
sich samstags einer kostenlosen Führung anschließen
(bei jedem Wetter); Treffpunkt ist um 11 Uhr am Vanderbilt Gate an der Fifth Avenue, Höhe 105th Street.

The Ramble im
Central Park *Grünes Labyrinth*

`7 D2`

Eingang via 5th Ave. oder Central Park West zw. 72nd & 80th St.
>> www.centralparknyc.org

The Ramble ist ein Netz aus gewundenen Pfaden, die
sich auf mehr als 14 Hektar dichtem Waldgebiet
erstrecken, über schmale Brücken und vorbei an kleinen Teichen. So unberührt ist dieser Flecken im Central Park, dass The Ramble von der National Audubon
Society zu den 15 wichtigsten Vogelschutzgebieten
der gesamten USA gezählt wird. Wenn Sie das Areal
früh am Morgen besuchen, sind die »professionellen«
Vogelbeobachter, bewaffnet mit Ferngläsern, schon
auf der Lauer und schlürfen an ihrem Becher mit
heißem Kaffee oder Schokolade. Tagsüber kommen
die unterschiedlichsten Leute, die meisten wollen sich
in ihrer Mittagspause nur ein wenig ausruhen, andere
haben ein Rendezvous.

Die Website des Central Park verweist auf The
Ramble im Abschnitt »Great Lawn«.

>> *The Ramble ist der ideale Ort zum Entspannen nach dem Met-Besuch (→ S. 103)*

Oasen

The Rotunda
im The Pierre *Tee in bester Tradition*

8 E4

The Pierre Hotel, 2 East 61st Street • 212 838 8000
Nachmittagstee täglich 15–17:30 Uhr

Nirgendwo sonst in New York lässt sich der Nachmittagstee besser trinken. Die Atmosphäre in dem hohen überkuppelten Raum ist sehr einladend. Man wählt zwischen einem Drei- oder Fünf-Gänge-Tee, je nach Appetit auf Sandwiches und Gebäck.

The Cathedral Church of
St. John the Divine *Friedvolle Pracht*

9 B1

1047 Amsterdam Avenue, Ecke 112th Street • 212 316 7540
>> www.stjohndivine.org Mo–Sa 7–18, So 7–19 Uhr

Die 1892 begonnene St. John wird mal eine der weltweit größten Kathedralen sein – wenn sie denn jemals fertig gestellt wird. Das Schiff mit den gewaltigen Kuppeln wirkt nicht einschüchternd, vielmehr fühlt man sich in der Kirche sehr wohl, fast geborgen. In den kleineren Kapellen wird wochentags gebetet, die sonntäglichen Gottesdienste um 11 und 18 Uhr finden im Langhaus statt, wenn auch der Kirchenchor singt. Die Orgel wurde 2001 bei einem Feuer beschädigt, derzeit wird noch für die Reparatur gesammelt.

Buntglasfenster, aufwändig verzierte Altäre und kunstvolle Skulpturen schmücken das Kircheninnere. Aber auch einige moderne Elemente findet man, darunter ein dreiteiliges Altarbild des Grafikdesigners und Künstlers Keith Haring. Am Ende der Zentralachse erblickt man die tolle Fensterrosette, die aus mehr als 10 000 Buntglasstücken gearbeitet wurde, wobei intensives Königsblau und beruhigendes Indigo am stärksten wirken.

Neben der Kathedrale zeigt der **Children's Sculpture Garden** eine Auswahl von hübschen bronzenen Tierskulpturen, die Schüler zwischen fünf und 18 Jahren geschaffen haben. Anschließend geht es weiter zum **Hungarian Pastry Shop** auf der anderen Seite der Amsterdam Avenue. Hier kann man sich ausruhen, etwas essen und sich unter den akademischen Nachwuchs der Columbia University mischen.

Wave Hill *Abgeschiedenes Anwesen*

675 West 252nd Street • 718 549 3200 • Ⓜ Riverdale
>> www.wavehill.org Frühling & Sommer Di–So 9–17:30 Uhr
(Mi bis 21 Uhr); Herbst & Winter Di–So 9–16:30 Uhr

Man mag kaum glauben, dass man sich noch mitten in New York (und in der Bronx) befindet, wenn man das Anwesen von Wave Hill mit dem wunderschön gestalteten Garten und dem Kulturzentrum besucht. Eine der Aufgaben von Wave Hill ist es, den Menschen die Natur nahe zu bringen. Dazu veranstaltet man Gartenschauen und Kunstausstellungen, Umwelt-Workshops sowie musikalische und literarische Events. Regelmäßig werden Geschichten erzählt, Gedichte rezitiert sowie Kammermusik und Jazz gespielt. Sogar Tai-Chi wird gelehrt.

Das Café im Wave Hill House bietet erlesenes Essen und zudem eine wunderbare Aussicht. Schön sind auch der von blühenden Pflanzen umwucherte Laubengang im Garten und der Blick flussabwärts auf die Trossen der George Washington Bridge.

Prospect Park *Die Lunge von Brooklyn* `13 D5`

Wollman Rink: 718 282 7789; Prospect Park Zoo: 718 399 7339; Kensington Stables: 718 972 4588
>> www.prospectpark.org

Der Prospect Park entstand nach Entwürfen der Landschaftsarchitekten Olmstead und Vaux (die auch den Central Park schufen). Er ist weniger bekannt, bei den New Yorkern und vor allem bei den Bewohnern Brooklyns aber nicht minder beliebt als andere Grünflächen der Stadt. Rad fahren, joggen, inlineskaten, spazieren gehen, picknicken, Vögel beobachten – zu jeder Jahreszeit lässt sich hier etwas unternehmen. Im Winter fährt man Schlittschuh auf dem Wollman Rink; im Sommer finden Festivals und Konzerte in der Bandshell statt. Der Zoo des Prospect Park ist ganzjährig ein Hit, genauso wie Reiten in den Kensington Stables oder das Studium der Vögel im schönen Audubon Center (www.prospectparkaudubon.org). Auf der Website des Parks findet man eine aktuelle Veranstaltungsliste.

Oasen

Brooklyn Botanic Garden *Garten Eden* `13 D4`
1000 Washington Avenue • 718 623 7200
>> www.bbg.org
Di–Fr 8–18, Sa & So 10–18 Uhr (Okt–März jeweils bis 16:30 Uhr)

Schärfen Sie Ihre Sinne in dem wunderschönen botanischen Garten. Im Frühjahr sprießen hier die Glockenblumen, im Sommer duften die Rosen. Das Cherry Blossom Festival im Mai bringt dem Besucher die Obstgärten Asiens näher (→ *S. 10)*.

Jamaica Bay Wildlife Refuge *Balsam für gestresste Seelen* `2 C4`
Crossbay Boulevard, Broad Channel • 718 318 4340
Ⓜ Linie A bis Broad Channel Tägl. Sonnenauf- bis -untergang

Das Naturschutzgebiet in der riesigen Bucht südlich des Flughafens JFK nutzen die New Yorker, um zwischendurch den Trubel der Großstadt gegen das Vergnügen der Stille einzutauschen. Hier machen sie lange Spaziergänge und beobachten Vögel. Von Manhattan braucht man mit dem Zug eine Stunde – Zeit genug, um abzuschalten und sich auf eine völlig andere Welt einzustimmen. Bevor der Zug die Haltestelle Broad Channel erreicht, wechseln entlang der Strecke einsames Marschland und weite Wasserflächen einander ab.

Von der Haltestelle geht es zu Fuß zum Schutzgebiet: über die Noel Road bis zum Crossbay Boulevard, wo man rechts abbiegt. Nach 10 bis 15 Minuten erreicht man linker Hand den Eingang. Auf dem Weg kommt man an Pfahlhäusern vorbei.

Der kleine Dokumentationsbereich des Besucherzentrums informiert über Geschichte und Merkmale des Naturreservats. Das Feuchtgebiet von Jamaica Bay dient vielen Zugvögeln als Zwischenstopp – mehr als 320 verschiedene Vogelarten hat man hier schon gezählt. Setzen Sie sich auf eine der Bänke am Hauptpfad und lauschen Sie dem vielfältigen Gezwitscher der Vögel. Besucher fasziniert besonders der Kontrast zwischen diesem Naturschauspiel und der Skyline von Manhattan in der Ferne.

Weitere Oasen der Ruhe in New York unter >> www.enewyork.dk.com

Noguchi Sculpture
Museum *Einsamkeit & Design*

32–37 Vernon Boulevard, Long Island City (Eingang 33rd Road)
• 718 204 7088 • Ⓜ Linien N & W bis Broadway
≫ www.noguchi.org Ganzjährig Mi–So

Mehrere Millionen Dollar wurden in die Renovierung dieses inspirierenden Museums gesteckt, das nach zweieinhalbjähriger Schließung 2004 wieder eröffnet wurde. Nicht viele Ausstellungsräume bieten eine solche Intimität; sie zu bewahren war das Ziel der Umbauarbeiten, und nicht, wie bei den jüngsten Neueröffnungen in Downtown, die Optimierung der Besucherzahlen.

Das Museum ist dem japanisch-amerikanischen Bildhauer, Landschaftsgestalter und Bühnenbildner Isamu Noguchi gewidmet, der 1961 in der Nähe ein Atelier anmietete. Aus Holz, Marmor, Basalt und Metall schuf Noguchi wunderbare Arbeiten in unterschiedlichster Größe und Form. Die Gestaltung des Museums hilft dem Besucher, seine ganze Aufmerk-

samkeit auf die Kunstwerke von Noguchi zu richten und jede Ablenkung auszuschließen. Die überaus schlichte wie moderne Ausstellungsfläche ist in mehrere Bereiche unterteilt, die zum Teil der Witterung ausgeliefert, zum Teil völlig geschlossen sind. In einem Garten stehen ein majestätischer *Katsura*-Baum und eine raffinierte Brunnenskulptur. Das Wasserbecken in der Mitte scheint bodenlos zu sein.

Der Park eignet sich ideal zum Nachdenken und Entspannen. Kunst lässt sich hier ohne die sonst üblichen Besuchermassen und nervendes Wachpersonal genießen. Ein Café bietet Imbisse an, im Museumsladen findet man Designbücher und Reispapierlampen nach Entwürfen von Noguchi.

Wenn man schon in der Gegend ist, sollte man auch beim **Socrates Sculpture Park** etwas weiter nördlich am Vernon Boulevard vorbeischauen. Am Ufer des East River zeigt der Park in Wechselausstellungen Skulptur-Installationen internationaler zeitgenössischer Künstler.

Hotels

In New York gibt es mehr unabhängige Hotels als in jeder anderen Metropole – über die Hälfte gehört zu keiner der nationalen oder internationalen Ketten. Diese Häuser bieten Individualität, Charakter und Stil. Die New Yorker Hotelpreise haben es in sich, doch mit ein wenig Planung kann man auch günstiger wohnen. Auf den Websites der Hotels und Vermittlungsagenturen finden Sie die besten Angebote.

ROMANTIK PUR	GAUMENFREUDEN	AUTHENTISCH
Soho House New York 29–35 9th Avenue Verwöhnen Sie sich beim romantischen Stelldichein – im Pool auf dem Dach oder im eigenen »Playroom«. (→ *S. 184*)	▶▶ *Hotelrestaurants auf einen Blick bietet www.in-newyorkmag.com* 	**Bevy's SoHo Loft** 70 Mercer Street Durch Bevy und die anderen Gäste fühlt man sich beim Aufenthalt hier wie zu Besuch in einer Wohngemeinschaft in SoHo. (→ *S. 182*)
St. Regis 2 East 55th Street Das plüschig-luxuriöse St. Regis ist wie geschaffen zum Verwöhnen und Verwöhntwerden. Bäder und Service exzellent. (→ *S. 186*)		**Harlem Flophouse** 242 West 123rd Street Im witzigen Flair des Flophouse werden Sie sich sofort wie ein New Yorker fühlen. Stilanleihen beim Harlem vor 100 Jahren. (→ *S. 190*)
Bed & Breakfast on the Park 113 Prospect Park West, Brooklyn Kleines Hotel einen Katzensprung vom hübschen Prospect Park. Super Blick und Himmelbett im Zimmer ganz oben. (→ *S. 191*)	**Hotel Wales** 1295 Madison Avenue Sarabeth's Kitchen ist *die* Adresse für ein köstliches herzhaftes Frühstück, inklusive frische Scones und luftige Omeletts. (→ *S. 191*)	**1871 House** East 62nd Street Viele der Suiten und Studios hier haben eine kleine Küche und einen Kamin – man fühlt sich wie zu Hause und ganz für sich. (→ *S. 188*)
	The Mark 25 East 77th Street Umfangreiche Weinkarte und französisch-amerikanische Küche garantieren für ein kulinarisches Vergnügen. (→ *S. 189*)	**Union Street B&B** 405 Union Street, Brooklyn Nette Atmosphäre und gut bestückte Bücherregale (und sogar Leckerlis fürs Hundchen) machen die Pension zum Zuhause auf Zeit. (→ *S. 191*)
	Mercer Hotel 147 Mercer Street Falls Sie den Weg aus Ihrem eleganten Zimmer mit der großen Badewanne finden, lässt es sich hier auch vortrefflich dinieren. (→ *S. 182*)	▶▶ *www.affordablenewyorkcity.com hat B&Bs und möblierte Apartments im Angebot. Das lohnt sich für einen Wochenendbesuch und noch mehr, wenn man einen Monat oder länger in der Stadt ist.*

PREISWERT	MIT STIL	TOP-LAGE
Washington Square Hotel 103 Waverly Place Die sauberen, wenn auch kleinen Zimmer in bester Lage kosten nicht die Welt. Das Frühstück ist im Preis inbegriffen. *(→ S. 183)*		➤➤ *Am angesagtesten sind Downtowns Viertel mit Easy-going-Flair wie SoHo und das Village. Die meisten Hotels gibt es aber in Midtown, in der Nähe der Theater und der großen Kaufhäuser.*
Chelsea Inn 46 West 17th Street Das Chelsea Inn bietet gute Preise und eine Küchenzeile im Zimmer. Tolle Lage nur zwei Blocks vom Union Square entfernt. *(→ S. 185)*	➤➤ *Die Preisangaben sind meistens ohne Steuern. Kalkulieren Sie die Stadt- und Landessteuern ein.*	**Four Seasons** 57 East 57th Street Ideal fürs Shoppen auf der Madison Avenue – danach lassen Sie die Einkäufe auf dem Zimmer und nutzen das hauseigene Spa. *(→ S. 188)*
Chelsea Lodge 318 West 20th Street Makellose Herberge mit Holzdielen, TV und Dusche in jedem Zimmer. Allerdings gibt es Gemeinschaftstoiletten, daher die Preise. *(→ S. 185)*	**Hudson** 356 West 58th Street Hotelier Ian Schrager und Philippe Starck haben den spektakulären Innenhof, die Dachterrasse und andere Lounge-Ecken entworfen. *(→ S. 187)*	**The Stanhope** 995 5th Avenue Das Stanhope liegt gegenüber dem Metropolitan Museum of Art und auch in bequemer Nähe zum Central Park. *(→ S. 190)*
	60 Thompson 60 Thompson Street Hier geht es überall um Komfort und Stil. Welches Hotel hat schon eigens designte Stühle, die auch noch nach ihm benannt sind? *(→ S. 182)*	**Abingdon Guest House** 13 8th Avenue Ein Schritt aus der Tür, und Sie sind am Puls des West Village. Jedes Gästezimmer ist ganz individuell eingerichtet. *(→ S. 183)*
	**Morgans** 237 Madison Avenue Ein echtes »Lifestyle Hotel«, durchgängig mit inspiriertem Design und überzeugender Ästhetik. *(→ S. 187)*	**W New York, Union Square** 201 Park Avenue South Um die Ecke vom Union Square, dadurch ist man in Nu in den hippen Ecken von West Village, Chelsea und Gramercy. *(→ S. 185)*

➤➤ *Tipps zum Trinkgeld fürs Hotelpersonal → S. 233*

Bevy's SoHo Loft *Drei tolle Zimmer* `3 D5`

70 Mercer Street • 212 431 8214
>> www.sohobevy.com

Bevy, auch »SoHo Mom« genannt, ist ein echtes Original. Sie unterhält sich sehr gerne und lebhaft mit ihren Gästen. Ihr witzig renoviertes Loft in toller Lage ist voller Bilder und bunter Stoffe und Farben. Es gibt zwar nur drei Zimmer, aber die sind geräumig, individuell gestaltet und haben hohe Decken. **$$**

SoHo Grand Hotel *Für Reisende mit Tier* `3 D5`

310 West Broadway • 800 965 3000
>> www.sohogrand.com

Dieses Hotel ist so sehr auf Haustiere fixiert, dass man Ihnen einen Fisch als Mitbewohner anbieten wird, wenn Sie alleine anreisen. Den Fisch und CDs aus der großen Auswahl kann man bei Gefallen auch kaufen. Die 360 Zimmer sind zum Teil recht klein, aber alle haben große, bequeme Betten. **$–$$**

Mercer Hotel *Minimalistisch* `3 D4`

147 Mercer Street • 212 966 6060
>> www.mercerhotel.com

Das Mercer in einem soliden Haus von 1890 legt Wert auf Stil und Service. Die 75 Zimmer sind hell und minimalistisch eingerichtet, die Bäder haben große Wannen und Kosmetika von Swedish Face Stockholm. Auch das Restaurant lohnt einen Besuch, schon weil man dort prima Promis beobachten kann. **$$$**

60 Thompson *SoHo-Flair* `3 C5`

60 Thompson Street • 877 431 0400
>> www.60thompson.com

Das 60 Thompson hat 100 Zimmer und Suiten, alle mit Stereo- und DVD-Anlage. Der Einrichtungsstil ist chic, die Betten luxuriös und die Bäder aus Marmor. Probieren Sie die hochlehnigen 60 Thompson Chairs aus, die Thomas O'Brien von den Aero Studios extra für das Hotel entworfen hat. **$$$**

Tribeca Grand Hotel *Smart & stilvoll* `3 C5`
2 Avenue of the Americas • 212 519 6600
>> www.tribecagrand.com

Das 2000 eröffnete Hotel bietet eine Besonderheit: Alle Zimmer gehen von der Church Lounge ab, dem Mittelpunkt der Atrium-Architektur. Die Zimmer kombinieren modernes Design mit neuester Technologie in Form exzellenter Stereoanlagen und Highspeed-Internet-Zugang. Das Hotel hat wie das ältere SoHo Grand (→ S. 182) Fische und CDs im Angebot. **$$$**

Washington Square Hotel *Preiswert & in bester Lage* `3 D3`
103 Waverly Place • 800 222 0418
>> www.wshotel.com

Trotz der zentralen Lage im Village bietet das Hotel gute Preise. Die kleinen Zimmer sind ein bisschen altmodisch gestaltet, aber dafür ist die Art-déco-Lobby elegant. Bei kontinentalem Frühstück ohne Aufpreis überzeugen die Zimmerpreise umso mehr. **$**

Abingdon Guest House *Village-Komfort* `3 B2`
13 8th Avenue • 212 243 5384
>> www.abingdonguesthouse.com

Aus zwei denkmalgeschützten Stadthäusern im West Village wurde eine Pension mit neun Zimmern. Jedes Gästezimmer hat seinen eigenen Stil und Namen – z. B. »Martinique« oder »Ambassador«. Die Preise variieren, je nach Zimmergröße und Dekor. Kleines Frühstück und Lunch gibt's im Brewbar Café. **$$**

Traditionshäuser

Das **Plaza Hotel** in beneidenswerter Lage am Central Park verteidigt seinen Ruf für besten Service und Komfort. Das **Carlyle** auf der Madison Avenue ist seit den 1930ern berühmt für seine Eleganz, den exzellenten Service und wunderbares Art-déco-Design. Das Café des Carlyle besuchen die Upper East Sider besonders gern. Das **Hotel Chelsea** steht vor allem für Skandal und Boheme und könnte tausend Geschichten erzählen. Jedes Zimmer und jedes Apartment ist anders gestaltet, einen Großteil des Hauses halten Langzeitgäste besetzt. Zahllose Autoren und Musiker sind schon im Chelsea abgestiegen – angefangen bei Mark Twain und Tennessee Williams bis zu Bob Dylan und Sid Vicious. Details zu den einzelnen Hotels → S. 229.

Soho House
New York *Eleganz im Meatpacking District*

3 A2

29–35 9th Avenue • 212 627 9800
>> www.sohohouse.com

Ein Augenzwinkern, und Sie haben den Eingang zum Soho House verpasst – das kann man von einem Hotel schließlich erwarten, das auch ein Privatclub ist. Hotelgäste können die Clubeinrichtungen benutzen; dazu gehören ein Fitnessraum, ein kleiner Filmsaal, Restaurant und Bar, ein Salon, eine Bibliothek und ein Spielzimmer mit Billardtisch und Flipper sowie schließlich ein eleganter Clubraum. Das Cowshed Spa bietet verschiedene Behandlungen und eine angenehm entspannende Umgebung. Die »Cowshed«-Produkte werden im original Soho House in London von Hand hergestellt. Die wichtigste Einrichtung aber ist der Pool auf dem Dach. Er mag fürs richtige Schwimmtraining nicht geeignet sein, ist aber wunderbar für ein kurzes Bad, nach dem man sich auf der Terrasse unter Sonnenschirmen auf Liegestühlen, an Tischen oder an der gut bestückten Bar niederlassen kann. Auch kleine Gerichte werden serviert. Die Terrasse ist ganzjährig geöffnet, im Winter mit beheiztem Zelt.

Die bequemen Gästezimmer werden je nach Größe als *playpen, playroom, playhouse* oder *playground* klassifiziert. Die Minibars sind bis hin zu Ben & Jerry's Icecream und gekühlten Martinigläsern bestens ausgestattet. Der Einrichtungsstil der Zimmer ist unterschiedlich, mit luxuriösen Details wie frei stehenden Wannen und funktionalen Gerätschaften wie klasse Soundsysteme. Im ganzen Haus ist kabelloser Internet-Zugang möglich. **$$$**

Maritime Hotel *Nautischer Stil*   `3 A1`
363 West 16th Street • 212 242 4300
»» www.themaritimehotel.com

Die Zimmer sind im maritimen Stil gestaltet, angefangen bei Bullaugen-Fenstern bis zum ansprechenden blau-weißen Bettüberwurf. Die Preise sind vernünftig, die Lage bestens für Chelsea und den Meatpacking District. Der Zimmerservice arbeitet 24 Stunden, es gibt eine Dachterrasse und eine Sushi-Bar. **$$**

Chelsea Lodge *Frisch, fesch & freundlich*   `3 B1`
318 West 20th Street • 800 373 1116
»» www.chelsealodge.com

Zwar muss man in diesem preiswerten Hotel die Toiletten mit den anderen Gästen teilen, jedes der 22 renovierten Zimmer mit Holzboden, TV, Doppelbett und hoher Decke hat aber eine Dusche und ein Waschbecken. Die komfortablere Suite kostet mehr. Ruhige Lage in einer Seitenstraße. **$**

Chelsea Inn *Erschwinglicher Charme*   `3 C1`
46 West 17th Street • 800 640 6469
»» www.chelseainn.com

Fragen Sie nach einem ruhigen Zimmer im hinteren Bereich. Das renovierte Stadthaus aus dem 19. Jahrhundert liegt wunderbar. Die preiswerten Zimmer sind mit Küchenzeilen und TV ausgestattet; die Badezimmer auf der Etage sind wunderschön gestaltet. Im Preis inbegriffen ist das kontinentale Frühstück. **$**

W New York, Union Square *Stilvoll*   `3 D1`
201 Park Avenue South • 212 253 9119
»» www.whotels.com

Der hauseigene Stil der »W«-Hotelkette bedeutet unter anderem gedimmtes Licht und gelegentliches Purpurrot im ansonsten minimalistischen Dekor. Elegante Zimmer mit bequemen Daunenbetten. Der Service ist makellos. Gestylte Lobby mit eindrucksvoller Treppe sowie Sand-, Gras- und Marmorflächen. **$$**

»» *Wir geben die offiziellen Preiskategorien der Hotels an, aber häufig gibt es auch günstigere Angebote*

Bryant Park Hotel *Hightech & Farbmix* `6 E2`
40 West 40th Street • 877 640 9300
>> www.bryantparkhotel.com

Als Erstes fällt das plüschige Rot der Lobby auf. Überall im Hotel kontrastiert das skandinavisch angehauchte Mobiliar mit tibetischen Teppichen und Cashmere-Decken. Die Zimmer haben exzellente Soundsysteme und Internetzugang sowie großzügig bemessene Badewannen. **$$**

Royalton *Theatralisch* `6 E2`
44 West 44th Street • 800 606 6090
>> www.ianschragerhotels.com

Die Lobby dieses Hotels von Ian Schrager (→ *Morgans,* S. 187) mitten im Theater District erinnert an eine Abflughalle. Auf den Sesseln an den Seiten kann man zusammensitzen oder in der Round Bar Cocktails trinken und Leute beobachten. Die Deluxe-Zimmer und Suiten haben den besten Ausblick. **$$**

St. Regis *Beaux-Arts-Juwel* `8 E5`
2 East 55th Street • 800 759 7550
>> www.stregis.com

Dieses Luxushotel aus dem Jahr 1904 hat John Jacob Astor IV als Zuhause weit weg von daheim geplant. An den Zimmertüren kann man sogar klingeln. Moderne Zutaten ergänzen Originales, so gibt es Flachbildschirm-TV im Bad und Highspeed-Internet-Zugang. Die Korridore sind wunderbar hell und luftig. **$$$**

The Peninsula *Modernes Denkmal* `8 E5`
700 5th Avenue bei 55th Street • 800 262 9467
>> www.peninsula.com

Das Peninsula punktet mit seinem denkmalgeschützten Gebäude von 1905, Luxus und ultra-moderner Ausstattung wie Internet-Zugang und Flüster-Faxgeräten in jedem der mutig kolorierten geräumigen Gästezimmer. Die Fernbedienung im Bad regelt Freisprechanlage, Fernsehen und Radio . **$$$**

Morgans *Kultiviertes Understatement*

`6 E3`

237 Madison Avenue • 800 606 6090
» www.ianschragerhotels.com

Mit dem Morgans wurde Ende der 1980er Jahre die Idee des »Boutique-Hotels« geboren. Nicht mehr auf die Größe wie bei den Grand Hotels der Vergangenheit kommt es an, sondern auf individuellen Stil und Gastlichkeit. Deshalb wurde das Morgans so beliebt bei stilbewussten Reisenden. Es vermittelt die Atmosphäre eines Apartmenthauses, mit funktionaler Lobby und einem kleinen Büro für den kundigen und hilfsbereiten Concierge. Gestaltungselemente wie das schwarzweiße Schachbrettmuster, das an die alten New Yorker Taxis erinnert, wiederholen sich im Aufzug, auf dem Muster der Teppiche im Korridor und den eleganten Bädern aus Glas und Stahl, geschmückt mit frischen Schnittblumen.

Designer Andrée Putman verwendete für die Einrichtung Rohseide, Cord, Ahornholz und Resopal. Vorherrschende Farben sind Grau, Weiß und Beige, an den Wänden hängen Originalfotos von Robert Mapplethorpe. Zu den Gesellschaftsräumen gehört ein Salon mit kostenloser Computernutzung und ein ruhiger Bereich, in dem man lesen, schreiben oder Scrabble spielen kann.

Berühmt ist das Restaurant Asia de Cuba, in dem das Frühstück serviert wird (im Preis inbegriffen), die lebhafte Morgans Bar mixt hevorragende Cocktails. Eigentümer Ian Schrager hat seine Philosophie auf andere New Yorker Hotels übertragen, darunter das Hudson (→ *unten*) und das Royalton (→ *S. 186*). $$$

Hudson *Urban & erschwinglich*

`7 C4`

356 West 58th Street • 800 606 6090
» www.ianschragerhotels.com

Die über 800 Zimmer haben unterschiedliche Preise, so dass in der protzigen Hudson Bar schon mal der Surfer neben dem Filmproduzenten sitzt. Allerdings sind die Zimmer klein – die Idee an diesem Ian-Schrager-Hotel ist, dass die Gäste ihre Zeit in den schönen Gesellschaftsräumen verbringen. $$

Hotels

Four Seasons *Modern & pompös* `8 E5`
57 East 57th Street • 212 758 5700
>> www.fourseasons.com

Untertreibungen kennt das Four Seasons nicht – man muss nur die riesige Lobby mit der Decke einer Kathedrale, den Marmorböden und den Blumenarrangements in Kühlschrankgröße sehen. Das Hotel ist für den anspruchsvollen Gast gedacht. Mit fast 50 Quadratmetern können es selbst die bescheideneren Zimmer mit vielen Apartments in New York ohne weiteres aufnehmen. Weiter oben hat man einen herrlichen Ausblick auf die Dächer der Stadt und den Central Park. Für etwas frische Luft kann man die Fenster öffnen, und die Vorhänge lassen sich vom Bett aus bedienen. Die Bäder sind mit Bulgari-Produkten, verglaster Dusche und großer Wanne ausgestattet, die in einer Minute voll ist, sowie mit Flachbildschirm-TV und exzellenter Stereoanlage. Im Spa und Fitness-Center kann man beim *»floating sensory escape«* seinen Jetlag kurieren. **$$$**

1871 House *Ländliches Flair* `8 F4`
East 62nd Street • 212 756 8823
>> www.1871house.com

Das Hotel mit der hübsch renovierten Sandsteinfassade ist nicht weit von Central Park und teuren Läden, aber in der ruhigen Straße vergisst man, dass man mitten in der Stadt ist. Das Hotel hat keine Salons, aber die Zimmer, Suiten und Studios mit den hohen Decken sind geräumig genug, die meisten mit offenen Kaminen – nicht schlecht für New Yorker Verhältnisse. Man wird sogar mit Brennholz versorgt.

Wenn Sie nicht auf Zimmerservice rund um die Uhr bestehen, sind Sie hier richtig aufgehoben. Das Haus ist mit alten Möbeln gemütlich eingerichtet. Gruppen ab vier Personen sollten den Great Room mit dem Cottage buchen; beide haben Zugang zum hübschen Garten. Einige Zimmer haben auch Küchenzeilen, aber in der Nähe gibt es viele Möglichkeiten zum Essengehen. Das Management erwartet, dass man mindestens vier Nächte bleibt. **$$**

The Lowell *Diskrete Zuflucht* `8 F4`
28 East 63rd Street • 212 838 1400
>> www.lowellhotel.com

Mit 23 Zimmern und 47 Suiten legt das Lowell mehr
Wert auf Komfort als auf Größe. Hier steigen Promis
gerne ab, um den Paparazzi zu entgehen. Die Suiten
haben offene Kamine, Terrassen und Küchenzeilen.
Ein anderes Qualitätszeichen sind die Orchideen in
jedem Zimmer und der großzügige Fitnessraum. **$$$**

Melrose *Angenehmes Ambiente* `8 F4`
140 East 63rd Street • 212 838 5700
>> www.melrosehotelnewyork.com

Das ehemalige Barbizon Hotel wurde umgebaut und
bietet nun alles, was luxusverwöhnte Reisende erwar-
ten, vom Federbett über Internet-Zugang, technischem
Schnickschnack bis zum gut bestückten Gym. Auch
die Lage drei Straßen vom Central Park entfernt in der
Nähe von Bloomingdales ist nicht zu verachten. **$$**

The Pierre *New Yorker Institution* `8 E4`
5th Avenue at 61st Street • 212 838 8000
>> www.fourseasons.co0m

Das Pierre ist seit 1930 eine bekannte Adresse für altmodische Gastlichkeit und ideal zum Ausruhen nach
einer Shopping-Tour im Bergdorf's gleich nebenan.
Das aufmerksame Personal passt zu den alten Lüstern
und Art-déco-Elementen. Im **Rotunda** (→ S. 174) gibt
es Fünfuhr-Tee; im Café Pierre kann man essen. **$$$**

The Mark *Upper-East-Side-Eleganz* `8 F1`
25 East 77th Street • 212 744 4300
>> www.themarkhotel.com

Mit seiner Lobby und den großzügig bemessenen
Gästezimmern strahlt das Hotel, das zur Mandarin
Group gehört, ein elegantes Flair aus. Die klassizisti-
sche Einrichtung des Mark's wurde vom englischen
Architekten Sir John Soane aus dem 19. Jahrhundert
inspiriert. Guter und professioneller Service. **$$$**

The Stanhope *Raffinierter Luxus* `8 E1`

995 5th Avenue, Ecke 81st Street • 212 774 1234
>> www.stanhopepark.hyatt.com

Das Personal ist unglaublich bemüht – es kennt die
Namen der Gäste und ihre Vorlieben. Alle Zimmer sind
mit Antiquitäten ausgestattet, in den Badezimmern
finden sich Produkte von Molton Brown. In der gemütlichen Bibliothek im Erdgeschoss trifft man sich bei
Tee oder Kaffee auf eine Partie Schach. **$$$**

Harlem Flophouse *Jazzig & witzig* `11 D4`

242 West 123rd Street • 212 662 0678
>> www.harlemflophouse.com

Nur ein Messingschild unterscheidet das Flophouse
von den anderen Wohnhäusern der ruhigen Straße
mit Bäumen und Sandsteinfassaden. Beim Eintreten
hört man als Erstes die Jazzmusik, die aus dem Laut-
sprecher auf dem Kaminsims im hübschen Eingangs-
bereich tröpfelt. Das Bed & Breakfast gibt es seit
2000, in vielen Ecken des Gebäudes wurden alte
Details liebevoll restauriert, darunter die Decken,
Holzarbeiten und ein Speisesaal für Partys.

Auch den Charme der vier Zimmer macht der Mix
aus verblasstem Glanz und Restauriertem aus. Jedes
hat ein Waschbecken, die Bäder auf dem Flur teilt
man sich – in einem wurde die Wanne auf Füßen
unter einem Deckenfenster schön platziert. Die Betten
haben gute Matratzen, und die Zimmer sind benannt
nach bekannten Größen des Jazz oder aus Harlem –
meistens beides. Es gibt keine Fernseher auf den Zim-
mern, aber Wecker. Im Basement gibt es ein Rauch-
zimmer, außerdem dürfen die Gäste den Garten
benutzen, wo im Sommer gegrillt oder einfach relaxt
wird. Gegen Aufpreis kann man ein herzhaftes Früh-
stück mit Eiern, Wurst und Joghurt bekommen.

Das Flophouse liegt günstig, Subway und mehrere
Buslinien (auch die M60 zum LaGuardia Airport) sind
gut erreichbar, ebenso das Apollo Theater *(→ S. 128)*,
die Lenox Lounge *(→ S. 129)* und das Harlem Studio
Museum *(→ S. 107)*. Im Eingangsbereich stellt das
Flophouse gelegentlich Kunst aus. **$**

Hotel Wales *Klassische Frische* `10 E4`

1295 Madison Avenue • 866 925 3746
» www.waleshotel.com

Dieses nette Boutique-Hotel der Upper East Side hat komfortable Zimmer, die mit Aveda-Produkten und frischen Blumen ausgestattet sind. Kostenlosen Kaffee gibt es Tag und Nacht. Von der Dachterrasse kann man die Stadt betrachten, nebenan in Sarabeth's Kitchen gibt's super Omelettes und Suppen. **$$**

Union St B&B *Charme der Boheme* `13 B4`

405 Union Street, Brooklyn
718 852 8406

Geblümte Tapeten, Holzfußböden und eine Jukebox in jedem der sechs Zimmer verbreiten eine warme, heimelige Atmosphäre. Zum Kontinental-Frühstück wird guter Kaffee serviert. Eigentümerin Angelique ist Geschichtsfan und hat eine gut ausgestattete Bibliothek zur Lokalgeschichte. **$–$$**

Bed & Breakfast on the Park *Echt viktorianisch* `13 C5`

113 Prospect Park West • 718 499 6115
» www.bbnyc.com

Das Inventar wurde liebevoll restauriert, um das viktorianische Flair des Hauses zu erhalten. Buchen Sie den Lady Liberty Room mit Himmelbett, wunderbarem Ausblick und Exklusiv-Zutritt zum Dachgarten. Zum Frühstück gibt es Hausgebackenes. **$$**

Übernachtungsagenturen

Hotelpreise sind so eine Sache: Auf der einen Seite gibt's die offiziell angegebenen Zimmerpreise, aber mit Pauschalangeboten oder beim Buchen im Internet kann man oft Geld sparen. Mit dem richtigen Timing können Sie ein Zimmer häufig sehr viel billiger bekommen. An Wochenenden in der Nebensaison geben viele Hotels Ermäßigungen. Übernachtungsagenturen im Netz können da helfen: **www.simply-newyork.com, www.a1-discount-hotels.com** und **www.hotels.com**.

Falls Sie einen längeren Aufenthalt planen – über eine Woche – und ein möbliertes Apartment mieten wollen, versuchen Sie es über die Websites **www.sublet, inthecity.com, www.citysublets.com** oder **www.newyorkhabitat.com**.

» *Für Thanksgiving und Weihnachten muss man unbedingt rechtzeitig ein Zimmer reservieren*

Stadtplan

Fast jeder Eintrag in diesem Stadtführer ist mit
einem gut sichtbaren Verweis versehen, dessen
Angaben sich auf den folgenden Stadtplan be-
ziehen. Bei den wenigen Einträgen, die außerhalb dieses Plans liegen, sind Verkehrsverbin-
dungen angegeben. Die Karten 1 bis 12 decken
ganz Manhattan ab, Brooklyns Straßenplan finden Sie auf Karte 13. Ein Verzeichnis der Straßen-
namen (Auswahl) folgt auf *S. 207–209*.

Großraum New York

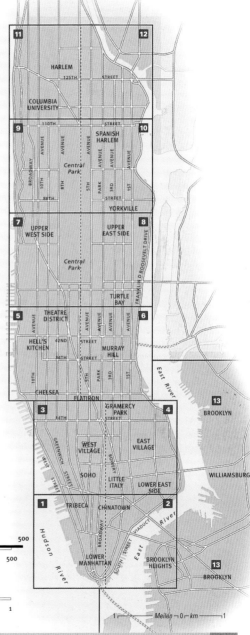

Legende

▣	Sehenswürdigkeit	⊗	Post
Ⓜ	Subway-Station	Ⓟ	Parken
Ⓑ	Bahnhof	══	Eisenbahn
Ⓕ	Fähranlegestelle	▬	Fußgängerzone
Ⓑ	Busbahnhof	▭	Autobahn
Ⓗ	Heliport		
Ⓢ	Seilbahn	**Maßstab der Karten 1–12**	
❶	Information	o Meter 500	
⊕	Krankenhaus mit Ambulanz	o Yards 500	
Ⓟ	Polizei	**Maßstab der Karte 13**	
Ⓚ	Kirche	o Kilometer 1	
Ⓢ	Synagoge	o Meilen 1	

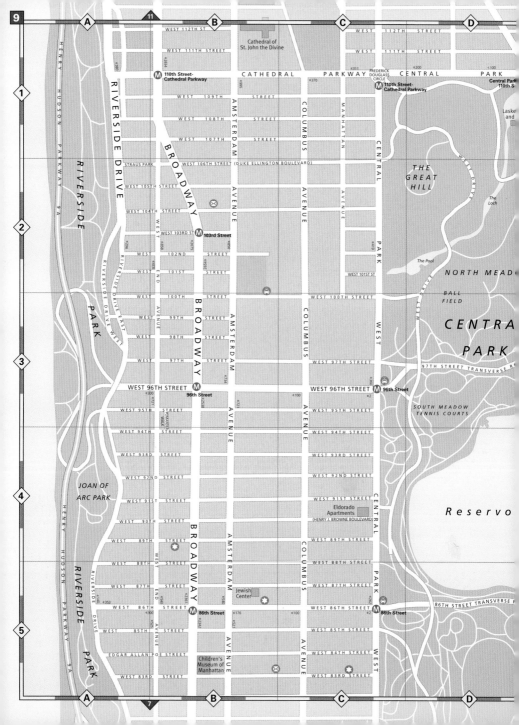

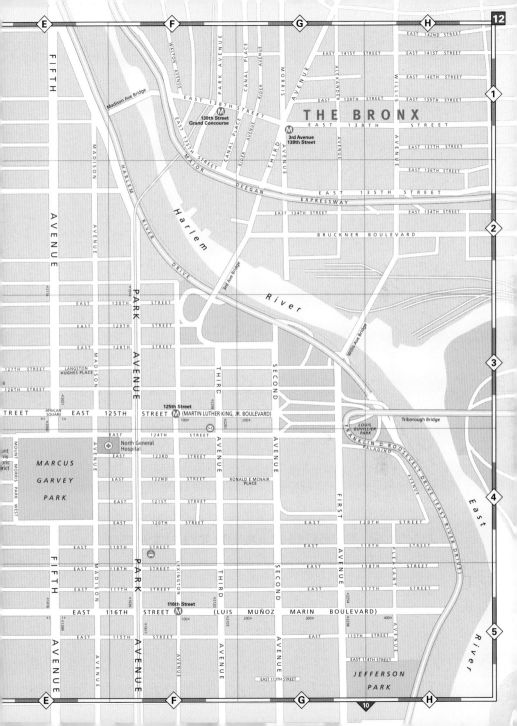

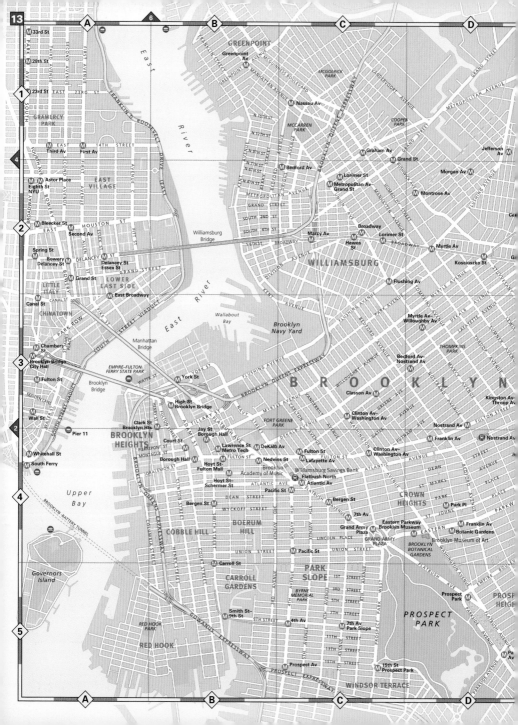

Straßenverzeichnis (Auswahl)

Straßenverzeichnis (Auswahl)

Sheridan Square	3 B3
Sheriff Street	4 H4
Sherman Square	7 C2
Shinbone Alley	3 D3
Shubert Alley	5 D3
Sixth Avenue	
1–59	1 D1
60–669	3 C5–C1
670–1289	5 C5–C1
1290–1419	7 D5–D4
Smith Street (Brooklyn)	13 B4
Sniffen Court	6 F3
South Bowery	3 A3
South Central Park	7 D4
South End Avenue	1 C4
South Ferry Plaza	1 D5
South Street	2 E3
South Street Viaduct	2 F2
South Sutton Place	8 H5
South William Street	1 D4
South 2nd–6th Street	13 B2
Spring Street	3 B5
Spruce Street	2 E2
Stable Court	4 E3
Stanton Street	4 F4
Staple Court	1 C1
Stone Street	1 D4
Straus Park	9 A2
Stuyvesant Alley	4 E2
Stuyvesant Avenue	13 D2
Stuyvesant Street	4 E2
Suffolk Street	4 G4
Sullivan Street	3 C4
Sumner Avenue (Brooklyn)	13 D3
Sutton Place	8 H4
Swing Street	8 E5
Szold Place	4 G2

T

Taras Shevchenko Place	4 E3
Tenth Avenue	
1–184	3 A1
185–759	5 B5–B1

Tenth Avenue *Fortsetzung*	
760–889	7 B5–B4
Thames Street	1 D4
Theatre Alley	1 D3
Third Avenue	
1–254	4 E4–E1
255–844	6 F5–F1
845–1444	8 F5–F1
1445–2049	10 F5–F1
2050–2340	12 F5–F3
Third Avenue (Bronx)	12 G2
Third Place	1 C4
Thompson Street	3 C4
Throop Avenue (Brooklyn)	13 D3
Tiemann Place	11 A3
Tillary Street (Brooklyn)	13 B3
Times Square	5 D2
Tompkins Avenue	13 D3
Transverse Road	9 D3
Triborough Bridge	12 H3
Trimble Place	1 D2
Trinity Place	1 D4
Tudor City Place	6 G2
Tunnel Entrance Street	6 G3
Twelfth Avenue	
1–704	5 A5–A1
705–900	7 A5

U

Union Avenue (Brooklyn)	13 C2
Union Square East	3 D1
Union Square West	3 D1
Union Street (Brooklyn)	13 C4
University Place	3 D2

V

Vandam Street	3 D5
Vanderbilt Avenue	6 F2
Vanderbilt Avenue (Brooklyn)	13 C3
Vandervoort Avenue	13 C1
Varick Street	1 C1
Verdi Square	7 B2

Vesey Street	1 C3
Vestry Street	1 B1
Village Square	3 C2
Vine Street (Brooklyn)	2 G3

W

W. C. Handy's Place	7 D5
Walker Street	1 D1
Wall Street	1 D4
Walton Avenue (Bronx)	12 F1
Wanamaker Place	4 E2
Warren Street	1 C2
Washington Alley	4 E2
Washington Avenue	13 C4
Washington Mews	3 D3
Washington Place	3 D3
Washington Square	3 C3
Washington Square North	3 C3
Washington Square South	3 C3
Washington Street	1 C3
Washington Street (Brooklyn)	2 H4
Water Street	4 H5
Water Street (Brooklyn)	2 H3
Watts Street	3 C5
Waverly Lane	3 C5
Waverly Place	3 D3
Waverly Street	3 D3
West 3rd Street	3 D3
West 4th Street	3 C3
West 8th Street	3 C3
West 9th–14th Street	3 C2
West 15th–20th Street	3 B1
West 21st–26th Street	5 D5
West 27th–33rd Street	5 D4
West 34th–39th Street	5 D3
West 40th–45th Street	5 D2
West 46th–51st Street	5 D1
West 52nd–57th Street	7 B5
West 58th–61st Street	7 B4
West 62nd–63rd Street	7 C4
West 64th–66th Street	7 B3
West 67th–69th Street	7 C3

West 70th–75th Street	7 B2
West 76th–82nd Street	7 B1
West 83rd–88th Street	9 C5
West 89th–94th Street	9 C4
West 95th–100th Street	9 B3
West 101st–106th Street	9 B2
West 107th–112th Street	9 B1
West 113th–116th Street	11 D5
West 119th–124th Street	11 D4
West 125th–130th Street	11 D3
West 131st–136th Street	11 D2
West 137th–142nd Street	11 D1
West Broadway	1 C2
West Central Park	9 C1
West Drive	9 D3
West End Avenue	
1–459	7 B4–B1
460–960	9 B5–B2
West Houston Street	3 C4
West MacDougal Street	3 C3
West Street	1 B1
West Thames Street	1 C4
West Washington Square	3 A3
West Washington Place	3 C3
Westside Highway	
(West Street)	1 C3
White Street	1 D1
Whitehall Street	1 D4
Willett Street	4 H5
William Street	1 D3
Williamsburg Bridge	13 B2
Willis Avenue (Bronx)	12 H1
Willoughby Avenue	13 C3
Willow Street (Brooklyn)	2 G4
Wooster Street	3 D5
Worth Square	6 E5
Worth Street	2 E1
Wyckoff Street	
(Brooklyn)	13 B4

Y

York Avenue	8 H1
York Street (Brooklyn)	13 B3

Downtown

Restaurants

Chinatown

Golden Unicorn (S. 25) $
18 East Broadway (Karte 2 F1)
Chinesisch

Peking Duck House (S. 25) $$
28 Mott Street (Karte 2 E1)
Chinesisch

HSF (S. 160) $$
46 Bowery (Karte 2 E1)
Chinesisch

Chinatown Ice Cream Factory (S. 160) $
65 Bayard Street (Karte 2 E1)
Eisdiele

Great NY Noodle Town (S. 160) $
Bowery, Ecke Bayard Street
(Karte 2 E1)
Chinesisch

East Village

2nd Avenue Deli (S. 33) $$
156 2nd Avenue (Karte 4 E2)
Deli

Angelica Kitchen (S. 32) $
300 East 12th St (Karte 4 E2)
Vegetarisch

Bao (S. 29) $
111 Avenue C (Karte 4 G3)
Vietnamesisch

Crif Dogs (S. 36) $
113 St. Mark's Place (Karte 4 F3)
Amerikanisch

Daily Chow (S. 30) $
2 East 2nd Street (Karte 4 E3)
Asiatisch

DT-UT (S. 162) $
41 Avenue B (Karte 4 G2)
Café

The Elephant (S. 27) $$
58 East 1st Street (Karte 4 F4)
Französisch/Thailändisch

Mermaid Inn (S. 31) $$
96 2nd Avenue
(Karte 4 E3)
Meeresfrüchte

Mud Spot (S. 31) $
307 East 9th Street
(Karte 4 E2)
www.themudtruck.com
Café

Paul's Palace (S. 31) $
131 2nd Avenue (Karte 4 E3)
Amerikanisch

Pommes Frites (S. 36) $
123 2nd Avenue (Karte 4 E3)
Belgisch

Pylos (S. 30) $$
128 East 7th Street (Karte 4 F3)
Griechisch

Rue B (S. 162) $
188 Avenue B (Karte 4 G2)
Café

Sobaya (S. 32) $/$$
229 East 9th Street (Karte 4 E2)
Japanisch

Le Souk (S. 29) $$
47 Avenue B (Karte 4 G3)
Nordafrikanisch

Le Tableau (S. 29) $$
511 East 5th Street (Karte 4 F3)
Französisch

Yaffa Cafe (S. 30) $
97 St. Mark's Place (Karte 4 F3)
Orientalisch

Little Italy

Cafe Gitane (S. 27) $
242 Mott Street (Karte 4 E4)
Nordafrikanisch

Cafe Habana (S. 27) $
229 Elizabeth St (Karte 4 E4)
Kubanisch/Mexikanisch

Housing Works Used Book Café (S. 15) $
126 Crosby Street (Karte 3 D5)
Café

Lower East Side

Alias (S. 28) $$
76 Clinton Street
(Karte 4 G4)
Amerikanisch

Bereket (S. 27) $
187 East Houston St
(Karte 4 F4)
Türkisch

Cube 63 (S. 28) $$
63 Clinton Street (Karte 4 G4)
Japanisch

Fried Dumpling (S. 36) $
99 Allen Street (Karte 4 F4)
Chinesisch

'inoteca (S. 28) $$
98 Rivington Street (Karte 4 F4)
Italienisch

WD-50 (S. 28) $$$
50 Clinton Street (Karte 4 G4)
Amerikanisch

Lower Manhattan

Amish Fine Food Market (S. 160)
17 Battery Place (Karte 1 D5)
Europäisch

Cosi Downtown (S. 160) $
55 Broad Street (Karte 1 D4)
Deli/Sandwiches

Pret a Manger (S. 160) $
60 Broad Street (Karte 1 D4)
Deli/Sandwiches

Meatpacking District

Bonsignour (S. 72) $
35 Jane Street (Karte 3 B2)
Bäckerei

Florent (S. 38 & 161) $$
69 Gansevoort Street (Karte 3 A2)
Amerikanisch/Europäisch

Pastis (S. 161) $$
9 Ninth Avenue (Karte 3 A2)
Französisch

Nolita

Mud Spot (S. 31) $
307 East 9th Street (Karte 3 D2)
www.themudtruck.com
Kaffee

SoHo

Balthazar (S. 25) $$
80 Spring Street (Karte 3 D5)
Französisch

Blue Ribbon Sushi (S. 33) $$
119 Sullivan Street (Karte 3 C4)
Japanisch

Dean & DeLuca (S. 13 & 65) $
560 Broadway (Karte 3 D4)
Bäckerei/Deli

L'Ecole (S. 26) $/$$
462 Broadway (Karte 3 D5)
Französisch

Mercer Kitchen (S. 25) $/$$
99 Prince Street (Karte 3 D4)
Französisch/Amerikanisch

Tribeca

66 (S. 24) $$$
241 Church Street (Karte 1 D1)
Chinesisch

Acappella (S. 24) $$$
1 Hudson Street (Karte 1 C2)
Italienisch

Chanterelle (S. 38) $$$
2 Harrison Street (Karte 1 C1)
www.chanterellenyc.com
Französisch

Montrachet (S. 24) $$$
239 West Broadway
(Karte 1 C1)
Europäisch

Nobu (S. 38) $$$
105 Hudson Street (Karte 1 C1)
212 219 0500, www.
myriadrestaurantgroup.com
Japanisch

West Village

Babbo (S. 34) $$$
110 Waverly Place
(Karte 3 C3)
Norditalienisch

BB Sandwich Bar (S. 36) $
120 West 3rd Street
(Karte 3 C3)
Deli

Blue Ribbon Bakery (S. 33) $/$$$
33 Downing Street (Karte 3 C4)
Europäisch

Cones (S. 36) $
272 Bleecker Street
(Karte 3 C3)
Eisdiele

Deborah (S. 13) $
43 Carmine Street (Karte 3 C4)
Brunch

Jane (S. 26) $$
100 West Houston Street
(Karte 3 D4)
Amerikanisch

Joe (S. 31) $
141 Waverly Place
212 924 6750 (Karte 3 C3)
Café

John's of
Bleecker Street (S. 35) $
278 Bleecker Street (Karte 3 C3)
Pizzeria

Magnolia Bakery (S. 71) $
401 Bleecker St. (Karte 3 B3)
Downtown/West Village

Mamoun's (S. 36) $
119 MacDougal St. (Karte 3 C3)
Orientalisch

Mary's Fish Camp (S. 37) $$
64 Charles Street (Karte 3 B3)
Fisch & Meeresfrüchte

Mud Truck (S. 31) $
14th Street and Broadway
(Karte 3 D2)
www.themudtruck.com
Café

NY Dosas (S. 37) $
West 4th Street & Sullivan
Street (Karte 3 C3)
Vegetarisch

Otto Enoteca $$
and Pizzeria (S. 34)
1 5th Avenue (Karte 3 D3)
Italienisch

La Palapa Rockola (S. 34) $$
359 6th Avenue (Karte 3 C3)
Mexikanisch

Sumile (S. 38) $$$
154 West 13th Street (Karte 3 C2)
Japanisch

Paris Commune (S. 13) $
411 Bleecker Street (Karte 3 B3)
Brunch

Pepe Rosso's (S. 36) $
149 Sullivan Street
(Karte 3 C4)
Italienisch

Tartine (S. 38) $$
253 West 11th Street
(Karte 3 B2)
Französisch

Tea & Sympathy (S. 31) $
108 Greenwich Ave.
(Karte 3 C2)
Britisch

Tomoe Sushi (S. 33) $$
172 Thompson Street (Karte 3 C4)
Japanisch

Wallsé (S. 37) $$$
344 West 11th Street
(Karte 3 A3)
Österreichisch

Shopping

East Village

Kiehl's (S. 77)
109 3rd Avenue (Karte 4 E2)
Gesundheit & Kosmetik

St. Mark's Sounds (S. 78)
16 St. Mark's Place
(Karte 4 E3)
Musik

The Strand (S. 77)
828 Broadway (Karte 4 D2)
Bücher

Little Italy

The Apartment (S. 66)
101 Crosby Street (Karte 3 D4)
Einrichtung

Calypso (S. 67)
280 Mott Street (Karte 4 E4)
Mode

Hable Construction (S. 68)
230 Elizabeth St. (Karte 4 E4)
Einrichtung

INA (S. 67)
21 Prince Street (Karte 4 E4)
Mode

Mayle (S. 68)
242 Elizabeth Street
(Karte 4 E4)
Mode

Rescue Nail Spa (S. 66)
21 Cleveland Place (Karte 4 E5)
Gesundheit & Kosmetik

SCO (S. 67)
230 Mulberry Street
(Karte 4 E4)
Gesundheit & Kosmetik

Lower East Side

ALife Rivington Club (S. 69)
158 Rivington Street
(Karte 4 F4)
Schuhe & Accessoires

Shop (S. 70)
105 Stanton Street (Karte 4 F4)
Mode

Teany (S. 70)
90 Rivington Street (Karte 4 F4)
Lebensmittel

TG-170 (S. 69)
170 Ludlow Street (Karte 4 F4)
Mode

Lower Manhattan

Century 21 (S. 60)
22 Cortland Street (Karte 1 D3)
Mode

Green Market (S. 160)
Lebensmittelmarkt bei Bowling
Green Park (Karte 1 D4)
Lebensmittel

Amish Market
Downtown (S. 160)
17 Battery Place (Karte 1 D4)
Lebensmittel

Meatpacking District

Alexander McQueen (S. 161)
417 West 14th Street (Karte 3 A2)
Mode

Bonsignour (S. 72)
35 Jane Street (Karte 3 B2)
Lebensmittel

Jeffrey (S. 74 & 161)
449 West 14th St. (Karte 3 A2)
Department Store

MXYPLYZYK (S. 73)
125 Greenwich Ave (Karte 3 B2)
Einrichtung

Stella McCartney (S. 73)
429 West 14th St. (Karte 3 A2)
Mode

Vitra (S. 161)
29 9th Avenue (Karte 3 A2)
Einrichtung

Nolita

Bond 07 By Selima (S. 68)
7 Bond Street (Karte 3 D3)
Schuhe & Accessoires

LAFCO (S. 69)
285 Lafayette Street
(Karte 4 E3)
Gesundheit & Kosmetik

Rafe (S. 68)
1 Bleecker Street (Karte 4 E4)
Schuhe & Accessoires

SoHo

Barney's Co-Op (S. 62)
116 Wooster Street (Karte 3 D4)
Mode

Clio (S. 63)
92 Thompson Street (Karte 3 C4)
Einrichtung

Le Corset by Selima (S. 62)
80 Thompson Street
(Karte 3 C5)
Dessous

Costume National (S. 63)
108 Wooster Street (Karte 3 D4)
Mode

Dean & DeLuca (S. 65)
560 Broadway (Karte 3 D4)
Lebensmittel

Helmut Lang (S. 62)
80 Greene Street (Karte 3 D5)
Mode

Hotel Venus by
Patricia Field (S. 60)
382 W. Broadway (Karte 3 D5)
Mode

Kate Spade Travel (S. 60)
59 Thompson Street (Karte 3 C5)
Schuhe & Accessoires

Kate's Paperie (S. 66)
561 Broadway (Karte 3 D4)
Schreibwaren

Keiko (S. 61)
62 Greene Street (Karte 3 D5)
Mode

Kirna Zabete (S. 63)
96 Greene Street (Karte 3 D4)
Mode

Miu Miu (S. 63)
100 Prince Street (Karte 3 D4)
Mode

Moss (S. 64)
146 Greene Street (Karte 3 D4)
Einrichtung

Pearl River Mart (S. 61)
477 Broadway
(Karte 3 D5)
Department Store

Downtown

Shopping *Fortsetzung*

Prada (S. 64)
575 Broadway (Karte 3 D4)
Mode

Scoop (S. 65)
532 Broadway (Karte 3 D4)
Mode

West Village

Fat Beats (S. 71)
406 6th Avenue (Karte 3 C2)
Musik

Flight 001 (S. 72)
96 Greenwich Ave. (Karte 3 B2)
Schuhe & Accessoires

Fresh (S. 71)
388 Bleecker Street (Karte 3 B3)
Gesundheit & Kosmetik

Magnolia Bakery (S. 71)
401 Bleecker Street (Karte 3 B3)
Lebensmittel

Marc by Marc Jacobs (S. 72)
403-405 Bleecker Street
(Karte 3 D4)
Mode

Marc Jacobs (S. 64)
163 Mercer Street (Karte 3 D4)
Mode

Subterranean Records (S. 71)
5 Cornelia Street (Karte 3 C3)
Musik

Kunst & Architektur

Chinatown

Leo Koenig (S. 96)
249 Centre Street (Karte 2 E2)
212 334 9255
Kunstgalerie

**Mahayana Buddhist
Temple** (S. 160)
133 Canal Street (Karte 2 E1)
Gebetshaus

**Museum of Chinese in the
Americas** (S. 160)
70 Mulberry Street, 2. Stock
(Karte 2 E1)
Museum

Lower Manhattan

Federal Hall (S. 160)
26 Wall Street (Karte 1 D4)
Historisches Gebäude

Ground Zero (S. 95)
(Karte 1 C3)
Moderne Architektur

Skyscraper Museum (S. 95)
39 Battery Place (Karte 1 D5)
Museum

St. Paul's Chapel (S. 94)
209 Broadway zwischen Fulton
& Vesey Street (Karte 1 D3)
Kirche

Trinity Church (S. 160)
Broadway, Ecke Wall Street
(Karte 1 D4)
Kirche

U.S. Customs House (S. 94)
1 Bowling Green (Karte 1 D5)
Historisches Gebäude

Woolworth Building (S. 96)
233 Broadway, Ecke Barclay
Street (Karte 1 D2)
Historisches Gebäude

Lower East Side

**Lower East Side Tenement
Museum** (S. 97)
90 Orchard Street (Karte 4 F5)
Museum

Meatpacking District

Karkula Gallery (S. 161)
68 Gansevoort St. (Karte 3 A2)
Einrichtung

Nolita

**Merchant's House
Museum** (S. 97)
29 East 4th Street (Karte 4 E3)
Museum

SoHo

Broken Kilometer (S. 96)
393 West Broadway
(Karte 3 D5)
Kunstinstallation

Earth Room (S. 96)
141 Wooster Street
(Karte 3 D4)
Kunstinstallation

West Village

Forbes Magazine Gallery (S. 98)
60 5th Avenue, Ecke West 12th
Street (Karte 3 D2)
Kunstgalerie

**Jefferson Market
Courthouse** (S. 98)
425 6th Avenue (Karte 3 C2)
Historisches Gebäude

Performance

East Village

Bowery Poetry Club (S. 118)
308 Bowery (Karte 4 E4)
Musikclub/Lesungen

CBGB (S. 118)
315 Bowery (Karte 4 E4)
Musikclub

C-Note (S. 119)
157 Avenue C (Karte 4 G2)
Musikclub

**Landmark's Sunshine
Theater** (S. 118)
143 East Houston Street
(Karte 4 E4)
Kino

Nuyorican Poet's Cafe (S. 119)
236 East 3rd Street
(Karte 4 G3)
Lesungen

P.S.122 (S. 120)
150 1st Avenue (Karte 4 F2)
Kulturzentrum

Lower East Side

Arlene's Grocery (S. 117)
95 Stanton Street
(Karte 4 F4)
Musikclub

Bowery Ballroom (S. 117)
6 Delancey Street
(Karte 4 E5)
Musikclub

Mercury Lounge (S. 116)
217 East Houston Street
(Karte 4 F4)
Musikclub

Tonic (S. 117)
107 Norfolk Street
(Karte 4 G4)
Musikclub

Nolita

The Public Theater (S. 119)
425 Lafayette Street (Karte 4 E3)
Theater

SoHo

Film Forum (S. 114)
209 West Houston Street
(Karte 3 C4)
Kino

S.O.B's (S. 114)
204 Varick Street (Karte 3 C4)
Musikclub

Tribeca

Knitting Factory (S. 114)
74 Leonard Street (Karte 1 D1)
Musikclub

West Village

55 Bar (S. 116)
55 Christopher St. (Karte 3 B3)
Jazzclub

Blue Note (S. 115)
131 West 3rd Street (Karte 3 C3)
Jazzclub

The Comedy Cellar (S. 115)
117 MacDougal St. (Karte 3 C3)
Theater

Cornelia Street Cafe (S. 115)
29 Cornelia Street (Karte 3 C3)
Musikclub/Lesungen

Duplex (S. 116)
61 Christopher St. (Karte 3 B3)
Kabarett

Village Vanguard (S. 116)
178 7th Avenue
South (Karte 3 B2)
Jazzclub

Bars & Clubs

Chinatown

Winnie's (S. 136)
104 Bayard Street
(Karte 2 E1)
Bar

East Village

2A (S. 141)
25 Avenue A (Karte 4 F3)
Bar

Downtown – Midtown

Angel's Share (S. 142)
8 Stuyvesant Street
(Karte 4 E2)
Cocktaillounge

Bar Veloce (S. 144)
175 2nd Avenue (Karte 4 E2)
Bar

Beauty Bar (S. 144)
231 East 14th
Street (Karte 4 E2)
DJ-Bar

Chez es Saada (S. 141)
42 East 1st Street (Karte 4 F4)
Bar

KGB (S. 142)
85 East 4th Street (Karte 4 E3)
Bar

Korova Milk Bar (S. 145)
200 Avenue A (Karte 4 F2)
Bar

Lansky Lounge (S. 139)
104 Norfolk Street (Karte 4 G4)
Cocktaillounge/DJ-Bar

**McSorley's Old
Ale House** (S. 142)
15 East 7th Street (Karte 4 E3)
Bierkneipe

Nevada Smith's (S. 142)
74 3rd Avenue (Karte 4 F2)
Bar

Parkside Lounge (S. 141)
317 East Houston Street
(Karte 4 G4)
Bar

Rue B (S. 145)
188 Avenue B (Karte 4 G2)
Bar

Swift Hibernian Lounge (S. 142)
34 East 4th Street
(Karte 4 E3)
Bierkneipe

Uncle Ming's (S. 146)
225 Avenue B, 2. Stock
(Karte 4 G2)
DJ-Bar

Little Italy

ñ (S. 138)
33 Crosby Street
(Karte 3 D5)
Bar

Lower East Side

Arlene's Grocery (S. 117)
95 Stanton Street (Karte 4 F4)
Bar & Musikclub

Barramundi (S. 140)
147 Ludlow Street (Karte 4 F4)
Bar

Slipper Room (S. 141)
167 Orchard Street (Karte 4 F4)
Bar

**Welcome to the
Johnson's** (S. 140)
123 Rivington Street
(Karte 4 F4)
Bar

Lower Manhattan

Pussycat Lounge (S. 136)
96 Greenwich Street
(Karte 1 D4)

Meatpacking District

Cielo (S. 148 & 161)
18 Little West 12th Street
(Karte 3 A2)
Club

Cubbyhole (S. 148)
281 West 12th Street
(Karte 3 B2)
Bar

Rhône (S. 148)
63 Gansevoort Street
(Karte 3 A2)
Bar

Nolita

B-Bar & Grill (S. 143)
40 East 4th Street (Karte 4 E3)
Bar

Pravda (S. 139)
281 Lafayette Street (Karte 4 E4)
Cocktaillounge

Temple Bar (S. 138)
332 Lafayette Street (Karte 4 E4)
Cocktaillounge

SoHo

Antarctica (S. 136)
287 Hudson Street
(Karte 3 C5)
Bar

THOM's Bar (S. 137)
60 Thompson Street (Karte 3 C5)
Cocktaillounge

West Village

Blind Tiger Ale House (S. 147)
518 Hudson Street (Karte 3 B3)
Bierkneipe

Chumley's (S. 146)
86 Bedford Street (Karte 3 B3)
Bar

Lotus (S. 144)
409 West 14th Street
(Karte 3 A2)
DJ-Bar

Stonewall (S. 147)
53 Christopher Street
(Karte 3 B3)
Bar

Sullivan Room (S. 146)
218 Sullivan Street
(Karte 3 C3)
DJ-Bar

Vol de Nuit (S. 146)
148 West 4th Street
(Karte 3 C3)
Bierkneipe

White Horse Tavern (S. 147)
567 Hudson Street
(Karte 3 B3)
Bierkneipe

Oasen:
Parks & Gärten

Lower Manhattan

Battery Park (S. 160)
Battery Place & State Street
(Karte 1 D4)
www.bcparks.org

Oasen:
Wellness-Center

SoHo

Angel Feet (S. 170)
77 Perry Street (Karte 3 B3)

Bliss SoHo (S. 170)
568 Broadway
(Karte 3 D4)

Jivamukti Yoga Center (S. 171)
404 Lafayette Street
(Karte 4 E3)

Hotels

Meatpacking District

**Abingdon
Guest House** (S. 183) $$
13 8th Avenue (Karte 3 B2)

**SoHo House
New York** (S. 184) $$$
29–35 9th Avenue (Karte 3 A2)

SoHo

Bevy's SoHo Loft (S. 182) $$
70 Mercer Street (Karte 3 D5)

60 Thompson (S. 182) $$$
60 Thompson Street (3 C5)

Mercer Hotel (S. 182) $$$
147 Mercer Street (Karte 3 D4)

**SoHo Grand
Hotel** (S. 182) $–$$
310 West Broadway (Karte 3 D5)

Tribeca

**Tribeca Grand
Hotel** (S. 183) $$$
Two Avenue of the Americas
(Karte 3 C5)

West Village

**Washington Square
Hotel** (S. 183) $
103 Waverly Place (Karte 3 D3)

Midtown

Restaurants

Chelsea

Biltmore Room (S. 40) $$$
290 8th Avenue (Karte 5 C5)
International

City Bakery (S. 39) $
3 West 18th Street (Karte 3 C1)
Bäckerei

**Grand Sichuan
International** (S. 39) $
229 9th Avenue (Karte 5 C5)
Chinesisch

Red Cat (S. 39) $$
227 10th Avenue (Karte 5 B5)
International

Midtown

Restaurants *Fortsetzung*

Wild Lily Tea Room (S. 171)
511-a West 22nd Street
(Karte 5 B5)
Teestube

Flatiron

Tamarind (S. 41) $$$
41–3 East 22nd Street
(Karte 6 F5)
Indisch

Bolo (S. 40) $$$
23 East 22nd Street (Karte 6 E5)
Spanisch

Tabla (S. 40) $$$
11 Madison Avenue (Karte 6 E5)
Indisch

Mandoo Bar (S. 42) $
2 West 32nd Street (Karte 6 E4)
Koreanisch

Gramercy

Artisanal (S. 42) $$
2 Park Avenue (Karte 6 F4)
Europäisch

Blue Smoke (S. 41) $$
116 East 27th Street (Karte 6 F4)
Amerikanisch

Dos Caminos (S. 41) $$
373 Park Avenue South
(Karte 6 F5)
Mexikanisch

Gramercy Tavern (S. 38)
42 East 20th Street
(Karte 4 E1)
212 477 0777
Amerikanisch

i Trulli (S. 42) $$
122 East 27th Street
(Karte 6 F4)
Italienisch

Lady Mendl's Tea Room (S. 31)
56 Irving Place (Karte 4 E1)
Teestube

Union Square Café (S. 39) $$$
21 East 16th Street
(Karte 3 D1)
Amerikanisch

Hell's Kitchen

Sandwich Planet (S. 43) $
534 9th Avenue (Karte 5 C2)
Deli

Murray Hill

Cho Dang Gol (S. 43) $$
55 West 35th Street
(Karte 6 E3)
Koreanisch

Ess-a-Bagel (S. 44) $
831 3rd Avenue (Karte 6 F1)
Bagel-Bäcker

Theater District

Acqua Pazza (S. 45) $$$
36 West 52nd Street
(Karte 8 E5)
Italienisch

Aquavit (S. 45) $$$
13 West 54th Street (Karte 8 E5)
Schwedisch

Churrascaria $$
Plataforma (S. 44)
316 West 49th Street (Karte 5 C1)
Südamerikanisch

Four Seasons (S. 38) $$$
99 East 52nd Street
(Karte 7 D5)
www.fourseasons
restaurant.com
Amerikanisch

Genki Sushi (S. 44) $
9 East 46th Street
(Karte 6 E1)
Japanisch

Mi Nidito (S. 43) $$
852 8th Avenue (Karte 5 C1)
Mexikanisch

Norma's (S. 46) $$
Le Parker Meridien Hotel, 118
West 57th Street
(Karte 7 D5)
Frühstück/Brunch

Palm Court Tea Room (S. 31)
Plaza Hotel, 768 5th Avenue
(Karte 8 E4)
Teestube

Town (S. 46) $$$
Chambers Hotel, 15 West 56th
Street (Karte 8 E5)
International

Shopping

Chelsea

La Cafetiere (S. 74)
160 9th Avenue (Karte 3 A1)
Einrichtung

Chelsea Flea Market (S. 162)
Nordwestliche Ecke von 24th
Street und 6th Avenue
(Karte 5 D5)
Flohmarkt

Jazz Record Center (S. 78)
236 West 26th Street,
8. Stock (Karte 5 C5)
Musik

Flatiron

**Carapan Urban
Spa and Store** (S. 75)
5 West 16th Street (Karte 3 C1)
Gesundheit & Kosmetik

Gramercy

ABC Carpet and Home (S. 75)
888 Broadway (Karte 3 D1)
Einrichtung

Paragon Sporting Goods (S. 76)
867 Broadway (Karte 3 D1)
Sportgeschäft

**Union Square
Greenmarket** (S. 162)
Union Square (Karte 3 D1)
Markt

Theater District

Bergdorf Goodman (S. 81)
754 5th Avenue (Karte 8 E4)
Department Store

Felissimo (S. 80)
10 West 56th Street
(Karte 8 E5)
Einrichtung

Jimmy Choo (S. 78)
645 5th Avenue
(Karte 8 E5)
Schuhe & Accessoires

Manolo Blahnik (S. 78)
31 West 54th Street (Karte 8 E5)
Schuhe & Accessoires

Niketown (S. 80)
6 East 57th Street (Karte 8 E5)
Schuhe & Accessoires

Takashimaya (S. 79)
693 5th Avenue (Karte 8 E5)
Department Store

Kunst & Architektur

Chelsea

Gagosian (S. 96)
555 West 24th Street
(Karte 5 B5)
www.gagosian.com
Kunstgalerie

Mary Boone (S. 96)
541 West 24th Street
(Karte 5 B5)
www.maryboone.com
Kunstgalerie

**Museum at the Fashion
Institute of Technology** (S. 98)
7th Avenue, Ecke 27th Street
(Karte 5 D4)
Museum

Pace Wildenstein (S. 96)
534 West 25th Street
(Karte 5 B5)
www.pacewildenstein.com
Kunstgalerie

Gramercy

Block Beautiful (S. 98)
East 19th Street, zwischen
Irving Place & 3rd Avenue
(Karte 4 E1)
Historisches Gebäude

Murray Hill

Chanin Building (S. 99)
122 East 42nd Street, Ecke
Lexington Avenue
(Karte 6 F2)
Moderne Architektur

Chrysler Building (S. 99)
405 Lexington Avenue
(Karte 6 F2)
Moderne Architektur

Daily News Building (S. 99)
220 East 42nd Street
(Karte 6 G2)
Moderne Architektur

General Electric Building
(S. 99)
570 Lexington Avenue, Ecke
51st Street
(Karte 6 F1)
Moderne Architektur

Whitney Museum of American Art at Altria (S. 100)
120 Park Avenue, Ecke 42nd Street (Karte 6 F2)
Museum

Theater District

Carnegie Hall (S. 125)
881 7th Avenue, Ecke 57th Street (Karte 7 D5)
Konzertsaal

International Center of Photography (S. 100)
1133 Ave. of the Americas (Karte 5 D2)
Kunstgalerie

Museum of Modern Art (S. 101)
11 West 53rd Street (Karte 8 E5)
Museum

Museum of Television and Radio (S. 103)
25 West 52nd Street (Karte 8 E5)
Museum

Rose Museum at Carnegie Hall (S. 100)
154 West 57th Street, 2. Stock (Karte 7 D5)
Museum

Performance

Chelsea

Hammerstein Ballroom (S. 121)
311 West 34th Street (Karte 5 C3)
Musikclub

The Joyce Theater (S. 120)
175 8th Avenue (Karte 3 B1)
Tanztheater

The Kitchen (S. 120)
512 West 19th Street (Karte 3 A1)
Kunstzentrum

Upright Citizen's Brigade (S. 121)
307 West 26th Street (Karte 5 C5)
Comedy-Club

Flatiron

Gotham Comedy Club (S. 121)
34 West 22nd Street (Karte 6 E5)
Comedy-Club

Kavehaz (S. 121)
37 West 26th Street (Karte 6 E5)
Musikclub

Gramercy

Rodeo Bar (S. 122)
375 3rd Avenue (Karte 6 F5)
Musikclub

Hell's Kitchen

The Soul Cafe (S. 122)
444 West 42nd St. (Karte 5 B2)
Musikclub

Theater District

B.B. King Blues Club & Grill (S. 122)
237 West 42nd St. (Karte 5 C2)
Jazz- & Bluesclub

City Center (S. 123)
131 West 55th Street (Karte 7 D5)
Kunstzentrum

Don't Tell Mama (S. 123)
343 West 46th Street (Karte 5 C1)
Kabarett

Ed Sullivan Theater (S. 124)
51 West 52nd Street (Karte 7 D5)
Fernsehstudio

NBC Studios (S. 124)
Zwischen 5th & 7th Avenue und 47th bis 51st Street (Karte 6 E1)
Fernsehstudio

Rainbow Room (S. 123)
30 Rockefeller Plaza, 65. Stock (Karte 6 E1)
Tanzsaal

Roundabout Theatre Company @ The American Airlines Theatre (S. 122)
227 West 42nd St. (Karte 5 C2)
Theater

Swing 46 (S. 123)
349 West 46th Street (Karte 5 C1)
Tanzsaal

Sportstadien

Flatiron

Madison Square Garden (S. 131)
Map 6 E5
Sportstadion

Bars & Clubs

Chelsea

Avalon (S. 149)
47 West 20th Street (Karte 3 C1)
DJ-Bar

Bungalow 8 (S. 150)
515 West 27th Street (Karte 5 B4)
Bar

Copacabana (S. 151)
560 West 34th Street (Karte 5 B3)
Tanzsaal

Glass (S. 150)
287 10th Avenue (Karte 5 B5)
Bar

Hiro (S. 150)
366 West 17th Street (Karte 3 A1)
Bar

Plunge Bar (S. 155)
18 9th Avenue (Karte 3 A1)
Bar

Roxy (S. 149)
515 West 18th Street (Karte 3 A1)
Club

Serena (S. 149)
Chelsea Hotel, 222 West 23rd Street (Karte 5 C5)
Bar

Spirit (S. 150)
530 West 27th Street (Karte 5 B4)
Bar

Flatiron

Eugene (S. 149)
27 West 24th Street (Karte 6 E5)
Club

Gramercy

High Bar (S. 155)
2 Lexington Avenue (Karte 6 F5)
Bar

Hell's Kitchen

Rudy's Bar & Grill (S. 148)
627 9th Avenue (Karte 5 C1)
Bar

Murray Hill

Campbell Apartment (S. 151)
15 Vanderbilt Ave., Southwest Balcony, Grand

Central Terminal (Karte 6 F2)
Bar

The Ginger Man (S. 151)
11 East 36th Street (Karte 6 E3)
Bar

Métrazur (S. 152)
East Balcony, Grand Central Station (Karte 6 F2)
Cocktaillounge

Theater District

Ava Lounge (S. 152)
210 West 55th Street (Karte 7 D5)
Bar

Flûte (S. 152)
205 West 54th Street (Karte 7 D5)
DJ-Bar

Russian Vodka Room (S. 153)
265 West 52nd Street (Karte 7 C5)
Bar

Single Room Occupancy (S. 152)
360 West 53rd Street (Karte 7 C5)
Bar

Turtle Bay

Mica Bar (S. 148)
252 East 51st Street (Karte 6 F1)
Bar

Top of the Tower @ Beekman Tower Hotel (S. 172)
3 Mitchell Place, Ecke 49th Street & First Ave. (Karte 6 G1)
Bar

Oasen: Wellness-Center

Theater District

The Spa im Mandarin Oriental (S. 172)
80 Columbus Circle, Ecke 60th Street, 35. Stock (Karte 7 C4)

Hotels

Chelsea

Chelsea Inn (S. 185) $
46 West 17th Street (Karte 3 C1)

Chelsea Lodge (S. 185) $
318 West 20th Street (Karte 3 B1)

Midtown

Hotels *Fortsetzung*

Hotel Chelsea (S. 183)　　$$
222 West 23rd Street
(Karte 5 C5)

Maritime Hotel (S. 185)　$$
363 West 16th Street
(Karte 3 A1)

Gramercy

W New York,　　　　　　$–$$
Union Square (S. 185)
201 Park Avenue South
(Karte 3 D1)

Murray Hill

Morgans (S. 187)　　　$$$
237 Madison Avenue
(Karte 6 E3)

Theater District

Bryant Park Hotel (S. 186)　$$
40 West 40th Street
(Karte 6 E2)

Four Seasons (S. 188)　$$$
57 East 57th Street (Karte 8 E5)

The Peninsula (S. 186)　$$$
700 5th Avenue, Ecke 55th
Street (Karte 8 E5)

The Plaza (S. 183)　　$$$
5th Avenue, Ecke Central Park
South (Karte 8 E4)

Royalton (S. 186)　　　$$
44 West 44th Street (Karte 6 E2)

St. Regis (S. 186)　　$$$
2 East 55th Street (Karte 8 E5)

Upper East Side

Restaurants

Annie's (S. 47)　　　　　$
1381 3rd Avenue (Karte 8 F1)
Amerikanisch

Atlantic Grill (S. 48)　　$$
1341 3rd Avenue (Karte 8 F1)
Fisch & Meeresfrüchte

Candle 79 (S. 48)　　　$$
154 East 79th Street (Karte 8 F1)
Vegetarisch/Veganisch

Geisha (S. 46)　　　　$$$
33 East 61st Street (Karte 8 E4)
Japanisch

March (S. 47)　　　　$$$
405 East 58th Street (Karte 8 G4)
Asiatisch

Mezzaluna (S. 47)　　　$$
1295 3rd Avenue (Karte 8 F2)
Italienisch

Rotunda at the Pierre (S. 174)
The Pierre Hotel, 2 East 61st
Street (Karte 8 E4)
Teestube

Serendipity 3 (S. 47)　　　$
225 East 60th Street (Karte 8 F4)
Amerikanisch

Sushi of Gari (S. 49)　$$$
402 East 78th Street (Karte 8 G1)
Japanisch

Via Quadronno (S. 31)
25 East 73rd Street (Karte 8 F2)
www.viaquadronno.com
Italienisch

Shopping

ABH Designs (S. 84)
401 East 76th Street
(Karte 8 H1)
Einrichtung

Barney's New York (S. 82)
660 Madison Avenue
(Karte 8 E4)
Department Store

Bra Smyth (S. 82)
905 Madison Avenue
(Karte 8 E2)
Dessous

Christian Louboutin (S. 83)
941 Madison Avenue
(Karte 8 E2)
Schuhe & Accessoires

Clyde's (S. 83)
926 Madison Avenue
(Karte 8 E2)
Gesundheit & Kosmetik

Diane B (S. 83)
1414 3rd Avenue (Karte 8 F2)
Mode

Dylan's Candy Bar (S. 82)
1011 3rd Avenue
(Karte 8 F4)
Lebensmittel

Liliblue (S. 83)
955 Madison Avenue
(Karte 8 E2)
Schuhe & Accessoires

La Perla (S. 82)
777 Madison Avenue
(Karte 8 E3)
Dessous

Searle (S. 84)
1124 Madison Avenue
(Karte 10 E5)
Mode

Kunst & Architektur

Asia Society (S. 103)
725 Park Avenue, Ecke 70th
Street (Karte 8 F2)
Gallery

**Cooper-Hewitt National Design
Museum** (S. 105)
2 East 91st Street
(Karte 10 E4)
Museum

Frick Collection (S. 102)
1 East 70th Street
(Karte 8 E2)
Museum

Guggenheim Museum (S. 104)
1071 5th Avenue, Ecke 89th
Street (Karte 10 E4)
Museum

Japan Gallery (S. 105)
1210 Lexington Avenue
(Karte 10 F5)
Kunstgalerie

The Jewish Museum (S. 105)
1109 5th Avenue,
Ecke 92nd Street
(Karte 10 E4)
Museum

**Metropolitan Museum
of Art** (S. 103)
1000 5th Avenue (Karte 8 E1)
Museum

El Museo del Barrio
(S. 107)
1230 5th Avenue, Ecke 104th
Street (Karte 10 E2)
Museum

**Whitney Museum of
American Art** (S. 101)
945 Madison Avenue
(Karte 8 E2)
Museum

Performance

92nd Street Y (S. 125)
1395 Lexington Avenue
(Karte 10 F4)
Kunstzentrum

The Comic Strip (S. 125)
1568 2nd Avenue
(Karte 8 G1)
Comedy-Theater

Florence Gould Hall (S. 124)
55 East 59th Street
(Karte 8 F4)
Kunstzentrum

Bars

Baraonda (S. 153)
1439 2nd Avenue (Karte 8 G2)
Bar

Bemelmans Bar (S. 153)
Carlyle Hotel, 35 East 76th
Street (Karte 8 E1)
Bar

Oasen: Parks & Gärten

**Conservatory Gardens im
Central Park** (S. 173)
5th Avenue, Ecke 110th Street
(Karte 10 E2)

**The Iris and B. Gerald Cantor
Roof Garden** (S. 172)
Metropolitan Museum of Art,
1000 5th Avenue
(Karte 8 E1)

**The Ramble im
Central Park** (S. 173)
5th Avenue zwischen
72nd & 80th Street
(Karte 7 D2)

Hotels

1871 House (S. 188)　　$$
East 62nd Street
(Karte 8 F4)

The Carlyle (S. 183)　　$$
Madison Avenue,
Ecke 76th Street
(Karte 8 E1)

Hotel Wales (S. 191) $$
1295 Madison Avenue
(Karte 10 E4)

The Lowell (S. 189) $$$
28 East 63rd Street (Karte 8 F4)

The Mark (S. 189) $$$
25 East 77th Street (Karte 8 F1)

The Melrose (S. 189) $$
140 East 63rd Street
(Karte 8 F4)

The Pierre (S. 189) $$$
5th Avenue, Ecke 61st Street
(Karte 8 E4)

The Stanhope (S. 190) $$$
995 5th Avenue, Ecke 81st
Street (Karte 8 E1)

Upper West Side

Restaurants

Aix (S. 51) $$$
2398 Broadway (Karte 9 B4)
Französisch

El Malecón II (S. 50) $
764 Amsterdam Avenue
(Karte 9 B3)
Karibisch

Ouest (S. 49) $$$
2315 Broadway (Karte 9 B5)
Amerikanisch

Pasha (S. 50) $$
70 W. 71st Street (Karte 7 C2)
Türkisch

Picholine (S. 50) $$$
35 West 64th Street (Karte 7 C3)
Europäisch

Tavern on the Green (S. 38)
Central Park West zwischen
66th und 67th St. (Karte 7 C3)
212 873 3000
www.tavernonthegreen.com
Amerikanisch

Shopping

Blades Board & Skate (S. 84)
120 West 72nd Street
(Karte 7 B2)
Sportgeschäft

**Housing Works
Thrift Shop** (S. 85)
306 Columbus Avenue
(Karte 7 C2)
Gebrauchtwaren

Intermix (S. 84)
210 Columbus Avenue
(Karte 7 C3)
Mode

Super Runners (S. 85)
360 Amsterdam Avenue
(Karte 7 B1)
Sportgeschäft

Zabar's (S. 85)
2245 Broadway
(Karte 7 B1)
Lebensmittel

Performance

**Lincoln Center for the
Performing Arts** (S. 126)
Teilt Broadway und Amsterdam
Avenue zwischen 62nd
und 66th Street
(Karte 7 B3)
*Zentrum für darstellende
Künste*

Makor (S. 127)
35 West 67th Street
(Karte 7 C3)
Kunstzentrum

Merkin Concert Hall (S. 125)
129 West 67th Street
(Karte 7 B3)
Konzertsaal

Smoke (S. 127)
2751 Broadway
(Karte 9 B2)
Jazzclub

Stand-Up NY (S. 127)
236 West 78th Street
(Karte 7 B2)
Comedy-Theater

Symphony Space (S. 127)
2537 Broadway
(Karte 9 B3)
Kunstzentrum

Bars & Clubs

Boat Basin Café (S. 155)
West 79th Street,
Ecke Henry Hudson Parkway
(Karte 7 A1)
Bar

Library Bar (S. 148)
Hudson Hotel, 356 West 58th
Street (Karte 7 B4)
Bar

Hotels

Hudson Hotel (S. 187) $$
356 West 58th Street (Karte 7 C4)

Oberhalb des Central Park

Restaurants

Columbus University

Symposium (S. 51) $$
544 West 113th St. (Karte 11 B5)
Griechisch

Fort Tryon

New Leaf Café (S. 51) $$
Fort Tryon Park
Amerikanisch

Harlem

Amy Ruth's (S. 163) $
113 West 116th St. (Karte 11 D5)
212 280 8779
Amerikanisch

Shopping

Harlem

Demolition Depot (S. 86)
216 East 125th St. (Karte 12 G3)
Einrichtung

Xukuma (S. 86)
183 Lenox Avenue (Karte 11 D4)
Mode/Einrichtung

Kunst & Architektur

Fort Tryon

The Cloisters (S. 106)
Fort Tryon Park
Museum

Harlem

**Studio Museum in
Harlem** (S. 107 & 163)
144 West 125th Street
(Karte 11 D3)
Museum

Performance

Harlem

Apollo Theater (S. 128)
253 West 125th Street
(Karte 11 D3)
Musik/Kunstzentrum

Lenox Lounge (S. 129)
288 Lenox Avenue zwischen
124th & 125th Street
(Karte 11 D3)
Jazzclub

Clubs

Harlem

Jimmy's Uptown (S. 154)
2207 Adam Clayton Powell, Jr.
Blvd. (Karte 11 D3)
Club

Hotels

Harlem

**The Harlem
Flophouse** (S. 190) $
242 West 123rd Street
(Karte 11 D4)

Brooklyn

Restaurants

Brooklyn Heights

**Brooklyn Ice Cream
Factory** (S. 164) $
Fulton Ferry Landing
(Karte 13 A4)
Eisdiele

Connecticut Muffin (S. 164) $
115 Montague Street
(Karte 13 A4)
Bäckerei

Noodle Pudding (S. 51) $$
38 Henry Street (Karte 13 A3)
Italienisch

The River Café (S. 52) $$$
1 Water Street (Karte 13 A3)
International

Theresa's (S. 164) $$
80 Montague St.
(Karte 13 A4)
Polnisch

Brooklyn

Restaurants *Fortsetzung*

Carroll Gardens

The Grocery (S. 52) $$
288 Smith Street
(Karte 13 B4)
Amerikanisch

Joya (S. 52) $
215 Court Street
(Karte 13 B4)
Thailändisch

Coney Island

Café Arbat (S. 166)
306 Brighton Beach Avenue
Osteuropäisch

Café Glechik (S. 166)
3159 Coney Island Avenue
Osteuropäisch

Nathan's Famous $
Hotdogs (S. 166)
Ecke Surf & Stillwell Avenue
Amerikanisch

Fort Green

Butta'Cup Lounge (S. 54) $$
271 Adelphi Street
(Karte 13 C3)
Amerikanisch

i-Shebeen Madiba (S. 54) $$
195 DeKalb Avenue
(Karte 13 C3)
Südafrikanisch

LouLou (S. 53) $$
222 DeKalb Avenue
(Karte 13 C3)
Französisch

Park Slope

Al Di La (S. 53) $$
248 5th Avenue
(Karte 13 C4)
Italienisch

Convivium Osteria (S. 53) $$
68 5th Avenue
(Karte 13 C4)
Italienisch

DiFara Pizzeria (S. 54) $
1424 Avenue J
Pizzeria

Park Slope Chip Shop (S. 53) $
383 5th Avenue (Karte 13 C4)
Britisch

Williamsburg

Anna Maria's (S. 165) $
179 Bedford Avenue
(Karte 13 C2)
Pizzeria

Bamonte's (S. 55) $$
32 Withers Street
(Karte 13 C1)
Italienisch

Bliss Café (S. 165)
191 Bedford Avenue
(Karte 13 C2)
Vegetarisch

Cukiernia (S. 165) $
223 Bedford Avenue
(Karte 13 B2)
Bäckerei

Peter Luger $$$
Steak House (S. 55)
178 Broadway (Karte 13 B2)
Amerikanisch

Planet Thailand (S. 55) $
133 North 7th Street
(Karte 13 C2)
Thailändisch/Japanisch

Relish (S. 55) $$
225 Wythe Avenue
(Karte 13 D2)
Amerikanisch

S & B Polish Restaurant (S. 165)
194 Bedford Avenue
(Karte 13 C2)
Restaurant

Verb Café (S. 165) $
218 Bedford Avenue
(Karte 13 C2)
Café

Shopping

Boerum Hill

Breukelen (S. 87)
369 Atlantic Avenue
(Karte 13 B4)
Einrichtung

Butter (S. 87)
389 Atlantic Avenue
(Karte 13 B4)
Mode

Brooklyn Heights

Heights Books (S. 164)
109 Montague Street
(Karte 13 A4)
Bücher

Park Slope

Loom (S. 87)
115 7th Avenue (Karte 13 C5)
Einrichtung

Nest (S. 88)
396A 7th Avenue
(Karte 13 C5)
Einrichtung

Williamsburg

Beacon's Closet (S. 89)
88 North 11th Street
(Karte 13 B1)
Gebrauchtwaren

Bedford Cheese Shop (S. 165)
218 Bedford Avenue
(Karte 13 C2)
Lebensmittel

Brooklyn Industries (S. 165)
162 Bedford Avenue
(Karte 13 C2)
Schuhe & Accessoires

Brooklyn Lager Brewery (S. 165)
79 North 11th Street
(Karte 13 C2)
Lebensmittel

Earwax Records (S. 165)
218 Bedford Avenue
(Karte 13 C2)
Musik

Isa (S. 89)
88 North 6th Street
(Karte 13 B2)
Mode

Metaphors (S. 165)
195 Bedford Avenue
(Karte 13 C2)
Mode

Mini Minimarket (S. 88)
218 Bedford Avenue
(Karte 13 B2)
Mode

Moon River Chattel (S. 91)
62 Grand Street
(Karte 13 B2)
Einrichtung

Spacial (S. 89 & 165)
199 Bedford Avenue
(Karte 13 B2)
Einrichtung/Mode

Spoonbill &
Sugartown (S. 88 & 165)
218 Bedford Avenue
(Karte 13 C2)
Bücher

Two Jakes (S. 91)
320 Wythe Avenue
(Karte 13 B2)
Einrichtung

Kunst & Architektur

Boerum Hill

Brooklyn Historical
Society (S. 109)
128 Pierrepont Street
(Karte 13 B4)
Museum

Brooklyn Museum
of Art (S. 108)
200 Eastern Parkway
(Karte 13 D4)
Museum

Williamsburg Savings Bank
Building (S. 109)
1 Hanson Place, Ecke Flatbush
und Atlantic Avenue
(Karte 13 C4)
Moderne Architektur

Park Slope

Prospect Park West (S. 107)
zwischen Union und 15th
Street (Karte 13 C5)
Historisches Gebäude

Williamsburg

Momenta Art (S. 108)
72 Berry Street
(Karte 13 B1)
Kunstgalerie

Pierogi 2000 (S. 108)
177 North 9th Street
(Karte 13 B1)
www.pierogi2000.com
Kunstgalerie

Williamsburg Art & Historical
Center (S. 108)
135 Broadway, Ecke Bedford
Avenue (Karte 13 B2)
Kunstgalerie

Performance

Brooklyn Heights

Barge Music (S. 130)
Fulton Ferry Landing
(Karte 13 A3)
Konzertsaal

Fort Green

**Brooklyn Academy of Music
(BAM)** (S. 129)
30 Lafayette Avenue
(Karte 13 C4)
Kunstzentrum

Greenpoint

Warsaw (S. 130)
261 Driggs Avenue
(Karte 13 C1)
Musikclub

Bars & Clubs

Boerum Hill

Frank's Lounge (S. 154)
660 Fulton Street
(Karte 13 B4)
DJ-Bar

Zombie Hut (S. 154)
261 Smith Street
(Karte 13 B4)
Cocktaillounge

Gowanus Yacht Club (S. 155)
323 Smith Street
(Karte 13 B4)
Bar

Brooklyn Heights

**Lunatarium
@ DUMBOLUNA** (S. 154)
10 Jay Street
(Karte 13 A3)
Club

Greenpoint

Warsaw (S. 130)
261 Driggs Avenue
(Karte 13 C1)
Bar/Musikclub

Park Slope

Buttermilk Bar (S. 156)
557 5th Avenue
(Karte 13 C5)
Bar

Great Lakes (S. 155)
284 5th Avenue (Karte 13 C4)
Bar

Williamsburg

Spuyten Duyvil (S. 156)
359 Metropolitan Avenue
(Karte 13 C2)
Bierkneipe

Larry Lawrence (S. 156)
295 Grand Street
(Karte 13 C2)
Cocktaillounge

Galapagos (S. 157)
70 North 6th Street
(Karte 13 B2)
Club/Musikclub

Trash (S. 156)
256 Grand Street
(Karte 13 C2)
Bar

Oasen:
Parks & Gärten

Crown Heights

**Brooklyn Botanic
Garden** (S. 176)
1000 Washington Avenue
(Karte 13 D4)

Jamaica Bay

**Jamaica Bay
Wildlife Refuge** (S. 176)
Crossbay Boulevard,
Broad Channel

Park Slope

Prospect Park (S. 175)
www.prospectpark.org
(Karte 13 D5)

Hotels

Boerum Hill

Union Street B&B (S. 191) $–$$
405 Union Street
(Karte 13 B4)

Park Slope

Bed & Breakfast $$
on the Park (S. 191)
113 Prospect Park West
(Karte 13 C5)

Queens

Kunst & Architektur

**Noguchi Sculpture
Museum** (S. 177)
32–37 Vernon Boulevard,
Long Island City
Kunstgalerie/Garten

P.S.1 (S. 109)
22–25 Jackson Avenue
Kunstgalerie

Sportstadien

Shea Stadium (S. 131)
123-01 Roosevelt Avenue
Queens/Flushing Meadows
Baseballstadion

Bronx

Shopping

**Borgatti's Ravioli & Noodle
Company** (S. 167)
632 East 187th Street
Lebensmittel

Egidio Pastry Shop
(S. 167)
622 East 187th Street
Lebensmittel

Sportstadien

Yankee Stadium (S. 131)
161st Street & River Avenue
Baseballstadion

Oasen:
Parks & Gärten

Wave Hill (S. 175)
675 West 252nd Street
Garten

New Jersey

Performance

**New Jersey Performing Arts
Center (NJPAC)** (S. 131)
1 Center Street,
Newark
*Zentrum für darstellende
Künste*

Sportstadien

Giants Stadium (S. 131)
50 State Route 120
(nicht auf den Karten des
Stadtplans)
East Rutherford,
New Jersey
Football- & Fußballstadion

Restaurants

Empfohlene Lokale für Mahlzeiten, einschließlich Cafés, Teestuben und Delis

Amerikanisch

Alias (S. 28) $$
76 Clinton Street (Karte 4 G4)
Downtown/Lower East Side

Amy Ruth's (S. 163) $
113 West 116th St. (Karte 11 D5)
212 280 8779
Oberhalb des Central Park/Harlem

Annie's (S. 47) $
1381 3rd Avenue (Karte 8 F1)
Upper East Side

Blue Smoke (S. 41) $$
116 East 27th Street (Karte 6 F4)
Midtown/Gramercy

Butta'Cup Lounge (S. 54) $$
271 Adelphi Street (Karte 13 C3)
Brooklyn/Fort Green

Crif Dogs (S. 36) $
113 St. Mark's Place (Karte 4 F3)
Downtown/East Village

Florent (S. 38) $$
69 Gansevoort Street
(Karte 3 A2)
Downtown/Meatpacking District

Four Seasons (S. 38) $$$
99 East 52nd Street (Karte 7 D5)
www.fourseasons
restaurant.com
Midtown/Theater District

Gramercy Tavern (S. 38)
42 East 20th Street (Karte 4 E1)
212 477 0777
Midtown/Gramercy

The Grocery (S. 52) $$
288 Smith Street (Karte 13 B4)
Brooklyn/Carroll Gardens

Jackson Diner (S. 167)
37 74th Street
Queens/Jackson Heights

Jane (S. 26) $$
100 West Houston Street
(Karte 3 D4)
Downtown/West Village

Mercer Kitchen (S. 25) $$
99 Prince Street (Karte 3 D4)
Downtown/SoHo

Nathan's Famous Hotdogs (S. 166) $
Ecke Surf & Stillwell Avenue
Brooklyn/Coney Island

New Leaf Café (S. 51) $$
Fort Tryon Park, One Margaret
Corbin Drive
*Oberhalb des Central Park/
Fort Tryon & Inwood*

Ouest (S. 49) $$$
2315 Broadway (Karte 9 B5)
Upper West Side

Paul's Palace (S. 31) $
131 2nd Avenue (Karte 4 E3)
Downtown/East Village

Peter Luger Steak House (S. 55) $$$
178 Broadway (Karte 13 B2)
Brooklyn/Williamsburg

Relish (S. 55) $$
225 Wythe Avenue (Karte 13 D2)
Brooklyn/Williamsburg

Serendipity 3 (S. 47) $
225 East 60th Street
(Karte 8 F4)
Upper East Side

Tavern on the Green (S. 38)
Central Park West zwischen
66th und 67th Street
(Karte 7 C3)
212 873 3200
www.tavernonthegreen.com
Upper West Side

Top of the Tower @ Beekman Tower Hotel (S. 172)
3 Mitchell Place, Ecke 49th
Street & 1st Avenue (Karte 6 G1)
Midtown/Turtle Bay

Union Square Café (S. 39) $$$
21 East 16th Street (Karte 3 D1)
Midtown/Gramercy

WD-50 (S. 28) $$$
50 Clinton Street (Karte 4 G4)
Downtown/Lower East Side

Asiatisch

Daily Chow (S. 30) $
2 East 2nd Street (Karte 4 E3)
Downtown/East Village

March (S. 47) $$$
405 East 58th Street (Karte 8 G4)
Upper East Side

Bäckereien

Siehe auch Cafés, Delis und Teestuben

Bonsignour (S. 72) $
35 Jane Street (Karte 3 B2)
Downtown/Meatpacking District

Egidio Pastry Shop (S. 167) $
622 East 187th Street
Bronx

Ess-a-Bagel (S. 44) $
831 3rd Avenue (Karte 6 F1)
Midtown/Murray Hill

City Bakery (S. 39) $
3 West 18th Street (Karte 3 C1)
Midtown/Chelsea

Cukiernia (S. 165) $
223 Bedford Avenue
(Karte 13 B2)
Brooklyn/Williamsburg

Dean & DeLuca (S. 13, 65) $
560 Broadway (Karte 3 D4)
Downtown/SoHo

Magnolia Bakery (S. 71) $
401 Bleeker Street (Karte 3 B3)
Downtown/West Village

Belgisch

Pommes Frites (S. 36) $
123 2nd Avenue (Karte 4 E3)
Downtown/East Village

Britisch

Park Slope Chip Shop (S. 53) $
383 5th Avenue (Karte 13 C4)
Brooklyn/Park Slope

Tea & Sympathy (S. 31)
108 Greenwich Ave. (Karte 3 C2)
Downtown/West Village

Cafés

Siehe auch Bäckereien, Delis und Teestuben

Bonsignour (S. 72) $
35 Jane Street (Karte 3 B2)
Downtown/Meatpacking District

Connecticut Muffin (S. 164) $
115 Montague Street
(Karte 13 A4)
Brooklyn/Brooklyn Heights

DT–UT (S. 162) $
41 Avenue B (Karte 4 G2)
Downtown/East Village

Egidio Pastry Shop (S. 167) $
622 East 187th Street
Bronx

Housing Works Used Book Café (S. 15) $
126 Crosby Street (Karte 3 D5)
Downtown/Little Italy

Joe (S. 31) $
141 Waverly Place
212 924 6750 (Karte 3 C3)
Downtown/West Village

Mud Spot (S. 31) $
307 East 9th Street (Karte 4 E2)
www.themudtruck.com
Downtown/East Village

Mud Truck (S. 31) $
14th Street und Broadway
(Karte 3 D2)
www.themudtruck.com
Downtown/West Village

Rue B (S. 162) $
188 Avenue B (Karte 4 G2)
Downtown/East Village

Verb Café (S. 165) $
218 Bedford Avenue
(Karte 13 C2)
www.verbcafe.com
Brooklyn/Williamsburg

Via Quadronno (S. 31)
25 East 73rd Street
212 650 9880
(Karte 8 F2)
Upper East Side

Chinesisch

66 (S. 24) $$$
241 Church Street (Karte 1 D1)
Downtown/Tribeca

Fried Dumpling (S. 36) $
99 Allen Street (Karte 4 F4)
Downtown/Lower East Side

HSF (S. 160) $$
46 Bowery (Karte 2 E1)
Downtown/Chinatown

Golden Unicorn (S. 25) $
18 East Broadway (Karte 2 F1)
Downtown/Chinatown

Grand Sichuan International (S. 39) $
229 9th Avenue (Karte 5 C5)
Midtown/Chelsea

Great NY Noodle Town (S. 160) $
Bowery, Ecke Bayard Street
(Karte 2 E1)
Downtown/Chinatown

Peking Duck House (S. 25) $$
28 Mott Street (Karte 2 E1)
Downtown/Chinatown

Delis

Siehe auch Bäckereien, Cafés und Teestuben

2nd Avenue Deli (S. 33) $$
156 2nd Avenue (Karte 4 E2)
Downtown/East Village

Amish Fine Food Market (S. 160) $
17 Battery Place (Karte 1 D5)
Downtown/Lower Manhattan

BB Sandwich Bar (S. 36) $
120 West 3rd Street (Karte 3 C3)
Downtown/West Village

Cosi (S. 160) $
55 Broad Street (Karte 1 D4)
Downtown/Lower Manhattan

Dean & DeLuca (S. 13, 65) $
560 Broadway
(Karte 3 D4)
Downtown/SoHo

Pret a Manger (S. 160) $
60 Broad Street (Karte 1 D4)
Downtown/Lower Manhattan

Sandwich Planet (S. 43) $
534 9th Avenue (Karte 5 C2)
Midtown/Hell's Kitchen

Zabar's (S. 85) $
2245 Broadway (Karte 7 B1)
Upper West Side

Eisdielen

Brooklyn Ice Cream Factory (S. 164) $
Fulton Ferry Landing
(Karte 13 A4)
Brooklyn/Brooklyn Heights

Chinatown Ice Cream Factory (S. 160) $
65 Bayard Street (Karte 2 E1)
Downtown/Chinatown

Cones (S. 36) $
272 Bleecker Street (Karte 3 C3)
Downtown/West Village

Europäisch

Artisanal (S. 42) $$
2 Park Avenue (Karte 6 F4)
Midtown/Gramercy

Blue Ribbon Bakery (S. 33) $–$$$
33 Downing Street (Karte 3 C4)
Downtown/West Village

Four Seasons (S. 38) $$$
99 East 52nd Street (Karte 7 D5)
212 754 9494
www.fourseasonsrestaurant.com
Midtown/Theater District

Montrachet (S. 24) $$$
239 West Broadway (Karte 1 C1)
Downtown/Tribeca

Picholine (S. 50) $$$
35 West 64th Street (Karte 7 C3)
Upper West Side

Fisch & Meeresfrüchte

Atlantic Grill (S. 48) $$
1341 3rd Avenue (Karte 8 F1)
Upper East Side

Mary's Fish Camp (S. 37) $$
64 Charles Street (Karte 3 B3)
Downtown/West Village

Mermaid Inn (S. 31) $$
96 2nd Avenue (Karte 4 E3)
Downtown/East Village

Französisch

Aix (S. 51) $$$
2398 Broadway (Karte 9 B4)
Upper West Side

Balthazar (S. 25) $$
80 Spring Street (Karte 3 D5)
Downtown/SoHo

Chanterelle (S. 38) $$$
2 Harrison Street (Karte 1 C1)
212 966 6960
www.chanterellenyc.com
Downtown/Tribeca

L'Ecole (S. 26) $/$$
462 Broadway (Karte 3 D5)
Downtown/SoHo

The Elephant (S. 27) $$
58 East 1st Street (Karte 4 F4)
Downtown/East Village

LouLou (S. 53) $$
222 DeKalb Avenue (Karte 13 C3)
Brooklyn/Fort Green

Mercer Kitchen (S. 25) $$
99 Prince Street (Karte 3 D4)
Downtown/SoHo

Pastis (S. 161) $$
9 9th Avenue (Karte 3 A2)
212 929 4844
www.pastisny.com
Downtown/Meatpacking District

Le Tableau (S. 29) $$
511 East 5th Street (Karte 4 F3)
Downtown/East Village

Tartine (S. 38) $$
253 West 11th Street (Karte 3 B2)
Downtown/West Village

Frühstück/Brunch

Deborah (S. 13) $
43 Carmine Street
(Karte 3 C4)
Downtown/West Village

Florent (S. 13, 38) $
69 Gansevoort Street
(Karte 3 A2)
Downtown/West Village

Norma's (S. 46) $$
Le Parker Meridien Hotel,
118 W. 57th Street
(Karte 7 D5)
Midtown/Theater District

Paris Commune (S. 13) $$
411 Bleecker Street (Karte 3 B3)
Downtown/West Village

Griechisch

Pylos (S. 30) $$
128 East 7th Street
(Karte 4 F3)
Downtown/East Village

Symposium (S. 51) $$
544 West 113th Street
(Karte 11 B5)
Oberhalb des Central Park

Indisch

Tabla (S. 40) $$$
11 Madison Avenue (Karte 6 E5)
Midtown/Flatiron

Tamarind (S. 41) $$$
41–43 East 22nd Street
(Karte 6 F5)
Midtown/Flatiron

International

Biltmore Room (S. 40) $$$
290 8th Avenue (Karte 5 C5)
Midtown/Chelsea

Red Cat (S. 39) $$
227 10th Avenue (Karte 5 B5)
Midtown/Chelsea

The River Café (S. 52) $$$
1 Water Street (Karte 13 A3)
Brooklyn/Brooklyn Heights

Town (S. 46) $$$
Chambers Hotel, 15 West 56th
Street (Karte 8 E5)
Midtown/Theater District

Italienisch

Acappella (S. 24) $$$
1 Hudson Street (Karte 1 C2)
Downtown/Tribeca

Acqua Pazza (S. 45) $$$
36 West 52nd Street (Karte 8 E5)
Midtown/Theater District

Al Di La (S. 53) $$
248 5th Avenue (Karte 13 C4)
Brooklyn/Park Slope

Babbo (S. 34) $$$
110 Waverly Place (Karte 3 C3)
Downtown/West Village

Bamonte's (S. 55) $$
32 Withers Street (Karte 13 C1)
Brooklyn/Williamsburg

Convivium Osteria (S. 53) $$
68 5th Avenue (Karte 13 C4)
Brooklyn/Park Slope

'inoteca (S. 28) $$
98 Rivington Street (Karte 4 F4)
Downtown/Lower East Side

i Trulli (S. 42) $$
122 East 27th Street
(Karte 6 F4)
Midtown/Gramercy

Adressen nach Kategorien

Restaurants

Italienisch *Fortsetzung*

Mezzaluna (S. 47) $$
1295 3rd Avenue (Karte 8 F2)
Upper East Side

Noodle Pudding (S. 51) $$
38 Henry Street (Karte 13 A3)
Brooklyn/Brooklyn Heights

Otto Enoteca and $$
Pizzeria (S. 34)
1 5th Avenue (Karte 3 D3)
Downtown/West Village

Pepe Rosso's (S. 36)
149 Sullivan Street (Karte 3 C4)
Downtown/West Village

Via Quadronno (S. 31)
25 East 73rd Street (Karte 8 F2)
www.viaquadronno.com
Upper East Side

Japanisch

Blue Ribbon Sushi (S. 33) $$
119 Sullivan Street (Karte 3 C4)
Downtown/SoHo

Cube 63 (S. 28) $$
63 Clinton Street (Karte 4 G4)
Downtown/Lower East Side

Geisha (S. 46) $$$
33 East 61st Street
(Karte 8 E4)
Upper East Side

Genki Sushi (S. 44) $
9 East 46th Street (Karte 6 E1)
Midtown/Theater District

Nobu (S. 38) $$$
105 Hudson Street (Karte 1 C2)
212 219 0500; www.myriadre-
staurantgroup.com
Downtown/Tribeca

Sobaya (S. 32) $/$$
229 East 9th Street (Karte 4 E2)
Downtown/East Village

Sumile (S. 38) $$$
154 West 13th Street (Karte 3 C2)
Downtown/West Village

Sushi of Gari (S. 49) $$$
402 East 78th Street
(Karte 8 G1)
Upper East Side

Tomoe Sushi (S. 33) $$
172 Thompson Street (Karte 3 C4)
Downtown/SoHo

Karibisch

El Malecón II (S. 50) $
764 Amsterdam Avenue
(Karte 9 B3)
Upper West Side

Koreanisch

Cho Dang Gol (S. 43) $$
55 West 35th Street (Karte 6 E3)
Midtown/Murray Hill

Mandoo Bar (S. 42) $
2 West 32nd Street (Karte 6 E4)
Midtown/Flatiron

Kubanisch

Cafe Habana (S. 27) $
229 Elizabeth Street (Karte 4 E4)
Downtown/Little Italy

Mexikanisch

Dos Caminos (S. 41) $$
373 Park Ave. South (Karte 6 F5)
Midtown/Gramercy

Itzocan Café (S. 162)
438 East 9th Street (Karte 4 F2)
Downtown/East Village

Mi Nidito (S. 43) $$
852 8th Avenue (Karte 5 C1)
Midtown/Theater District

La Palapa Rockola (S. 34) $$
359 6th Avenue (Karte 3 C3)
Downtown/West Village

Nordafrikanisch

Cafe Gitane (S. 27) $
242 Mott Street (Karte 4 E4)
Downtown/Little Italy

Le Souk (S. 29) $$
47 Avenue B (Karte 4 G3)
Downtown/East Village

Orientalisch

Mamoun's (S. 36)
119 MacDougal St. (Karte 3 C3)
Downtown/West Village

Yaffa Cafe (S. 30) $
97 St. Mark's Place (Karte 4 F3)
Downtown/East Village

Österreichisch

Wallsé (S. 37) $$$
344 West 11th St. (Karte 3 A3)
Downtown/West Village

Osteuropäisch

Café Arbat (S. 166) $
306 Brighton Beach Avenue
Brooklyn/Coney Island

Café Glechik (S. 166) $
3159 Coney Island Avenue
Brooklyn/Coney Island

Pizzerien

Anna Maria's (S. 165) $
179 Bedford Avenue
718 559 4550 (Karte 13 C2)
Brooklyn/Williamsburg

DiFara Pizzeria (S. 54) $
1424 Avenue J
Brooklyn/Midwood

Joe's Pizza (S. 19) $
233 Bleecker Street
212 366 1182 (Karte 3 C4)
Downtown/West Village

John's of Bleecker
Street (S. 35) $
278 Bleecker Street
(Karte 3 C3)
Downtown/West Village

Polnisch

S & B Polish Restaurant (S. 165)
194 Bedford Avenue
718 963 1536 (Karte 13 C2)
Brooklyn/Williamsburg

Theresa's (S. 164)
80 Montague Street
718 797 3996
(Karte 13 A4)
Brooklyn/Brooklyn Heights

Schwedisch

Aquavit (S. 45) $$$
13 West 54th Street
(Karte 8 E5)
Midtown/Theater District

Spanisch

Bolo (S. 40) $$$
23 East 22nd Street
(Karte 6 E5)
Midtown/Flatiron

Südafrikanisch

i-Shebeen Madiba (S. 54) $$
195 DeKalb Avenue (Karte 13 C3)
Brooklyn/Fort Green

Südamerikanisch

Churrascaria
Plataforma (S. 44) $$
316 West 49th Street (Karte 5 C1)
Midtown/Theater District

Teestuben

*Siehe auch Bäckereien, Cafés
und Delis*

Lady Mendl's Tea Room (S. 31)
56 Irving Place (Karte 4 E1)
www.innatirving.com
Midtown/Gramercy

Palm Court Tea Room (S. 31)
Plaza Hotel, 768 5th Avenue
(Karte 8 E4)
Midtown/Theater District

Rotunda at the Pierre (S. 174)
The Pierre Hotel, 2 East 61st
Street (Karte 8 E4)
Upper East Side

Tea & Sympathy (S. 31)
108 Greenwich Avenue
(Karte 3 C3)
www.teaandsympathynewyork.
com
Downtown/West Village

Teany (S. 70)
90 Rivington Street (Karte 4 F4)
Downtown/Lower East Side

Wild Lily Tea Room (S. 171)
511-a West 22nd Street
(Karte 5 B5)
Midtown/Chelsea

Thailändisch

The Elephant (S. 27) $$
58 East 1st Street (Karte 4 F4)
Downtown/East Village

Joya (S. 52) $
215 Court Street
(Karte 13 B4)
Brooklyn/Carroll Gardens

Planet Thailand (S. 55) $
133 North 7th Street
(Karte 13 C2)
Brooklyn/Williamsburg

Links zu den Restaurant-Websites auf **》》 www.enewyork.dk.com**

Türkisch

Bereket (S. 27) $
187 East Houston Street
(Karte 4 F4)
Downtown/Lower East Side

Pasha (S. 50) $$
70 W. 71st Street (Karte 7 C2)
Upper West Side

Ukrainisch

Vaselka (S. 19) $
144 2nd Avenue (Karte 4 E2)
Downtown/East Village

Vegetarisch

Angelica Kitchen (S. 32) $
300 East 12th Street (Karte 4 E2)
Downtown/East Village

Bliss Café (S. 165)
191 Bedford Ave. (Karte 13 C2)
718 599 2547
Brooklyn/Williamsburg

Candle 79 (S. 48) $$
154 East 79th Street (Karte 8 F1)
Upper East Side

NY Dosas (S. 37) $
West 4th Street & Sullivan
Street (Karte 3 C3)
Downtown/West Village

Vietnamesisch

Bao (S. 29) $
111 Avenue C (Karte 4 G3)
Downtown/East Village

Shopping

Beauty & Kosmetik

**Carapan Urban Spa
and Store** (S. 75)
5 West 16th Street (Karte 3 C1)
Midtown/Flatiron

Clyde's (S. 83)
926 Madison Ave.
(Karte 8 E2)
Upper East Side

Fresh (S. 71)
388 Bleecker Street
(Karte 3 B3)
Downtown/West Village

Kiehl's (S. 77)
109 3rd Avenue (Karte 4 E2)
Downtown/East Village

LAFCO (S. 69)
285 Lafayette Street
(Karte 4 E3)
Downtown/Nolita

Rescue Nail Spa (S. 66)
21 Cleveland Place (Karte 4 E5)
Downtown/Little Italy

SCO (S. 67)
230 Mulberry Street (Karte 4 E4)
Downtown/Little Italy

Bücher

Heights Books (S. 164)
109 Montague Street
(Karte 13 A4)
Brooklyn/Brooklyn Heights

**Spoonbill & Sugartown
Booksellers** (S. 88, 165)
218 Bedford Avenue
(Karte 13 B2)
Brooklyn/Williamsburg

The Strand (S. 77)
828 Broadway (Karte 4 D2)
Downtown/East Village

Department Stores

Barney's New York (S. 82)
660 Madison Avenue
(Karte 8 E4)
Upper East Side

Bergdorf Goodman (S. 81)
754 5th Avenue
(Karte 8 E4)
Midtown/Theater District

Bloomingdale's (S. 76)
1000 3rd Avenue
(Karte 8 F4)
212 705 2000
www.bloomingdales.com
Upper East Side

Henri Bendels (S. 76)
712 5th Avenue, Ecke 56th
Street (Karte 8 E5)
212 247 1100
Midtown/Theater District

Jeffrey (S. 74)
449 West 14th Street
(Karte 3 A2)
*Downtown/Meatpacking
District*

Macy's (S. 76)
151 West 34th Street
(Karte 5 D3)
www.macys.com
Midtown/Chelsea

Pearl River Mart (S. 61)
477 Broadway (Karte 3 D5)
Downtown/SoHo

Saks 5th Avenue (S. 76)
611 5th Avenue (Karte 3 D1)
212 753 4000
www.saksfifthavenue.com
Midtown/Flatiron

Takashimaya (S. 79)
693 5th Avenue (Karte 8 E5)
Midtown/Theater District

Einrichtung

ABC Carpet and Home (S. 75)
888 Broadway (Karte 3 D1)
Midtown/Gramercy

ABH Designs (S. 84)
401 East 76th Street (Karte 8 H1)
Upper East Side

The Apartment (S. 66)
101 Crosby Street (Karte 3 D4)
Downtown/Little Italy

Breukelen (S. 87)
369 Atlantic Avenue
(Karte 13 B4)
Brooklyn/Boerum Hill

La Cafetiere (S. 74)
160 Ninth Avenue
(Karte 3 A1)
Midtown/Chelsea

Clio (S. 63)
92 Thompson Street
(Karte 3 C4)
Downtown/SoHo

Demolition Depot (S. 86)
216 East 125th Street
(Karte 12 G3)
*Oberhalb des Central Park/
Harlem*

Felissimo (S. 80)
10 West 56th Street
(Karte 8 E5)
Midtown/Theater District

Hable Construction (S. 68)
230 Elizabeth Street
(Karte 4 E4)
Downtown/Little Italy

Karkula Gallery (S. 161)
68 Gansevoort St. (Karte 3 A2)
www.karkula.com
*Downtown/Meatpacking
District*

Loom (S. 87)
115 7th Avenue (Karte 13 C5)
Brooklyn/Park Slope

Moon River Chattel (S. 91)
62 Grand Street (Karte 13 B2)
Brooklyn/Williamsburg

Moss (S. 64)
146 Greene Street (Karte 3 D4)
Downtown/SoHo

MXYPLYZYK (S. 73)
125 Greenwich Avenue
(Karte 3 B2)
*Downtown/Meatpacking
District*

Nest (S. 88)
396A 7th Avenue (Karte 13 C5)
Brooklyn/Park Slope

Spacial (S. 89)
199 Bedford Avenue (Karte 13 B2)
Brooklyn/Williamsburg

Two Jakes (S. 91)
320 Wythe Avenue (Karte 13 B2)
Brooklyn/Williamsburg

Vitra (S. 161)
29 9th Avenue (Karte 3 A2)
www.vitra.com
*Downtown/Meatpacking
District*

Xukuma (S. 86)
183 Lenox Avenue (Karte 11 D4)
*Oberhalb des Central Park/
Harlem*

Gebrauchtwaren

Beacon's Closet (S. 89)
88 North 11th St. (Karte 13 B1)
Brooklyn/Williamsburg

**Housing Works
Thrift Shop** (S. 85)
306 Columbus Ave. (Karte 7 C2)
Upper West Side

Lingerie

Bra Smyth (S. 82)
905 Madison Avenue
(Karte 8 E2)
Upper East Side

Shopping

Lingerie Fortsetzung

Le Corset by Selima (S. 62)
80 Thompson Street
(Karte 3 C5)
Downtown/SoHo

La Perla (S. 82)
777 Madison Avenue (Karte 8 E3)
Upper East Side

Lebensmittel

Bedford Cheese Shop (S. 165)
218 Bedford Ave. (Karte 13 C2)
718 599 7588
Brooklyn/Williamsburg

Bonsignour (S. 72)
35 Jane Street (Karte 3 B2)
Downtown/Meatp. District

**Borgatti's Ravioli &
Noodle Company** (S. 167)
632 East 187th Street
Bronx

Brooklyn Lager Brewery (S. 165)
79 North 11th St.
(Karte 13 C2) www.brooklynbr-
ewery.com
Brooklyn/Williamsburg

Dean & DeLuca (S. 13, 65)
560 Broadway (Karte 3 D4)
Downtown/SoHo

Dylan's Candy Bar (S. 82)
1011 3rd Avenue (Karte 8 F4)
Upper East Side

Magnolia Bakery (S. 71)
401 Bleeker Street (Karte 3 B3)
Downtown/West Village

**M & I International Food
Market** (S. 166)
249 Brighton Beach Avenue
Brooklyn/Coney Island

Patel Brothers Market (S. 167)
27–37 74th Street
Queens/Jackson Heights

Teany (S. 70)
90 Rivington Street (Karte 4 F4)
Downtown/Lower East Side

Zabar's (S. 85)
2245 Broadway (Karte 7 B1)
Upper West Side

Märkte

Chelsea Flea Market (S. 162)
24th St. & 6th Ave. (Karte 5 D5)
Midtown/Chelsea

Green Market (S. 160)
Bowling Green (Karte 1 D4)
Downtown/Lower Manhattan

**Union Square
Greenmarket** (S. 162)
Union Square (Karte 3 D1)
Midtown/Flatiron

Mode

Alexander McQueen (S. 161)
417 West 14th St. (Karte 3 A2)
www.alexandermcqueen.com
*Downtown/Meatpacking
District*

Banana Republic (S. 70)
1136 Madison Avenue zwi-
schen 84th und 85th Street
212 570 2465
www.bananarepublic.com
Upper East Side/Yorkville

Barney's CO-OP (S. 62)
116 Wooster Street (Karte 3 D4)
Downtown/SoHo

Brooklyn Industries (S. 165)
162 Bedford Ave. (Karte 13 C2)
www.brooklynindustries.com
Brooklyn/Williamsburg

Butter (S. 87)
389 Atlantic Avenue (Karte 13 B4)
Brooklyn/Boerum Hill

Calypso (S. 67)
280 Mott Street (Karte 4 E4)
Downtown/Nolita

Century 21 (S. 60)
22 Cortland Street (Karte 1 D3)
Downtown/Lower Manhattan

Costume National (S. 63)
108 Wooster Street (Karte 3 D4)
Downtown/SoHo

Diane B (S. 83)
1414 3rd Avenue (Karte 8 F2)
Upper East Side

Gap (S. 70)
60 West 34th Street (Karte 5 D3)
212 760 1268
www.gap.com
Midtown/Chelsea

Helmut Lang (S. 62)
80 Greene Street
(Karte 3 D5)
Downtown/SoHo

**Hotel Venus by
Patricia Field** (S. 60)
382 W. Broadway (Karte 3 D5)
Downtown/SoHo

INA (S. 67)
21 Prince Street (Karte 4 E4)
Downtown/Little Italy

Intermix (S. 84)
210 Columbus Avenue
(Karte 7 C3)
Upper West Side

Isa (S. 89)
88 North 6th Street (Karte 13 B2)
Brooklyn/Williamsburg

J. Crew (S. 70)
347 Madison Ave. (Karte 6 E3)
212 949 0570
www.jcrew.com
Midtown/Theater District

Keiko (S. 61)
62 Greene Street (Karte 3 D5)
Downtown/SoHo

Kirna Zabete (S. 63)
96 Greene Street (Karte 3 D4)
Downtown/SoHo

Marc by Marc Jacobs (S. 72)
403–405 Bleecker Street
(Karte 3 D4)
Downtown/West Village

Marc Jacobs (S. 64)
163 Mercer Street (Karte 3 D4)
Downtown/West Village

Mayle (S. 68)
242 Elizabeth Street (Karte 4 E4)
Downtown/Little Italy

Metaphors (S. 165)
195 Bedford Avenue
(Karte 13 C2)
Brooklyn/Williamsburg

Mini Minimarket (S. 88)
218 Bedford Avenue
(Karte 13 B2)
Brooklyn/Williamsburg

Miu Miu (S. 63)
100 Prince Street
(Karte 3 D4)
Downtown/SoHo

Prada (S. 64)
575 Broadway (Karte 3 D4)
Downtown/SoHo

Sahil Sari Palace (S. 167)
37–55 74th Street
Queens/Jackson Heights

Scoop (S. 65)
532 Broadway (Karte 3 D4)
Downtown/SoHo

Searle (S. 84)
1124 Madison Ave. (Karte 10 E5)
Upper East Side

Shop (S. 70)
105 Stanton Street
(Karte 4 F4)
Downtown/Lower East Side

Spacial (S. 89)
199 Bedford Avenue
(Karte 13 B2)
Brooklyn/Williamsburg

Stella McCartney (S. 73)
429 West 14th Street (Karte 3 A2)
Downtown/Meatp. District

TG-170 (S. 69)
170 Ludlow Street (Karte 4 F4)
Downtown/Lower East Side

Urban Outfitters (S. 70)
2081 Broadway, Ecke 72nd
Street (Karte 7 B2)
212 579 3912
www.urbanoutfitters.com
Upper West Side

Xukuma (S. 86)
183 Lenox Avenue (11 D4)
*Oberhalb des Central Park/
Harlem*

Musik

Fat Beats (S. 71)
406 6th Avenue (Karte 3 C2)
Downtown/West Village

Jazz Record Center (S. 78)
236 West 26th Street,
8. Stock (Karte 5 C5)
Midtown/Chelsea

St. Mark's Sounds (S. 78)
16 St. Mark's Place (Karte 4 E3)
Downtown/East Village

Subterranean Records (S. 71)
5 Cornelia Street (Karte 3 C3)
Downtown/West Village

Schreibwaren

Kate's Paperie (S. 66)
561 Broadway (Karte 3 D4)
Downtown/SoHo

Schuhe & Accessoires

ALife Rivington Club (S. 69)
158 Rivington Street (Karte 4 F4)
Downtown/Lower East Side

Bond 07 by Selima (S. 68)
7 Bond Street (Karte 3 D3)
Downtown/Nolita

Christian Louboutin (S. 83)
941 Madison Avenue
(Karte 8 E2)
Upper East Side

Flight 001 (S. 72)
96 Greenwich Avenue
(Karte 3 B2)
Downtown/West Village

Jimmy Choo (S. 78)
645 5th Avenue (Karte 8 E5)
Midtown/Theater District

Kate Spade Travel (S. 60)
59 Thompson Street (Karte 3 C5)
Downtown/SoHo

Liliblue (S. 83)
955 Madison Avenue (Karte 8 E2)
Upper East Side

Manolo Blahnik (S. 78)
31 West 54th Street (Karte 8 E5)
Midtown/Theater District

Niketown (S. 80)
6 East 57th Street (Karte 8 E5)
Midtown/Theater District

Rafe (S. 68)
1 Bleecker Street (Karte 4 E4)
Downtown/Nolita

Sportgeschäfte

Blades Board & Skate (S. 84)
120 West 72nd St. (Karte 7 B2)
Upper West Side

Paragon Sporting Goods (S. 76)
867 Broadway (Karte 3 D1)
Midtown/Gramercy

Super Runners (S. 85)
360 Amsterdam Avenue
(Karte 7 B1)
Upper West Side

Kunst & Architektur

Führungen

Big Apple Jazz Tours (S. 163)
www.bigapplejazz.com
718 606 8442
*Oberhalb des Central Park/
Harlem*

Harlem Spirituals (S. 163)
www.harlemspirituals.com
212 391 0900
*Oberhalb des Central Park/
Harlem*

Radical Walking Tours (S. 163)
718 492 0069
*Oberhalb des Central Park/
Harlem*

Gotteshäuser

**Cathedral Church of
St. John the Divine** (S. 174)
1047 Amsterdam Avenue, Ecke
112th Street (Karte 9 B1)
Upper West Side

**Mahayana Buddhist
Temple** (S. 160)
133 Canal Street (Karte 2 E1)
Downtown/Chinatown

St. Paul's Chapel (S. 94)
209 Broadway zwischen
Fulton und Vesey Street
(Karte 1 D3)
Downtown/Lower Manhattan

Historische Gebäude

Block Beautiful (S. 98)
East 19th Street zwischen
Irving Place und 3rd Avenue
(Karte 4 E1)
Midtown/Gramercy

**Jefferson Market
Courthouse** (S. 98)
425 6th Avenue (Karte 3 C2)
Downtown/West Village

Prospect Park West (S. 107)
zwischen Union und
15th Street (Karte 13 C5)
Brooklyn/Park Slope

U.S. Customs House (S. 94)
1 Bowling Green (Karte 1 D5)
Downtown/Lower Manhattan

Woolworth Building (S. 96)
233 Broadway, Ecke Barclay
Street (Karte 1 D2)
Downtown/Lower Manhattan

Installationen

Broken Kilometer (S. 96)
393 West Broadway (Karte 3 D5)
Downtown/SoHo

Earth Room (S. 96)
141 Wooster Street (Karte 3 D4)
Downtown/SoHo

Kunstgalerien

Asia Society (S. 103)
725 Park Avenue, Ecke 70th
Street (Karte 8 F2)
Upper East Side

Deitch Projects (S. 96)
18 Wooster Street (Karte 3 D5)
212 941 9475
Downtown/SoHo

Forbes Magazine Gallery (S. 98)
60 5th Avenue, Ecke West 12th
Street (Karte 3 D2)
Downtown/West Village

Gagosian (S. 96)
555 West 24th Street (Karte 5 B5)
www.gagosian.com
Downtown/Chelsea

**International Center
of Photography** (S. 100)
1133 Ave. of the Americas
(Karte 5 D2)
Midtown/Theater District

Leo Koenig (S. 96)
249 Centre Street (Karte 2 E2)
212 334 9255
Downtown/Chinatown

Mary Boone (S. 96)
541 West 24th Street
(Karte 5 B5)
www.maryboone.com
Downtown/Chelsea

Momenta Art (S. 108)
72 Berry Street (Karte 13 B1)
www.momentaart.org
Brooklyn/Williamsburg

Pace Wildenstein (S. 96)
534 West 25th Street
(Karte 5 B5)
www.pacewildenstein.com
Downtown/Chelsea

Pierogi 2000 (S. 108)
177 North 9th Street
(Karte 13 B1)
www.pierogi2000.com
Brooklyn/Williamsburg

P.S.1 (S. 109)
22–5 Jackson Avenue
www.ps1.org
Queens

**Williamsburg Art &
Historical Center** (S. 108)
135 Broadway, Ecke Bedford
Avenue (Karte 13 B2)
718 486 7372
Brooklyn/lWilliamsburg

Moderne Architektur

*Siehe auch Museen: Guggen-
heim und The Whitney*

Chanin Building (S. 99)
122 East 42nd Street, Ecke
Lexington Avenue (Karte 6 F2)
Midtown/Murray Hill

Chrysler Building (S. 99)
405 Lexington Avenue
(Karte 6 F2)
Midtown/Murray Hill

Daily News Building (S. 99)
220 East 42nd Street
(Karte 6 G2)
Midtown/Murray Hill

General Electric Building
(S. 99)
570 Lexington Avenue, Ecke
51st Street (Karte 6 F1)
Midtown/Murray Hill

Ground Zero (S. 95)
(Karte 1 C3)
Downtown/Lower Manhattan

Japan Gallery (S. 105)
1210 Lexington Avenue
(Karte 10 F5)
Upper East Side

Skyscraper Museum (S. 95)
39 Battery Place
(Karte 1 D5)
Downtown/Lower Manhattan

**Williamsburg Savings Bank
Building** (S. 109)
1 Hanson Place, Ecke Flatbush
und Atlantic Avenue
(Karte 13 C4)
Brooklyn/Boerum Hill

Kunst & Architektur

Museen

Brooklyn Historical Society (S. 109)
128 Pierrepont Street
(Karte 13 B4)
Brooklyn/Boerum Hill

Brooklyn Museum of Art (S. 108)
200 Eastern Parkway (13 D4)
Brooklyn/Crown Heights

The Cloisters (S. 106)
Fort Tryon Park
Oberhalb des Central Park/ Fort Tryon & Inwood

Cooper-Hewitt National Design Museum (S. 105)
2 East 91st Street (Karte 10 E4)
Upper East Side/Yorkville

Frick Collection (S. 102)
1 East 70th Street (Karte 8 E2)
Upper East Side

Guggenheim Museum (S. 104)
1071 5th Avenue, Ecke 89th Street (Karte 10 E4)
Upper East Side/Yorkville

The Jewish Museum (S. 105)
1109 5th Avenue, Ecke 92nd Street (Karte 10 E4)
Upper East Side/Yorkville

Lower East Side Tenement Museum (S. 97)
90 & 97 Orchard Street (Karte 4 F5)
Downtown/Lower East Side

Merchant's House Museum (S. 97)
29 East 4th Street (Karte 4 E3)
Downtown/Nolita

Metropolitan Museum of Art (S. 103)
1000 5th Avenue (Karte 8 E1)
Upper East Side

El Museo del Barrio (S. 107)
1230 5th Avenue, Ecke 104th Street (Karte 10 E2)
Upper East Side/ Spanish Harlem

Museum im Fashion Institute of Technology (S. 98)
7th Avenue, Ecke 27th Street (Karte 5 D4)
Midtown/Chelsea

Museum of Chinese in the Americas (S. 160)
70 Mulberry Street, 2. Stock (Karte 2 E1)
212 619 4785
Downtown/Chinatown

Museum of Modern Art (S. 101)
11 West 53rd Street (Karte 8 E5)
Midtown/Theater District

Museum of Television and Radio (S. 103)
25 West 52nd Street (Karte 8 E5)
Midtown/Theater District

Rose Museum at Carnegie Hall (S. 100)
154 West 57th Street, 2. Stock (Karte 7 D5)
Midtown/Theater District

Skyscraper Museum (S. 95)
39 Battery Place (Karte 1 D5)
Downtown/Lower Manhattan

Studio Museum in Harlem (S. 107)
144 West 125th Street (Karte 11 D3)
Oberhalb des Central Park/ Harlem

Whitney Museum of American Art (S. 101)
945 Madison Avenue (Karte 8 E2)
Upper East Side

Whitney Museum of American Art at Altria (S. 100)
120 Park Avenue, Ecke 42nd Street (Karte 6 F2)
Midtown/Murray Hill

Performance

Comedy-Theater

The Comedy Cellar (S. 115)
117 MacDougal Street (Karte 3 C3)
Downtown/West Village

The Comic Strip (S. 125)
1568 2nd Avenue (Karte 8 G1)
Upper East Side

Gotham Comedy Club (S. 121)
34 West 22nd Street (Karte 6 E5)
Midtown/Flatiron

Stand-Up NY (S. 127)
236 West 78th Street (Karte 7 B2)
Upper West Side

Upright Citizen's Brigade (S. 121)
307 West 26th Street (Karte 5 C5)
Midtown/Chelsea

Darstellende Künste

Brooklyn Academy of Music (S. 129)
30 Lafayette Avenue (Karte 13 C4)
Brooklyn/Fort Green

Lincoln Center for the Performing Arts (S. 126)
Teilt Broadway und Amsterdam Avenue zwischen 62nd und 66th Street (Karte 7 B3)
Upper West Side

New Jersey Performing Arts Center (S. 131)
1 Center Street, Newark
New Jersey

Fernsehstudios

Ed Sullivan Theater (S. 124)
1697 Broadway, Ecke 52nd Street (Karte 7 D5)
Midtown/Theater District

NBC Studios (S. 124)
Zwischen 5th Avenue und 7th Avenue, 47th bis 51st Street (Karte 6 E1)
Midtown/Theater District

Jazz & Blues

55 Bar (S. 116)
55 Christopher Street (Karte 3 B3)
Downtown/West Village

B. B. King Blues Club (S. 122)
237 West 42nd Street (Karte 5 C2)
Midtown/Theater District

Blue Note (S. 115)
131 West 3rd Street (Karte 3 C3)
Downtown/West Village

Lenox Lounge (S. 129)
288 Lenox Avenue zwischen 124th & 125th Street (Karte 11 D3)
Oberhalb des Central Park/ Harlem

Smoke (S. 127)
2751 Broadway (Karte 9 B2)
Upper West Side

Village Vanguard (S. 116)
178 7th Avenue South (Karte 3 B2)
Downtown/West Village

Kabarett

Don't Tell Mama (S. 123)
343 West 46th Street (Karte 5 C1)
Midtown/Theater District

Duplex (S. 116)
61 Christopher Street (Karte 3 B3)
Downtown/West Village

Galapagos (S. 157)
70 North 6th Street (Karte 13 B2)
Brooklyn/Williamsburg

Kinos

Film Forum (S. 114)
209 West Houston Street (Karte 3 C4)
Downtown/SoHo

Landmark's Sunshine Theater (S. 118)
143 East Houston Street (Karte 4 F4)
Downtown/East Village

Konzertsäle

Siehe auch Musikclubs

Barge Music (S. 130)
Fulton Ferry Landing (Karte 13 A3)
Brooklyn/Brooklyn Heights

Brooklyn Academy of Music (S. 129)
30 Lafayette Avenue (Karte 13 B4)
Brooklyn/Fort Green

Carnegie Hall (S. 125)
881 7th Avenue, Ecke 57th
Street (Karte 7 D5)
Midtown/Theater District

**Lincoln Center for the
Performing Arts** (S. 126)
Teilt Broadway und Amsterdam
Avenue zwischen 62nd und
66th Street (Karte 7 B3)
Upper West Side

Merkin Concert Hall (S. 125)
129 West 67th Street (Karte 7 B3)
Upper West Side

**New Jersey Performing Arts
Center** (S. 131)
One Center Street
New Jersey/Newark

Kunstzentren

92nd Street Y (S. 125)
1395 Lexington Avenue
(Karte 10 F4)
Upper East Side/Yorkville

Apollo Theater (S. 128)
253 West 125th Street
(Karte 11 D3)
*Oberhalb des Central Park/
Harlem*

City Center (S. 123)
131 West 55th Street
(Karte 7 D5)
Midtown/Theater District

The Florence Gould Hall (S. 124)
55 East 59th Street (Karte 8 F4)
Upper East Side

The Kitchen (S. 120)
512 West 19th Street (Karte 3 A1)
Midtown/Chelsea

Makor (S. 127)
35 West 67th Street (Karte 7 C3)
Upper West Side

P.S.122 (S. 120)
150 1st Avenue (Karte 4 F2)
Downtown/East Village

Symphony Space (S. 127)
2537 Broadway (Karte 9 B3)
Upper West Side

Lesungen

Bowery Poetry Club (S. 118)
308 Bowery (Karte 4 E4)
Downtown/East Village

Cornelia Street Cafe (S. 115)
29 Cornelia Street (Karte 3 C3)
Downtown/West Village

Nuyorican Poets Cafe (S. 119)
236 East 3rd Street (Karte 4 G3)
Downtown/East Village

Musikclubs

Apollo Theater (S. 128)
253 West 125th Street
(Karte 11 D3)
*Oberhalb des Central Park/
Harlem*

Arlene's Grocery (S. 117)
95 Stanton Street (Karte 4 F4)
Downtown/Lower East Side

Bowery Ballroom (S. 117)
6 Delancey Street (Karte 4 E5)
Downtown/Lower East Side

CBGB (S. 118)
315 Bowery (Karte 4 E4)
Downtown/East Village

C-Note (S. 119)
157 Avenue C (Karte 4 G2)
Downtown/East Village

Galapagos (S. 157)
70 North 6th Street (Karte 13 B2)
Brooklyn/Williamsburg

Hammerstein Ballroom (S. 121)
311 West 34th Street (Karte 5 C3)
Midtown/Chelsea

Kavehaz (S. 121)
37 West 26th Street (Karte 6 E5)
Midtown/Flatiron

Knitting Factory (S. 114)
74 Leonard Street (Karte 1 D1)
Downtown/Tribeca

Mercury Lounge (S. 116)
217 East Houston Street
(Karte 4 F4)
Downtown/Lower East Side

Rodeo Bar (S. 122)
375 3rd Avenue (Karte 6 F5)
Midtown/Gramercy

S.O.B.'s (S. 114)
204 Varick Street (Karte 3 C4)
Downtown/SoHo

The Soul Cafe (S. 122)
444 West 42nd St. (Karte 5 B2)
Midtown/Hell's Kitchen

Tonic (S. 117)
107 Norfolk Street (Karte 4 G4)
Downtown/Lower East Side

Warsaw (S. 130)
261 Driggs Avenue
(Karte 13 C1)
Brooklyn/Greenpoint

Sportstadien

Giants Stadium (S. 131)
50 State Route 120, East
Rutherford (Sonderbusse vom
Port Authority Terminal an 8th
Ave. & 41st St.)
www.giants.com
New Jersey

**Madison Square
Garden** (S. 17 & 131)
Karte 6 E5
Midtown/Flatiron

Shea Stadium (S. 131)
123 Roosevelt Avenue, Flushing
(7 IRT Flushing Line Subway
von Times Sq., 5th Ave. und
Grand Central)
www.mets.com
Queens/Flushing Meadows

Yankee Stadium (S. 131)
161st Street & River Avenue
(4, B, D Subway von
Manhattan),
www.yankees.com
Bronx

Tanzsäle

Rainbow Room (S. 123)
30 Rockefeller Plaza, 65. Stock
(Karte 6 E1)
Midtown/Theater District

Swing 46 (S. 123)
349 West 46th Street
(Karte 5 C1)
Midtown/Theater District

Tanz-Theater

The Joyce Theater (S. 120)
175 8th Avenue
(Karte 3 B1)
Midtown/Chelsea

Theater

The Public Theater (S. 119)
425 Lafayette Street
(Karte 4 E3)
Downtown/Nolita

**Roundabout Theatre Company
im American Airlines Theatre**
(S. 122)
227 West 42nd Street
(Karte 5 C2)
Midtown/Theater District

Bars & Clubs

Bars

2A (S. 141)
25 Avenue A (Karte 4 F3)
Downtown/East Village

Antarctica (S. 136)
287 Hudson Street (Karte 3 C5)
Downtown/SoHo

Arlene's Grocery (S. 117)
95 Stanton Street (Karte 4 F4)
Downtown/Lower East Side

Baraonda (S. 153)
1439 2nd Avenue (Karte 8 G2)
Upper East Side

Barramundi (S. 140)
147 Ludlow Street (Karte 4 F4)
Downtown/Lower East Side

Bar Veloce (S. 144)
175 2nd Avenue (Karte 4 E2)
Downtown/East Village

B-Bar & Grill (S. 143)
40 East 4th Street (Karte 4 E3)
Downtown/Nolita

Boat Basin Café (S. 155)
West 79th St., Ecke Henry Hud-
son Parkway (Karte 7 A1)
Upper West Side

Bungalow 8 (S. 150)
515 West 27th Street (Karte 5 B4)
Midtown/Chelsea

Buttermilk Bar (S. 156)
557 5th Avenue (Karte 13 C5)
Brooklyn/Park Slope

**Cabin Club at Pine
Tree Lodge** (S. 148)
326 East 35th St. (Karte 6 G3)
Midtown/Murray Hill

Campbell Apartment (S. 151)
15 Vanderbilt Ave., Southwest
Balcony, Grand Central Terminal (Karte 6 F2)
Midtown/Murray Hill

Bars & Clubs

Bars *Fortsetzung*

Chez es Saada (S. 141)
42 East 1st Street (Karte 4 F4)
Downtown/East Village

Chumley's (S. 146)
86 Bedford Street (Karte 3 B3)
Downtown/West Village

Cubbyhole (S. 148)
281 West 12th Street (Karte 3 B2)
*Downtown/Meatpacking
District oder West Village*

Galapagos (S. 157)
70 North 6th Street (Karte 13 B2)
Brooklyn/Williamsburg

Glass (S. 150)
287 10th Avenue (Karte 5 B5)
Midtown/Chelsea

Gowanus Yacht Club (S. 155)
323 Smith Street
(Karte 13 B4)
Brooklyn/Boerum Hill

Great Lakes (S. 155)
284 5th Avenue (Karte 13 C4)
Brooklyn/Park Slope

High Bar (S. 155)
2 Lexington Avenue
(Karte 6 F5)
Midtown/Gramercy

Hiro (S. 150)
366 West 17th Street
(Karte 3 A1)
Midtown/Chelsea

KGB (S. 142)
85 East 4th Street
(Karte 4 E3)
Downtown/East Village

Korova Milk Bar (S. 145)
200 Avenue A (Karte 4 F2)
Downtown/East Village

Library Bar (S. 148)
Hudson Hotel
356 West 58th Street
(Karte 7 B4)
Upper West Side

Mica Bar (S. 148)
252 East 51st Street
(Karte 6 F1)
Midtown/Turtle Bay

ñ (S. 138)
33 Crosby Street (Karte 3 D5)
Downtown/Little Italy

Nevada Smith's (S. 142)
74 3rd Avenue (Karte 4 E2)
Downtown/East Village

Parkside Lounge (S. 141)
317 East Houston Street
(Karte 4 G4)
Downtown/East Village

Plunge Bar (S. 155)
18 9th Avenue (Karte 3 A1)
Midtown/Chelsea

Pussycat Lounge (S. 136)
96 Greenwich Street
(Karte 1 D4)
Downtown/Lower Manhattan

Rhône (S. 148)
63 Gansevoort Street
(Karte 3 A2)
*Downtown/Meatpacking
District*

Ruby's (S. 155)
Coney Island Boardwalk
(F, D, Q Subway nach Coney
Island/Stillwell Avenue)
Brooklyn

Rudy's Bar & Grill (S. 148)
627 9th Avenue (Karte 5 C1)
Midtown/Hell's Kitchen

Rue B (S. 145)
188 Avenue B
(Karte 4 G2)
Downtown/East Village

Russian Vodka Room (S. 153)
265 West 52nd Street
(Karte 7 C5)
Midtown/Theater District

Serena (S. 149)
Chelsea Hotel
222 West 23rd Street
(Karte 5 C5)
Midtown/Chelsea

Single Room Occupancy
(S. 152)
360 West 53rd Street
(Karte 7 C5)
Midtown/Theater District

Sky Bar (S. 155)
17 West 32nd Street
(Karte 6 E4)
Midtown/Flatiron

Slipper Room (S. 141)
167 Orchard Street
(Karte 4 F4)
Downtown/Lower East Side

Stonewall (S. 147)
53 Christopher Street
(Karte 3 B3)
Downtown/West Village

Trash (S. 156)
256 Grand Street
(Karte 13 C2)
Brooklyn/Williamsburg

**Welcome to the
Johnson's** (S. 140)
123 Rivington Street
(Karte 4 F4)
Downtown/Lower East Side

Winnie's (S. 136)
104 Bayard Street
(Karte 2 E1)
Downtown/Chinatown

Bierkneipen

Blind Tiger Ale House (S. 147)
518 Hudson Street (Karte 3 B3)
Downtown/West Village

The Ginger Man (S. 151)
11 East 36th Street
(Karte 6 E3)
Midtown/Murray Hill

**McSorley's Old
Ale House** (S. 142)
15 East 7th Street (Karte 4 E3)
Downtown/East Village

Spuyten Duyvil (S. 156)
359 Metropolitan Avenue
(Karte 13 C2)
Brooklyn/Williamsburg

Swift Hibernian Lounge (S. 142)
34 East 4th Street (Karte 4 E3)
Downtown/East Village

Vol de Nuit (S. 146)
148 West 4th Street (Karte 3 C3)
Downtown/West Village

White Horse Tavern (S. 147)
567 Hudson Street (Karte 3 B3)
Downtown/West Village

Clubs

Avalon (S. 149)
47 West 20th Street (Karte 3 C1)
Midtown/Chelsea

Cielo (S. 148)
18 Little West 12th Street
(Karte 3 A2)
*Downtown/Meatpacking
District*

Copacabana (S. 151)
560 West 34th Street
(Karte 5 B3)
Midtown/Chelsea

Eugene (S. 149)
27 West 24th Street
(Karte 6 E5)
Midtown/Flatiron

Galapagos (S. 157)
70 North 6th Street
(Karte 13 B2)
Brooklyn/Williamsburg

Jimmy's Uptown (S. 154)
2207 Adam Clayton Powell, Jr.
Blvd. (Karte 11 D3)
*Oberhalb des Central Park/
Harlem*

**Lunatarium
@ DUMBOLUNA** (S. 154)
10 Jay Street
(Karte 13 A3)
Brooklyn/Brooklyn Heights

Roxy (S. 149)
515 West 18th Street
(Karte 3 A1)
Midtown/Chelsea

Spirit (S. 150)
530 West 27th Street
(Karte 5 B4)
Midtown/Chelsea

Volume (S. 156)
Wythe Avenue, Ecke North
13th Street (Karte 13 C2)
Brooklyn/Williamsburg

Cocktail-Lounges

Angel's Share (S. 142)
8 Stuyvesant Street
(Karte 4 E2)
Downtown/East Village

Ava Lounge (S. 152)
210 West 55th Street
(Karte 7 D5)
Midtown/Theater District

Beauty Bar (S. 144)
231 East 14th Street
(Karte 4 E2)
Downtown/East Village

Bemelmans Bar (S. 153)
Carlyle Hotel, 35 East 76th
Street (Karte 8 E1)
Upper East Side

Lansky Lounge (S. 139)
104 Norfolk Street
(Karte 4 G4)
Downtown/Lower East Side

Larry Lawrence (S. 156)
295 Grand Street
(Karte 13 C2)
Brooklyn/Williamsburg

Métrazur (S. 152)
East Balcony,
Grand Central Terminal
(Karte 6 F2)
Midtown/Murray Hill

Pravda (S. 139)
281 Lafayette Street
(Karte 4 E4)
Downtown/Nolita

Temple Bar (S. 138)
332 Lafayette Street
(Karte 4 E4)
Downtown/Nolita

THOM's Bar (S. 137)
60 Thompson Street
(Karte 3 C5)
Downtown/SoHo

**Top of the Tower @ Beekman
Tower Hotel** (S. 172)
3 Mitchell Place,
Ecke 49th Street & 1st Avenue
(Karte 6 G1)
Midtown/Turtle Bay

Zombie Hut (S. 154)
261 Smith Street
(Karte 13 B4)
Brooklyn/Boerum Hill

DJ-Bars

Beauty Bar (S. 144)
231 East 14th Street
(Karte 4 E2)
Downtown/East Village

Flûte (S. 152)
205 West 54th Street
(Karte 7 D5)
Midtown/Theater District

Frank's Lounge (S. 154)
660 Fulton Street
(Karte 13 B4)
Brooklyn/Boerum Hill

Lansky Lounge (S. 139)
104 Norfolk Street
(Karte 4 G4)
Downtown/Lower East Side

Lotus (S. 144)
409 West 14th Street
(Karte 3 A2)
*Downtown/Meatpacking
District*

Sullivan Room (S. 146)
218 Sullivan Street
(Karte 3 C3)
Downtown/West Village

Uncle Ming's (S. 146)
225 Avenue B, 2. Stock
(Karte 4 G2)
Downtown/East Village

Warsaw (S. 130)
261 Driggs Avenue
(Karte 13 C1)
Brooklyn/Greenpoint

Hotels

$$$

60 Thompson (S. 182)
60 Thompson Street
(Karte 3 C5)
Downtown/SoHo

Carlyle (S. 183)
Madison Avenue, Ecke
76th Street
Upper East Side

Four Seasons (S. 188)
57 East 57th Street
(Karte 8 E5)
Midtown/Theater District

The Lowell (S. 189)
28 East 63rd Street (Karte 8 F4)
Upper East Side

The Mark (S. 189)
25 East 77th Street
(Karte 8 F1)
Upper East Side

Mercer Hotel (S. 182)
147 Mercer Street (Karte 3 D4)
Downtown/SoHo

Morgans (S. 187)
237 Madison Avenue
(Karte 6 E3)
Midtown/Murray Hill

The Peninsula (S. 186)
700 5th Avenue, Ecke
55th Street (Karte 8 E5)
Midtown/Theater District

The Pierre (S. 189)
5th Avenue, Ecke 61st Street
(Karte 8 E4)
Upper East Side

Plaza (S. 183)
5th Avenue, Ecke Central Park
South (Karte 8 E4)
Midtown/Theater District

Soho House New York (S. 184)
29–35 9th Avenue (Karte 3 A2)
*Downtown/Meatpacking
District*

The Stanhope (S. 190)
995 5th Avenue, Ecke 81st
Street (Karte 8 E1)
Upper East Side

St. Regis (S. 186)
2 East 55th Street (Karte 8 E5)
Midtown/Theater District

Tribeca Grand Hotel (S. 183)
2 Avenue of the Americas
(Karte 3 C5)
Downtown/SoHo

$$

1871 House (S. 188)
East 62nd Street (Karte 8 F4)
Upper East Side

Abingdon Guest House (S. 183)
13 8th Avenue (Karte 3 B2)
*Downtown/Meatpacking
District*

**Bed & Breakfast
on the Park** (S. 191)
113 Prospect Park West
(Karte 13 C5)
Brooklyn/Park Slope

Bevy's SoHo Loft (S. 182)
70 Mercer Street (Karte 3 D5)
Downtown/SoHo

Bryant Park Hotel (S. 186)
40 West 40th Street
(Karte 6 E2)
Midtown/Theater District

Hotel Chelsea (S. 183)
222 West 23rd Street
(Karte 5 C5)
Midtown/Chelsea

Hotel Wales (S. 191)
1295 Madison Avenue
(Karte 10 E4)
Upper East Side/Yorkville

Hudson Hotel (S. 187)
356 West 58th Street
(Karte 7 C4)
Upper West Side

Maritime Hotel (S. 185)
363 West 16th Street
(Karte 3 A1)
Midtown/Chelsea

Melrose (S. 189)
140 East 63rd Street
(Karte 8 F4)
Upper East Side

Royalton (S. 186)
44 West 44th Street
(Karte 6 E2)
Midtown/Theater District

$

Chelsea Inn (S. 185)
46 West 17th Street
(Karte 3 C1)
Midtown/Flatiron

Chelsea Lodge (S. 185)
318 West 20th Street
(Karte 3 B1)
Midtown/Chelsea

**The Harlem
Flophouse** (S. 190)
242 West 123rd Street
(Karte 11 D4)
*Oberhalb des Central Park/
Harlem*

SoHo Grand Hotel (S. 182)
310 West Broadway
(Karte 3 D5)
Downtown/SoHo

Union Street B&B (S. 191)
405 Union Street (Karte 13 B4)
Brooklyn/Boerum Hill

**Washington Square
Hotel** (S. 183)
103 Waverly Place
(Karte 3 D3)
Downtown/West Village

**W New York,
Union Square** (S. 185)
201 Park Avenue South
(Karte 3 D1)
Midtown/Gramercy

Vom Pedicab übers Fahrrad, Inlineskates, Bus, Taxi und Zug bis zur Stretch-Limousine – die Transportmittel in New York sind vielfältig. Die Orientierung ist wirklich einfach: Ein rechtwinkliges Straßennetz überzieht fast ganz Manhattan, die *Streets* verlaufen von Ost nach West, die *Avenues* von Nord nach Süd. Vergessen Sie den Mietwagen: Entweder stehen Sie im Stau oder Sie suchen einen Parkplatz. Benutzen Sie nach Möglichkeit die U-Bahn oder gehen Sie zu Fuß.

Ankunft

Ob man nun zum ersten oder zum hundertsten Mal nach New York kommt: Der Anblick der Stadt aus der Ferne ist immer wieder fesselnd. Nach der Ankunft an einem der Flughäfen, am Bahnhof oder am Fährhafen stehen Ihnen mehrere Möglichkeiten zur Weiterfahrt in die Stadt offen.

Aufgrund von Sicherheitsbestimmungen gibt es an Flughäfen und Bahnhöfen keine Fundbüros mehr.

John F. Kennedy Airport

Der JFK (nach den Initialen des einstigen US-Präsidenten) ist der größte der drei Flughäfen New Yorks. Hier heben die meisten Flugzeuge ins Ausland und nach Los Angeles ab. Nach der Zollkontrolle können Sie wählen zwischen einem Taxi (45 Dollar nach Manhattan), dem Expressbus, dem Air Train oder der Subway. Steigen Sie niemals in unlizenzierte Taxis.

Private Chauffeurdienste wie **Carmel** sind etwas billiger als ein Taxi, müssen allerdings extra telefonisch gerufen werden. **Super Shuttle** ist eine Art Gruppentaxi. Die Fahrt mit dem Auto bzw. dem Expressbus nach Manhattan dauert 45 bis 60 Minuten.

Der AirTrain (**www.panynj.gov/airtrain**) verbindet die Terminals und fährt zur Jamaica Station. Dort nehmen Sie den Zug LIRR (Long Island Rail Road) zur Penn Station. Eine weitere Möglichkeit ist der Shuttle-Bus zur U-Bahn-Station Howard Beach, von hier aus verkehrt die U-Bahn-Linie A in die Innenstadt – die Fahrtzeit beträgt etwa eine Stunde.

Newark International

Die Taxifahrt vom Flughafen Newark kann teuer werden. Preiswerter sind der **Newark Airport Express Bus**, ein Sammeltaxi von **Super Shuttle** und die Monorail zur Newark Penn Station und von dort zur Penn Station in der Innenstadt. Rechnen Sie mit 45 bis 60 Minuten Fahrtzeit.

LaGuardia Airport

Zur Columbia University oder zur Upper West Side nehmen Sie den Bus M60. Ansonsten bietet sich der Sammelbus **Super Shuttle** oder der **New York Airport Bus** an. Sie können sich auch ein Taxi mit anderen Fahrgästen teilen. Fahrtzeit 20 bis 40 Minuten.

Penn Station

Vom Bahnhof unweit von Madison Garden, zwischen 32nd und 33rd Street, 7th und 8th Avenue, fahren Züge nach New Jersey sowie Amtrak-Züge in alle Teile der USA. Hier kreuzen sich zudem viele Subway-Linien.

Grand Central Station

Diesen Bahnhof fahren alle Metro-North-Züge und viele Subway-Linien an. Der Haupteingang liegt an der 42nd Street zwischen Vanderbilt und Lexington Avenue. Schauen Sie sich auf alle Fälle das großartig renovierte Gebäude an. Gratis-Führungen veranstaltet die Municipal Arts Society (212 935 3960) am Mittwochnachmittag.

Port Authority

Der Busbahnhof liegt zwischen 8th und 9th Avenue auf Höhe der 40th bis 42nd Street. Von hier fahren zahlreiche Busse mit Zielen in den gesamten USA, Kanada und Mexiko ab.

In New York unterwegs

Die Subway ist während der Rushhours meist überfüllt, trotzdem ist sie das schnellste Verkehrsmittel. New York ist zudem eine überaus fußgängerfreundliche Stadt.

Subway & Busse

Die **MTA** (Metropolitan Transit Authority) überwacht das 24-Stunden-System von Stadtbussen und Subway-Linien. Die **MetroCard** ist in beiden Verkehrsmitteln gültig. Es gibt sie als Einzahlfahrkarte, als Tages-, Wochen- und Monatskarte; die aktuellen Preise finden Sie auf der Website. Die Kartenautomaten akzeptieren Kreditkarte und Bargeld; das Schalterpersonal nimmt große Scheine meist nicht an.

Die Einzelfahrkarte zu zwei Dollar berechtigt zur Nutzung des Subway-Systems für eine unbegrenzte Zeit und Strecke. Für Busse braucht man Metrocards oder passendes Kleingeld.

Nach Mitternacht verkehren weniger Züge, die Express-Linien halten dann an vielen Bahnhöfen. Nachts und am Wochenende wird viel an den Strecken gebaut, achten Sie auf Durchsagen und Hinweise zu Ersatzverkehr oder Umleitungen. Busse halten nach 24 Uhr auf Verlangen überall an der Strecke.

Taxis

Yellow Cabs sind die offiziellen New Yorker Taxis. Der Taxameter startet bei 2,50 Dollar. Alle 321 Meter (eine Fünftelmeile) bzw. – im Stau – alle zwei Minuten kommen 40 Cent dazu. Wochentags wird zwischen 16 und 20 Uhr 1 Dollar Zusatzgebühr fällig; der Nachtzuschlag (ab 20 Uhr) beträgt 50 Cent.

Taxifahrer gelten als rücksichtslos und unhöflich, tatsächlich sind jedoch die meisten nett. Die weiße Lampe in der Mitte des Schilds auf dem Dach zeigt an, dass das Taxi frei ist; wenn das gesamte Schild leuchtet, ist das Taxi nicht im Dienst.

Weitere Verkehrsmittel

Das Pedicab, eine Art Rikscha, ist zwar teurer als ein Taxi, aber es findet den Weg durch jeden Stau. Einige Fahrer sind zu Fremdenführern ausgebildet.

PATH-Züge verkehren zu einem Preis von 1,50 US-$ zwischen New Jersey und Penn Station – der beste Service zum NJPAC (→ S. 131).

Fähren sind entlang der Küste von Manhattan unterwegs und setzen nach New Jersey über. Im Sommer bringt Sie der **New York Waterway** zu dem tollen Strand von Sandy Hook, New Jersey.

Über ein ausgebautes Netz von Radwegen kommt man bis in die Außenbezirke von New York und zu den Parks. Fahrräder kann man bei Metro Bicycles (**www.metrobicycles.com**) und bei A Bicycle Shop (212 691 6149) ausleihen.

Touren & Führungen

Big Apple Greeters sind ausgebildete Freiwillige, die Besucher der Stadt kostenlos und individuell auf einen Spaziergang durch ihr Stadtviertel mitnehmen. Die Führer sind auch auf Behinderte vorbereitet (212 669 8159; **www.bigapplegreeter.org**).

Circle Line (212 563 3200; **www. circleline42.com**) bietet Bootstouren um Manhattan herum an, auf kürzeren Touren fährt man den Hudson oder den East River hinauf.

Hubschrauberflüge

Abgesehen vom (teuren) Transport zum Flughafen oder in die Hamptons kann ein Hubschrauberflug auch ungemein Spaß machen und ganz neue Ansichten erschließen. **Liberty Helicopter** ist einer der Anbieter.

Zu Fuß & umweltfreundlich

Bekannte Veranstalter für Führungen zu Fuß sind Big Onion (**www.bigonion. com**) und I'll Take Manhattan Tours (732 270 5559). New York City Audubon (**www.nycas.org**) führt naturnah durch Parks und raus aufs Wasser. Kostenlose Kajaktouren auf dem Hudson River bietet das Downtown Boathouse (**www.downtownboathouse.org**) an. In Harlem gibt es drei exzellente kulturelle Führungen (→ S. 163 & 226).

Überblick

Amtrak Rail
800 USA RAIL; www.amtrak.com

Carmel Car Service
212 666 6666
www.carmelcarservice.com

Grand Central Station
www.grandcentralterminal.com

Greyhound Bus
800 229 9424
www.greyhound.com

JFK Airport
718 244 4444
www.kennedyairport.com

LaGuardia
www.laguardiaairport.com

Liberty Helicopter
212 967 6464
www.libertyhelicoptors.com

MTA
Info zu Subway, Bussen, LIRR und Metro North
www.mta.nyc.ny.us

Newark Airport Express Bus
www.olympiabus.com

Newark International
973 961 6000
www.newarkairport.com

New Jersey Transit
973 762 5100; www.njtransit.com

New York Airport Bus Service
www.nyairportservice.com

New York Waterway
800 53 FERRY

NY/NJ Port Authority
Infos zu Flughäfen, Brücken, Tunnels, Busstationen und Bahnhöfen
212 564 8484
www.panynj.gov

PATH
800 234 7284

Super Shuttle
212 258 3826
www.supershuttle.com

Ob Sie eine akzeptable öffentliche Toilette, eine behindertengerecht ausgebaute Subway-Station oder aber einen Hot Spot für Ihren Laptop suchen – wir haben hier nützliche Infos für Sie zusammengestellt. Übrigens sind die New Yorker entgegen ihrem Ruf durchaus hilfsbereit und zeigen Ortsunkundigen gerne den Weg. Sie müssen sich nur zu fragen trauen, dann werden Sie auch eine Antwort bekommen.

Behinderte

Im September 2002 beschlossen die Stadtbehörden, dass alle 158 738 Straßenecken von New York für Rollstuhlfahrer abgesenkt werden. Die Arbeiten sind noch nicht abgeschlossen, aber schon weit vorangeschritten.

Die meisten MTA-Busse sind mit Liften für Rollstühle ausgestattet, dagegen sind nur wenige Subway-Stationen behindertengerecht ausgebaut. Behinderte erhalten im öffentlichen Verkehr Ermäßigungen.

Subway-Karten in Brailleschrift sind über Tel. 718 330 3322 erhältlich. Hands On! bietet Übersetzung in Zeichensprache bei Filmen, Theaterstücken und Ausstellungen an. Blinde Theater- und Museumsbesucher erhalten eine Audiobegleitung über Hospital Audiences Inc.

- **Hands On!**
  212 740 3087; TTY (für Gehörlose) 711

- **Hospital Audiences, Inc.**
  888 424 4685;
  TTY (für Gehörlose) 212 575 7673

Geld

Kreditkarten sind in New York unabdingbar, vor allem im Hotel oder beim Automieten. Visa, MasterCard, American Express und Diners Club werden im Geschäftsalltag großteils akzeptiert, aber auch Reiseschecks werden viel genutzt. In vielen Läden kann mit Reiseschecks bezahlt werden, allerdings muss der Nennwert in US-Dollar ausgewiesen sein. Reiseschecks in US-Dollar tauschen die meisten Banken in Bargeld, mit Schecks in anderen Währungen hat man Probleme.

Klären Sie vor der Reise, ob Ihre Bankkarte in den USA gültig ist. In vielen Läden muss man bei Kartenzahlung die PIN eingeben, statt zu unterschreiben, wie es meist in Restaurants üblich ist.

Gesundheit & Notfälle

Es gibt mehrere gute **Notaufnahmen** (→ *Kasten S. 233*). Weitere Infos über die New Yorker Krankenhäuser finden Sie unter **www.citidex.com**. Hier sind auch Ambulanzen für kleinere Beschwerden aufgelistet. Alle 24/7-Apotheken gehören zu einer der drei großen Ketten: **CVS**, Rite-Aid und Duane Reade.

Information

Das New York Convention & Visitors Bureau unterhält ein Info-Zentrum in der Seventh Avenue und aktualisiert die offizielle NYC-Website. Auch **www.ny.com** und **www.visitnewyork.com**. sind nützlich. Die New Yorker selbst nutzen **www.newyorkmetro.com** für aktuelle Infos. Über örtliche Neuig-keiten und das Wetter informiert die Website **www.ny1.com**.

Mehrwertsteuer

8,5 Prozent Mehrwertsteuer wird auf die meisten Waren, die Sie kaufen, erhoben, auch im Restaurant.

Öffentliche Toiletten

Öffentliche Toiletten sind in New York Mangelware – so manchen hat das bereits in größte Schwierigkeiten gebracht. Zur Not springen die New Yorker ins nächste Hotel oder in ein Starbucks-Café. Wollen Sie kein Risiko eingehen, informieren Sie sich vorab unter **www.thebathroomdiaries.com**.

Öffnungszeiten

Die meisten **Läden** öffnen um 9 Uhr und schließen zwischen 17 und 18 Uhr, donnerstags meist später. Viele sind täglich geöffnet, selbst an Sonn- und Feiertagen. Dafür bleiben manche Geschäfte montags allerdings ganz geschlossen. Gleiches gilt für Sehenswürdigkeiten einschließlich **Galerien** und **Museen**.

Die eleganten Klamotten- und Plattenläden im Zentrum haben meist bis 20 Uhr oder noch länger geöffnet, einige Plattenläden schließen erst um oder nach Mitternacht. Läden mit längeren Öffnungszeiten am Abend machen vormittags oft erst um 11 Uhr auf. In »Late-night«-**Restaurants** bekommt man bis 1 oder 2 Uhr etwas zu essen, in den anderen Lokalitäten wird bis 22:30 oder 23 Uhr serviert. **Bars** schließen unter der Woche meist zwischen 24 und 1 Uhr, am Freitag und Samstag aber erst gegen 3 oder 4 Uhr.

Schwule & Lesben

Im **Lesbian, Gay, Bisexual & Transgender Community Center** bekommt man wirklich aktuelle Informationen. Es ist täglich von 9 bis 23 Uhr geöffnet. Die *New York Times* berücksichtigt in ihrer sonntäglichen Gesellschaftsrubrik bereits seit 2002 gleichgeschlechtliche Eheschließungen.

Sicherheit

Seit dem 11. September 2001 gelten in öffentlichen Bereichen sehr strenge Sicherheitsbestimmungen. Verdächtige herrenlose Gegenstände werden sofort entfernt.

Wenn Sie sich ins Nachtleben stürzen, sollten Sie immer einen Ausweis bei sich tragen. Wer jünger als 21 Jahre ist, kommt ohnehin in keinen Club. Aber auch sichtbar ältere Gäste müssen in zahlreichen Clubs den Ausweis vorzeigen.

Telefon & Kommunikation

Fragen Sie vor der Reise bei Ihrem Anbieter nach, ob Ihr Mobiltelefon in den USA funktioniert. Alternativ können Sie vor Ort ein Handy mieten.

Ortsgespräche ohne Zeitlimit kosten bei einem Verizon-Münzfernsprecher an der Straße 50 Cent. Andere öffentliche Telefone verlangen für ein zeitlich begrenztes Ortsgespräch 25 Cent. Beachten Sie, dass auch bei Ortsgesprächen die Vorwahl 1 212 gewählt werden muss.

Es gibt zahlreiche Internet-Cafés. Haben Sie einen Laptop mit W-LAN-Karte, sollten Sie nach kostenlosen Internet-Hot Spots suchen. In den Starbucks-Coffeeshops zahlen Sie für die T-Mobile-Verbindung. Kostenlosen W-LAN-Zugang haben Sie im Bryant Park und in vielen kleinen Parks in der Innenstadt, darunter City Hall und Bowling Green Park. Infos finden Sie unter **www.wififreespot.com/ny/html**. Auch viele Bibliotheken bieten einen kostenlosen Internet-Zugang.

Trinkgeld

Als Faustregel für das Trinkgeld gilt: Im **Restaurant** gibt man dem Personal 15 bis 20 Prozent des Rechnungsbetrags. (Die Gehälter in der Branche sind extrem niedrig, die meisten Bedienungen leben vom Trinkgeld.) **Friseure** und **Taxifahrer** erwarten 15 bis 20 Prozent, obwohl viele Fahrgäste nur 10 Prozent geben. **Barkeeper** rechnen mit einem Dollar pro Drink. Im Hotel gibt man dem **Zimmerservice** um die 15 Prozent, sofern nicht eine Extra-Gebühr auf der Rechnung steht; der **Gepäckträger** erwartet einen bis zwei Dollar pro Koffer.

Veranstaltungsmagazine

Time Out New York informiert wöchentlich über Events in Manhattan. Das zweiwöchentliche kostenlose Magazin *L* (**www.lmagazine.com**) konzentriert sich auf Brooklyn und die Gegend unterhalb der 23rd Street in Manhattan; es liegt in orangen Kästen an der Straße aus, meist zusammen mit der ebenfalls kostenlosen *Village Voice* (**www.villagevoice.com**). Das *New York Magazine* richtet sich an ein konventionelleres Publikum. Die Freitagsbeilage *Weekend Guide* der *New York Times* (**www.nytimes.com**) listet kulturelle Ereignisse auf.

Überblick

24/7 Apotheken
CVS 1396 2nd Avenue (und andere Niederlassungen); 212 249 5062
www.cvs.com

Duane Reade
24 East 14th Street (und andere Niederlassungen); 212 989 3632
www.duanereade.com

Fremdenverkehr-Infos
810 7th Avenue
212 484 1200
www.nycvisit.com

Krankenhäuser mit Notfallambulanzen
St. Vincent's Hospital
West 11th Street, Ecke 7th Avenue
212 604 7997

Bellevue Hospital Center
462 First Avenue
212 252 9457

Urgent Care Center NY Hospital
525 East 68th Street
212 746 0795

Infos der Stadtverwaltung
311 (kein Notruf)

Medizinischer Notruf
212 737 2333 (24/7)

Mobiltelefon-Vermietung
212 832 7143
www.roberts-rent-a-phone.com

National Organization on Disability
www.nod.org

Notfälle
911

Notruf für Verbrechensopfer
212 577 7777

Telefonauskunft
1 411 oder 1 555 1212

The Lesbian, Gay, Bisexual & Transgender Community Center
208 West 13th Street,
212 620 7310
www.gaycenter.org

Register

Register

Register

Danksagung

Autoren

Dahlia Devkotas Reiseleidenschaft hat sie in viele Ecken der Erde geführt, von Nepal bis Kuba. Neben ihren Beiträgen zu Reiseführern schreibt sie regelmäßig im Modemagazin *W* über Beauty- und Fitness-Trends sowie über Wellness-Center auf der ganzen Welt. Zum *e»guide New York* trug sie das **Shopping**-Kapitel bei.

Rachel F. Freeman ist geborene New Yorkerin. Als bekennende Feinschmeckerin und Nachteule ist sie immer auf der Suche nach neuen Locations und interessanten Leuten. Sie lebte eine Zeit lang in Schottland und Polen und hat unter anderem im *The Unofficial Guidebook to New York City* und im Magazin *Voyage* veröffentlicht. Für den *e»guide New York* schrieb sie die Kapitel **Hotels, Oasen, Performance** und **Streetlife** sowie die **Praxis-Tipps** und einen Teil des **Restaurant**-Kapitels.

Jonathan Schultz stammt aus Neuengland und war Co-Autor von *Top 10 Boston*. Obwohl er seiner Wahlheimat Brooklyn tief verbunden ist, bleibt Jonathan ein leidenschaftlicher Fan der Boston Red Sox. Für den vorliegenden Stadtführer schrieb er die Kapitel **Kunst & Architektur, Bars & Clubs** und **Favoriten** sowie einen Teil des Kapitels über **Restaurants**.

Andrew Holigan verbindet die kommerzielle Reisefotografie mit der Arbeit als künstlerischer Fotograf. Seit den 1980er Jahren lebte er abwechselnd in New York, London, Sydney und Melbourne. Seine Arbeiten waren bereits in mehreren Galerien in Großbritannien zu sehen. Außerdem wirkte er an den DORLING-KINDERSLEY-Reiseführern über die *USA* und *Frankreich* mit.

Susannah Sayler ist Fotografin und Künstlerin mit Wohnsitz New York. Sie arbeitete an mehr als 20 Reiseführern mit und fotografiert zudem für die Magazine *Metropolis* und *Planet*. Während ihrer Foto-Sessions für das vorliegende Buch entdeckte Susannah nach eigener Aussage unglaublich viele Flecken in der Stadt, die sie zuvor nie gesehen hatte, obwohl sie seit acht Jahren hier lebt.

Hergestellt von Blue Island Publishing
www.blueisland.co.uk
Editorial Director Rosalyn Thiro
Art Director Stephen Bere
Editor Michael Ellis
Editorial Assistant Allen Stone
Proofreader Jane Simmonds
Picture Researcher Chrissy McIntryre

Herausgegeben von DORLING KINDERSLEY
Publishing Managers Jane Ewart, Vicki Ingle und Anna Streiffert
Senior Editor Christine Stroyan
Senior Designer Marisa Renzullo
Cartographic Editor Casper Morris
DTP Designer Jason Little
Production Coordinator Rita Sinha

Bildnachweis

Bildnachweis

DORLING KINDERSLEY bedankt sich bei allen Museen, Hotels, Restaurants, Bars, Clubs, Läden, Galerien und allen anderen Einrichtungen für ihre Mithilfe und für die freundliche Erlaubnis, bei ihnen zu fotografieren.

Legende: o = oben; om = oben Mitte; gom = ganz oben Mitte; ol = oben links; or = oben rechts; m = Mitte; mo = Mitte oben; mol = Mitte oben links; mor = Mitte oben rechts; ml = Mitte links; mlu = Mitte links unten; mlm = Mitte links Mitte; mr = Mitte rechts; mru = Mitte rechts unten; mrm = Mitte rechts Mitte; u = unten; ul = unten links; ur = unten rechts; l = links; r = rechts.

DORLING KINDERSLEY dankt folgenden Unternehmen und Bildagenturen für die freundliche Genehmigung zur Reproduktion ihrer Fotografien:

66: 22om, 24ol; 1871 House: 188ur
Asia Society: Frank Oudeman 103ul

Bliss Soho: 170mo/mol/mor; Broken Kilometer, Walter De Maria's: 96ml; Brooklyn Academy of Music: 129ur; Brooklyn Botanical Gardens: 5u, 10ul; Brooklyn Historical Society: 109ol; Brooklyn Museum of Art: Adam Husted 108ol, om; Bungalow: 150mlo

Campbell Apartment: 151ul; Chelsea Lodge: 185ml; City Center: 123ur; Corbis: Viviane Moore 10or, Adam Woolfit 11ul, Bettmann 11mr

Richard Dabb: 15ur; DK Images: David King/Tim Knox 14or, 163ur; David King 17ml, 103or; Michael Moran 15ul; Guggenheim 92f, 104o; Studio Museum Harlem 107ml; Trinity Church 160ol

Earth Room: Walter De Maria 96ur

Four Seasons: 178f, 181om, 188ol; The Frick Collection, John Bigelow Tayler: 102or, ul, ur

Getty Images: Mitchell Funk 1m, 6f m
Lotus: 144ur; Lunatarium: 154ml

Norman McGrath: 172ul; Mercer Hotel: 180ul, 182mru; Museum of Modern Art: 101or

New Jersey Performing Arts Center: 131ol, or
Rainbow Room: 123mru
Skyscraper Museum: 95ul; Soho Grand Hotel: 182ml; Soho House: 180om, 184or
The Spa im Mandarin Oriental: 172ol;
The Stanhope: 190ol; The Strand Bookstore: 77ul

Whitney Museum of American Art at Altria: 100ml;
Whitney Museum of Modern Art: 10ulm, 101ul

Umschlag vorn: Alamy Images/CheapShots (mr & Rücken)/Ralph Henning (mlm); Corbis/Lester Lefkowitz (mrm); DK Images/Dave King (mr); Getty Images/Mitchell Funk (Hintergrund).
Umschlag hinten: Corbis/Lester Lefkowitz (or); Getty Images/Mitchell Funk (m).

Manhattan Subway

Das Verkehrsnetz der Metropolitan Transit Authority (MTA) ist rund um die Uhr in Betrieb. Auf dieser Karte bezeichnen **fett** gedruckte Buchstaben oder Zahlen unterhalb der Haltestellen diejenigen Züge, die täglich zwischen 6 und 24 Uhr verkehren. Eine normal gedruckte Kennzeichnung bedeutet, dass der Zug nicht immer verkehrt oder nicht an dieser Station hält. Aufgrund der Ereignisse um das World Trade Center ist die Haltestelle Cortlandt Street Station vorübergehend geschlossen.

Weitere Informationen unter (718) 330 1234 oder www.mta.nyc.ny.us/nyct/subway/index.